2013全球重要暨新興市場貿易環境與風險調查報告

2013 Survey on Global Trade Environments in Key and Emerging Markets

首度公布「2013 IEAT 邊境市場八國」

價值鏈
整合贏商機

Opportunities from
Value Chain Integration

昔日企業以擴大規模來增加效益的競爭作法，在過度削價競爭的態勢中，已顯得後繼無力。

而今強調的是，如何透過調整經營理念、變革業務流程，

以及整合上游供應商、下游客戶之間的關係來提升競爭力與效益，

把產品競爭力擴大到供應鏈上各環節的價值創造上。

這是「價值鏈」管理的核心所在，也是企業堅持創新、不斷優化價值曲線的新路徑。

作者◎台北市進出口商業同業公會

台北市進出口商業同業公會
2013全球重要暨新興市場貿易環境與風險調查
審查委員名單

理　事　長◆黃呈琮

研 究 顧 問◆許士軍

計畫主持人◆呂鴻德

執 行 委 員◆方文昌、王鉑波、吳中書、李永然
　　　　　　沈榮津、林小明、林承斌、林維邦
　　　　　　凃如肯、邱一徹、邱平和、施中懷
　　　　　　洪德生、高碩泰、張永昌、張俊福
　　　　　　張銘斌、陳正雄、陳達雄、游瑞德
　　　　　　童益民、黃俊國、黃振進、黃教漳
　　　　　　黃啟瑞、葉雲龍、趙永全、賴杉桂
　　　　　　饒　平
　　　　　　（依姓氏筆劃排序）

研 究 人 員◆吳長廷、吳家珮、吳穗泉、李仁傑
　　　　　　汪育正、林怡余、莊文綺、陳至柔
　　　　　　劉鴻儀、賴力蓮、謝慧臻、簡妤珊

研 究 助 理◆吳雅雯、林妤濃

〈出版序〉

價值整合開創新局　台商實力再進化

　　台灣是海島型態淺碟經濟體，進出口貿易為主要經濟活動，因此經濟表現良窳和國際景氣有高度連動關係。自2008年第四季金融海嘯狂襲，導致全球經濟疲弱不振，國內財經活動也受創甚深。值得安慰的是，過去幾年來雖然受累於國際經濟情勢巨幅波動，但政府與民間企業窮變求通，勉力維持國際競爭力於不墜。

　　台灣政府亦大開大闔，對內積極改善投資環境，在低迷的氛圍中吸引了外資、台商與本土企業加碼投資；對外努力拓展國際空間，從兩岸簽訂ECFA到台美TIFA復談，更為將來簽訂FTA、TPP鋪下了康莊大道，讓我國廠商與更多貿易對手在競合關係中，立穩公平競爭的基礎。

　　在此期間不只政府效能大躍進，廠商表現更是可圈可點。在2012年瑞士國際管理學院（IMD）的世界競爭力報告中，我國民間企業的競爭力為世界第一，在「企業家精神」與「企業社會責任感」方面都是全球之冠，而「重視客戶滿意度」、「全球化策略」與「企業對市場之應變」等也名列前茅。印證的是不同時空環境總是帶來迥異的經營課題與挑戰，不論是新興市場開發、能源危機與資源短缺的因應、勞資關係等，在在都是廠商的重大考驗。而身處變動時代，唯有常保憂患意識、前瞻眼光、做法與時俱進、身段靈活、不斷淬煉出新的競爭優勢，才不致被邊緣化，而成為產業鏈中無可取代的要角。

　　成立已超過一甲子的台北市進出口商業同業公會，與征戰全球的台商長年攜手打拚，深知貿易業者處境與困境，因此在金融海嘯掩至的艱難時刻，動員大規模人力投入「全球重要暨新興市場貿易環境與風險調查」，今年已經進入第五個年頭。除了調查範圍逐年擴大，迄今已涵蓋包括台灣在內的50個與我國有密切經貿往來的經濟體；更透過調查研究深度探索台商的需求、定位、轉型與因應之道。五年來，這份調查報告獲得所有關心台灣經貿前途的朝野人士肯定，一再點燃公會的使命感，願與所有會員廠商共同奮鬥的決心。

　　透過這幾年對全球經貿環境的觀察發現，儘管大環境對於廠商個體有重要的影響力，卻絕非唯一因素，企業發展的關鍵往往來自策略的運作，所以企業在關注全球經貿議題外，必須同時鍛鍊扎實的經營基本功。特別是在資通訊發達的

時代中，從生產到客戶端的距離越來越短，貿易商必須進化自身的服務功能，往上、下游進行整合，才能確保源源的商機。愈貼近客戶，才能獨創經營的心法，而形諸於外便是企業存在的價值。為此，2013IEAT調查報告開宗明義便指出，當今全球經貿四大定位轉移，不論是從總體經濟到個體經濟、從經貿思考到策略思考、從單一價值到整合價值、從傳統銷售鏈到價值鏈延伸，每一種面向的定位轉移都是企業在亂石崩雲的險境中得以順流航行的指標。具體而言，服務貿易、品牌建立、區域貿易、綠色貿易、貿易e化與跨界貿易等已是必然的趨勢，在本調查報告中，也有清晰的闡述及實例分享。

本人就任本會理事長以來，深感任重道遠，對於本調查報告的出爐更加戒慎，希望在最新的調查報告中，能夠與貿易業者的需求密切結合，期能洞見趨勢、了解問題、提供指引、及整合各方資源。五年來，呂鴻德教授與研究團隊不斷與公會凝聚共識，以無比的耐力與深厚的學養，完成此一論述，造福廣大台商，本人僅代表公會對呂教授團隊以及研究顧問許士軍教授表達誠摯的謝意。而經濟部國際貿易局的支持與指導，更是本調查報告百尺竿頭的動力；而對於產官學研各界審查委員的智慧分享也銘感於心，在此一一向各位致謝。

2013年，似已聽見景氣春燕的呢喃，但全球經濟復甦的腳步仍舊蹣跚，在如此憂喜參半的時空中，本會僅以此提供全新視野、全新觀點的調查報告做為對台灣經貿的祝福，並陪伴每位可敬的貿易尖兵持續征戰，打出一場場令人激賞的貿易戰！

台北市進出口商業同業公會　理事長　黃呈琮

〈推薦序〉

推升經濟動能　以轉型與創新厚植競爭優勢

　　台灣為小型經濟體系，資源有限，單靠內需市場達成經濟自主成長的動能不足，須仰賴貿易活動以促進經濟成長。面對瞬息萬變的國際經濟情勢，台灣貿易面對嚴峻挑戰，政府責無旁貸，必須採取具體有效之經濟措施妥為因應，爰本人上任後持續推動「經濟動能推升方案」，除責成內閣成員展現規劃力與執行力外，同時積極與工商企業界溝通，期以加速國內經濟轉型，厚植競爭優勢。

　　「經濟動能推升方案」對於產業、政府效能、人才培育等與台灣經濟繁榮相關的面向皆有所著力，例如以優化台灣產業結構為主軸的「三業四化」、加速推動台商回台投資、拓展新興市場與擴大服務輸出等，皆有助台灣未來的經濟轉型。其中三業四化（即製造業服務化、服務業國際化、科技化及傳統產業特色化）已展開重點輔導，協助廠商增強市場競爭力，俾利行銷全球。在政府積極推動下，不論是服務貿易或觀光服務初步已見成效，而全面的產業轉型與創新，不僅有利產業永續發展，亦可為國人塑造更優質的生活環境，今年將複製此一經驗推廣至其他部會，以帶動相關服務業發展。

　　此外，透過「協助台商全球布局計畫」協助廠商拓展新興國家市場，協助企業開展新一波全球布局與動能，鼓勵台商回台投資，與台灣經濟發展連結，共同打造台灣經濟新契機。鑑於新興市場之經濟成長及進口成長力道優於已開發國家，政府規劃「核心、輻射、多元」為策略主軸，以重點市場為核心，爭取焦點商機，藉由駐外據點在地紮根，擴散輻射拓展至周邊潛力國家城市，另期以多元拓銷工具協助廠商拓展，達到擴大新興市場出口，促進我出口市場多元化之目標。

　　除了推動多項活化經濟動能的政策外，近年來政府在拓展國際空間上也頗有斬獲。除了海峽兩岸經濟合作架構協議（ECFA）為兩岸帶來和平紅利，第7屆台美「貿易暨投資架構協定（TIFA）會議」也在今年3月10日至12日在台北順利舉行，重啓台美雙邊貿易及投資關係的全面對話，為未來提升台美雙方合作關係奠下良好基礎。政府將持續善用本屆會議達成之具體推動工作計畫，與美方在TIFA架構下重建互信，續透過工作小組討論以深化台美經貿合作關係，逐步為我國創

造與美國洽簽自由貿易協定（FTA）及加入跨太平洋夥伴協定（TPP）的有利條件。

今年台北市進出口商業同業公會第五度進行「全球重要暨新興市場貿易環境與風險調查」，透過對包括台灣在內的50個全球重要經濟體、我國重要貿易夥伴，及全球備受矚目的新興市場等的深入調查，剖析其經商環境與風險。其中還揭露了在全球經貿版圖變遷下，台灣的新定位及貿易業者該如何研擬布局與因應策略。在充滿變數與機會的時空環境下，調查研究團隊也彙整了諸多提供給政府與業者的建言，做為日後擬定施政措施的重要參據。

台北市進出口商業同業公會多年以來，除陪伴台灣貿易業者在全球經貿舞台上開疆闢土，在協助政府施政與活化貿易動能上亦貢獻良多，尤其這份集結產、官、學、研等各界能量的調查研究，五年來已經成為企業進行全球布局的「孫子兵法」。這份熱誠與無私的精神令人感佩，誠盼公會持續為台灣貿易貢獻智慧，成為台灣經濟力持續向上提升的重要推手。

行政院院長　江宜樺

〈推薦序〉

積極轉型因應變局　讓台灣贏在關鍵時刻

　　過去半個世紀以來，台灣憑恃活躍的國際貿易和紮實的製造業基礎，成功躋身為全球工業製造供應鏈中的要角，並且在急速變化的經貿環境中，以靈活的身段因應各種變局；而在台商征戰全球的過程中，政府也不斷努力拓展外交空間、加強與重要貿易夥伴的合作關係，一路為台商造橋鋪路、攜手打拼。

　　自兩岸經濟合作架構協議（ECFA）上路之後，台灣的重要性與日俱增，與許多重要經濟體如日本、新加坡、印度等國的經貿合作洽談都有斬獲，而睽違近六年的台美貿易暨投資架構協定（TIFA）也在今（102）年三月登場，雙方已共同發表國際投資共同原則聲明及資通訊技術服務貿易共同原則聲明，並在TIFA架構下成立投資工作小組與技術性貿易障礙（TBT）工作小組2項協調機制。此外也同意在WTO、APEC等國際場域加強相關合作與交流。未來政府也會以堆積木方式，爭取洽簽台美投資保障協定（BIA）、自由貿易協定（FTA）、以及台灣加入跨太平洋夥伴協議（TPP）等，期使台灣在區域經濟興起的挑戰中，無邊緣化之虞，更能透過合縱連橫策略強化競爭力。

　　在朝野共同努力下，台灣經濟實力已獲國際肯定。在去（101）年世界經濟論壇（WEF）所發表的全球競爭力報告中，台灣已連續三年排名第13，為亞洲第4名；而在瑞士國際管理學院（IMD）的世界競爭力年報中，台灣排名第7，雖較上年度滑落了一個名次，不過仍遙遙領先韓國，且在政府效能、基礎建設的排名躍升，創下歷年最佳成績。台灣屬於小型開放經濟體，易受國際環境變動的衝擊，而我國法規制度架構品質自五年前開始逐年改善，使近年來在國際權威機構評比中，競爭力得以維持不墜，顯示政府致力法規鬆綁、營造友善投資環境有成。

　　有鑑於產業結構的創新與經貿榮衰息息相關，政府除了為台灣貿易業者爭取更大的發展空間外，也積極引導產業轉型。而在政府致力經濟建設的施政過程中，立法院以整合民意、因應變局的關鍵角色自許，從ECFA到TIFA，以及國內油、電價格調整、證券交易所得稅等攸關財經與民生的議題都有著力。並且在民意基礎下透過朝野協商，避免議事空轉，務求在和諧氣氛下善盡職責，對所有預算嚴格把關。立法院除在議事殿堂展現專業、善盡立法的天職外，也積極透過各

種管道促進國際交流，並扮演朝野溝通橋樑的角色，期不負人民的信任。

台灣做為貿易大國，台商對國家的貢獻不言可喻，本院所成立的「世界台商之友會」，目的就是為全球台商建立健全的平台，以增進聯繫，落實對台商的關懷，並協助國民外交，展現台灣精神；同時也希望薈萃台商智慧與經驗，持續為國家提供建言，共同為國家的發展奉獻心力。

一直以來，台北市進出口商業同業公會（IEAT）在提供政府建言方面不遺餘力，尤其近五年來每年都展開「全球重要暨新興市場貿易環境與風險調查」，今年更深入刻劃全球50個貿易地區的經貿資訊，並且細膩追蹤全球經貿版塊的重組態勢，更提出對於台灣貿易業發展趨勢的獨到見解。本調查報告可說是貿易業者「衡外情、量己力」的實戰手冊，也是政府在制定經貿政策時架構宏觀思維的參考依據。

面對錯綜複雜、競爭越演越烈的國際經貿環境，各國都積極投入資源進行全球佈局，台灣只有強勢跟進才有生存空間。台北市進出口商業同業公會展現「先台商之憂而憂」的胸懷，成為朝野共同倚重的工商團體，其傾力擘劃製作的IEAT調查報告，有助貿易商釐清困局，以核心競爭力征戰全球，特此推薦。

立法院院長　王金平

〈推薦序〉

有效運用市場資訊於企業策略發展

　　台北市進出口商業同業公會基於服務廣大會員的角色和使命，多年來有系統地持續地從事全球重要暨新興市場貿易環境與風險調查，並發表研究報告。此一研究成果，除供個別企業在進行全球布局策略上所需之基本資訊外，對於政府主管機關，亦可做為宏觀層次擬訂政策上之參考資訊。

　　《2013 IEAT調查報告》中顯示，多年來我國企業在拓展國際市場方面所感到最為重要——但亦最不足——的需求，首推「市場資訊」。這說明了為何本報告特意選擇對於我國企業16個重要市場及34個「新興市場」共50個地區，進行探討評估的理由，不過，在此必須強調者，企圖藉由此種普遍性質之市場調查資料，以滿足各式各樣的資訊需求是不可能的事。此種市場資訊是否有用，以及如何利用，在極大程度乃取決於業者所從事之產業、經營模式與決策方式而有不同。

　　首先，我們必須認知身處一個海島經濟體，不管我們所考慮的一般問題是在政治、社會、國防、文化那一方面，都必須了解這一切活動，都是在一個世界舞台上而不是孤立在這海島；其中，尤其是經濟和產業的生存發展，更必須思考和選擇台灣在世界舞台上所扮演的角色和定位，然後才能有所作為。這種定位，有屬於主動積極的策略成分，但更基本地，是必須認清台灣本身所擁有的優勢和限制條件——包括現有的和潛在的——而不能好高騖遠。

　　整體言之，台灣產業在國際化方面之發展，基本上在不同階段表現有不同的特性與趨勢。以今日情況而言，隨著我國企業之經營水準之提升與升級，目前早已脫離過去那種專注生產，而依靠外國商社、洋行或採購代表，以FOB、CIF、D/A或D/P方式將產品銷售國外市場之模式；何況，即使仍有接單生產者，但產地亦未必局限於台灣島內，而可能選擇海外更適合之產製地點；更有進者，已有企業採取自創全球品牌或聯盟合作方式建立全球網絡生態經營系統。

　　具體言之，將市場資訊轉變為經營決策，其間關係並非直接而機械的。隨著國際企業出現後，今日企業不會以國家為單位，針對某一單一市場進行孤立的經營策略和活動，而是以企業做為分析單位，跨越國界和產業，進行供應鏈之國際分工與整合。相形之下，傳統上以國家做為分析單位，規劃和進行企業之各種營

業活動，顯然是不合實際狀況，也不會帶來綜效和競爭優勢的。

隨著這種經營形態的改變，使得市場資訊所代表的意義也具有不同的涵義，譬如過去代表我產業成長之海關進出口貿易通關資料，已不能顯示企業經營活動之規模，極有可能是通關數字之減少，反而代表全球化布局之成功以及價值創造方式之多元化。後者可能來自品牌形象、產品研發、通路物流這類業務，而非來自產製活動。

以上乃自企業之微觀層次觀點而言，但如自宏觀層次，以台灣做為企業之重要經營據點——不管所擔負的屬於何種功能——台灣必須在國際舞台擁有某種優勢，使得企業可利用此種優勢加強其國際競爭力，這也是目前政府努力吸引台商「鮭魚返鄉」政策所依賴的吸引力。不過，此種優勢並非早期國際貿易理論上所強調之屬於先天上或資源上之有利條件，而是隨著資通科技之普遍化，以及產製科技之突飛猛晉，此種國家優勢已自實體條件轉變為無形之創新或文化能力。此種優勢如在十餘年前之「亞太營運中心」或近年之「全球資源整合者」、「產業技術領導者」、「軟性經濟創意者」或「生活形態先驅者」，都代表一種獨特優勢之定位。自此觀點，選擇一種適當的優勢定位，不但可提供企業本身發展方向，更可增加台灣產業之整體競爭力。

元智大學講座教授暨校聘教授

〈作者序〉

建構經營新模式　創造整合新價值

　　《IEAT調查報告》肇始於2009全球金融危機之際，台北市進出口商業同業公會有鑒於經營環境的丕變，為提供台灣貿易業者更具預應未來的前瞻資訊，針對台灣主要的貿易夥伴進行有系統的貿易競爭力調查，歷經許勝雄與劉國昭兩位前任理事長的遠見擘劃，現任黃呈琮理事長的傳承躍升，第五本《IEAT調查報告》付梓之際，提筆如墨為序，一則感謝三位理事長的支持信任、公會同仁的群策群力、研究顧問許士軍教授的提攜獎掖，一則深感全球經濟復甦之路，依舊荊棘滿布，金融風暴、歐債危機、中國大陸成長放緩等不利因素迭加，對以代工生產、加工出口為主要經營模式的台商企業無疑是巨大的衝擊，如何將《IEAT調查報告》成為台灣布局全球的重要參考指南，素為研究團隊戮力之目標。

　　2013《IEAT調查報告》為能體現「量己力，衡外情」的企業策略思維，將往昔以「全球環境變遷」為評估重心的模式，轉向以「企業核心優勢」為布局的考量依據。因此，本報告於2013進行四大定位轉移：(1)研究重心從「總體經濟」轉移至「個體經濟」；(2)研究主體從「經貿思考」轉移至「策略思考」；(3)研究範疇從「單一價值」轉移至「整合價值」；(4)研究聚焦從「傳統銷售鏈」轉移至「價值鏈延伸」。換言之，希冀藉由台商自身競爭優勢的「量己力」，掌握經貿變遷發展契機的「衡外情」，進行全球價值鏈的策略布局與核心競爭力延伸，進而創造產業分工布局的整合綜效。

　　2013《IEAT調查報告》除延續前四年報告的研究架構、調查流程及統計分析方法論外，特別揭示三大新主題，以供台灣貿易業者參鑑：(1)針對中國大陸、印尼、印度、土耳其、巴西、俄羅斯、墨西哥、南非及越南等「成長新興九國」（Growth and Emerging 9；簡稱GE 9）深入探究其市場新潛力與台灣貿易新契機；(2)針對未來五到十年具有市場爆發潛力的「新新興市場」，選出阿根廷、巴林、斯洛伐克、約旦、科威特、阿曼、緬甸、奈及利亞等「邊境市場八國」（Frontier Market 8；簡稱FM 8），以作為台商先占卡位的貿易地區，掌握其未來的機會占有率；(3)為預應全球競爭態勢加劇，經營趨向微利化，特別提出台灣貿易業者全球價值鏈整合的六種新模式，即：❶與供應商整合；❷與通路商整合；

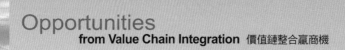

❸顧客需求整合；❹同業購併整合；❺多元跨界整合；❻策略聯盟整合。

　　所謂「多數人看見，少數人看透」；「少數人的視界，決定多數人的世界」，值此全球經濟緩和復甦之際，台商如何秉持「屈膝是跳躍的前兆」此一經營理念，培養核心競爭力，建構價值鏈整合新模式，掌握整合價值創新契機，為企業下一個成長歷程繪出美麗的第二曲線。

計畫主持人 呂鴻德

價值鏈
整合贏商機

Opportunities from
Value Chain Integration

第 1 篇 ｜ 全球經貿新省思 ｜ 全球經貿新隱憂與新動力

第 2 篇 ｜ 台灣經貿新衝擊 ｜ 經貿版圖變遷台灣新定位

第 3 篇 ｜ 貿易夥伴新建構 ｜ 2013 IEAT 50個貿易地區綜合競爭力剖析

|目錄| CONTENTS

第 **4** 篇 | 價值整合新謀略 | 台灣貿易業者全球布局新韜略

第 **5** 篇 | 貿易振興新諍言 | **2013 IEAT報告策略性建議**

第 **6** 篇 | 貿易地區新資訊 | **2013 IEAT 50個貿易地區資訊揭露**

第 **1** 篇

全球經貿新省思
全球經貿新隱憂與新動力

Opportunities
from Value Chain Integration

第 1 章

2013 IEAT 報告四大定位

伴隨著全球經貿板塊推移，台灣貿易商佈局焦點逐漸由大方向轉向小區塊、由總體經濟朝向個體經濟，並依循個體本身朝水平式延伸發展。2013《全球重要暨新興市場貿易環境與風險調查報告》（以下稱IEAT調查報告）較2009-2012《IEAT調查報告》最大不同之處，在於2013年特別提出報告四大定位轉移，茲針對「從總體經濟轉移至個體經濟」、「從經貿思考轉移到策略思考」、「從單一價值轉移到整合價值」、「從傳統銷售鏈轉移到價值鏈延伸」等四大定位轉移論述如下：

定位轉移一：從「總體經濟」轉移至「個體經濟」

從2009-2012《IEAT調查報告》可發現，過去多以全球經貿發展的總體經濟研究為主軸，諸如：國際貨幣基金（IMF）、聯合國（UN）、環球透視（GI）、世界銀行（WB）等國際機構對全球經濟成長率預測、全球經濟二次探底、全球經濟復甦等大環境轉變的論述。然而，隨著時間快速變遷，企業開始傾向研究市場之個人及廠商的經濟行為，以及這些行為與個別市場間的交互運作關係的個體經濟。

哈佛商業評論（*Harvard Business Review*）早在2008年就指出：「企業成長停滯、業績下挫，多半與外部衝擊無關，反而是企業內部策略所導致」，而美國學者Matthew Olson更在其《失速點》（*stall point*）（2009）一書指出：「企業成長停滯的原因，87％為可控因素，多與策略選擇和組織決策息息相關，至於『經濟不景氣』此一不可控因素則只佔4％」，顯示企業持續發展的根基，主要在於企業內部能力，而非外部環境影響。

此外，台積電董事長張忠謀（2011）亦指出：「景氣好，不需要企業基本面好，但燕子不來，景氣不好，企業基本面更為重要，諸如：前瞻能力、顧客導向、營運績效及組織效能、財務能力、培養人才能力、運用科技及資訊加強競爭優勢的能力等」，可見全球不景氣下，企業自身經營的基本功夫已成為企業再造第二曲線的成長基石。因此，2013《IEAT調查報告》除延續過去全球經貿環境議題探討外，更延伸至企業經營層面，以期為貿易業者提供更多元的經營參考資訊。

🔈 定位轉移二：從「經貿思考」轉移至「策略思考」

台北市進出口商業同業公會（IEAT）分別於2011年出版《後ECFA經貿躍商機》及2012年《黃金十年經貿興商機》，可發現主題環繞在依賴進出口的經貿環境上，除針對列入調查貿易地區進行經貿環境與風險剖析外，亦提出重點拓銷十大市場之商機與論點，多偏重經貿方面之議題。財政部於2013年2月7日公布2013年1月出口額約256.7億美元，較2012年同月增加21.8％。然元大寶華綜合經濟研究院院長梁國源（2013）表示：「以絕對數字來看，1月出口僅約250億美元，尚少於2012年12月的261億美元；2012年景氣趨緩，但2013年1月卻還不如2012年12月，算是相當不理想，政府不該對景氣太過樂觀」。有鑑於此，台灣貿易業者應創造自身獨特策略，此舉不僅可鞏固原有市佔率，更可拓展新市場。

根據全球著名的美國虛擬機軟體公司VMware全球中小型企業行銷副總裁Julie Eades（2012）表示：「中、小企業策略在2012年有三個重要的變化，第一是客戶、第二是合作夥伴、第三是品牌建設」。VMwar籲請中、小企業應從客戶的角度去服務客戶、從合作夥伴的角度去了解顧客、從發展品牌的角度去吸引顧客。根據開成興業總經理高文茂（2011）表示：「在國際平台上，開成興業不只能做生產，更提高產品的附加價值，把沒有實用價值的徽章，透過策略思考，成功地商品化」。開成興業成功將10元徽章做成年營收20億元的大生意，不僅僅是在產品上做出創新，更使產品體現文化內涵，大幅提升附加價值。因此，企業若能運用策略思考發展自身長才，便能躋身國際舞台搶佔商機。

🔘 定位轉移三：從「單一價值」轉移至「整合價值」

　　1960年代的台灣，因市場規模小加上內銷產品過剩，使政府由原本1950年代推動進口替代轉為採取出口導向政策，進而締造台灣經濟奇蹟。然而，隨著國際經貿情勢驟變，根據瑞士洛桑管理學院（International Institute for Management Development；IMD）公布《2012年全球競爭力報告》內容指出：「59個接受調查的國家與地區，2011年平均出口貿易成長率為21.65％，而台灣出口貿易成長率為12.26％，位居54名，敬陪末座」。由此可知，台灣正面臨嚴重的出口衰退，貿易業者勢須轉型並加強整合資源，以求在國際舞台上佔領一席之地。

　　2005年美國前總統Bill Clinton來台演講指出：「21世紀人類將從互賴，發展為整合，其中，關鍵在於因互賴而有整合需求，透過整合而獲致多贏」，由此可知價值整合者能發揮綜效，創造最大價值將能提升競爭優勢。因此，在國際競爭激烈態勢下，貿易商也應思索如何從單一出口創造價值轉型為整合進出口服務，諸如：特力集團從原先最早經營手工具產品進出口的貿易商，意識到單一經營貿易業無法永久生存，因而與通路商整合跨進通路服務開創新局。透過轉型整合價值，除能強化貿易商本身核心競爭力外，更能發揮綜效以開拓永續發展之路。

🔘 定位轉移四：從「傳統銷售鏈」轉移至「價值鏈延伸」

　　台灣為海島型經濟體，國際貿易的佈局為台灣經濟成長的重要引擎，現今台灣貿易形態主要以三角貿易為主，換言之，是一種透過台灣貿易商為中間商轉運銷售促成買賣雙方貿易的方式。然而，時代巨輪帶動產業結構迅速變遷，加上網路科技的發達，使得國際貿易創造出新的經營模式，根據商周出版社（2001）出版的《ERP與電子化》一書指出：「網路科技的發達串起過去獨立的單位，透過各種低成本的通訊方式，使得公司價值鏈更加緊密且資訊更快速流通，為服務顧客帶來利益」，可知透過網際網路，可加速連結廠商與顧客之間的關係。

　　然而，面對競爭激烈的情勢下，貿易商由傳統銷售轉為內部價值鏈整合，力求

「成本低、品質高、速度快、彈性佳」四大方面最適，價值鏈整合演變至與外部環境結合，根據競爭策略之父Michael Porter（1985）最早提出：「價值鏈的範圍從核心企業內部向前延伸至供應商，向後延伸至經銷商、服務商和顧客」。由此可知，內、外部價值鏈存在著相互依賴影響的關係，而價值鏈延伸，簡單分為「向前」與供應商整合以及「向後」與通路整合，貿易商將可透過外部與內部有效的協同整合，建立彼此之間的信任關係，以實現1+1>2的綜效。

2009年《IEAT調查報告》首次發表至今已邁向第五年度，過去調查報告的重點著重於提供貿易商總體以及全球趨勢的大方向，而2013年則轉向以貿易商自身為出發點，根據策略大師Chandler曾說：「結構追隨策略，策略追隨環境」，由上述四大定位轉移的敘述可知，面臨全球競爭激烈的環境下，貿易商內部營運策略須跟上時代腳步，其中，也可思索藉由價值鏈整合及延伸，藉此創造多贏局面。

第 2 章

全球經貿新情勢與新展望

　　2008年美國次貸危機引發金融風暴，全球經貿格局悄然轉變，加上2012年的歐債危機，使得各國財政不穩定。2012年10月12日，世界銀行（The World Bank；WB）行長Jim Young Kim表示：「至今全球仍處於高度不確定情勢，再加上高所得國家的經濟成長依舊薄弱，使全球經濟出現減緩跡象」，而2013年1月17日，聯合國貿易暨發展會議發布《2013年世界經濟形勢與展望》報告指出：「歐元區經濟崩潰、美國財政問題及主要開發中國家經濟成長趨緩，使得全球經濟復甦前景不容樂觀，世界經濟正處於另一次大衰退的邊緣」，可見在全球經濟動盪不安影響下，經濟復甦頻添變數。

研究機構、學者專家論述未來失落十年

　　環伺著歐債危機的不確定性及美國經濟放緩等大環境低迷情況下，此氛圍是否將拖垮世界經濟，影響全球成長，茲將國際知名機構及學者對於未來全球失落十年之評述說明如下：

　　❶野村研究所（Richard Koo）：2012年5月10日表示，目前歐洲部份國家正上演日本90年代的「資產負債失衡式衰退」，民間消費低迷、企業投資停擺、政府支出削減，三者加乘的結果，可能重演日本失落的十年。

　　❷宏觀投資研究機構（BCA Research）：2012年7月26日指出，歐元區的經濟正經歷類似日本經濟泡沫破滅後失落的十年，是個漫長且痛苦的調整期，預計歐

洲信貸緊縮時會經歷先惡化、再好轉的過程。由此可知，歐洲經濟即將面臨低落的狀況，而且風險極大，須小心應對。

❸**英國經濟政策研究中心（Center for Economic Policy Research）**：2012年8月17日說明，2009年為歐元區最後一次衰退，當時歐洲經濟面臨觸底狀態且歐洲將面臨發展停滯不前、經濟狀況低落的十年，此十年對於歐洲民眾會造成長久性的不良影響，導致失業率持續攀升。歐洲經濟呈現低迷狀態已有一段時日，歐洲政府應提出相關措施以挽救經濟。

❹**皮尤研究中心（Pew Research Center）**：2012年8月22日指出，在過去十年中，美國的中產階級經歷所謂的「失落十年」，此一現象造成他們收入沒有增加反而減少，他們的資產也大幅縮水。

❺**IMF首席經濟學家Olivier Blanchard**：2012年10月5日表示，目前還不算失落十年，但從危機開始算，至少要十年，全球經濟才能回到令人滿意的狀況。如要解決歐洲目前問題，德國就得接受更高的通貨膨脹率及實質購買力。而世界各國也有其經濟問題所在，至少十年才能走出始於2008年的金融危機陰霾。由此可知，當今除了要解決歐債危機外，各國對於其經濟也要有所改善，才會減少危機的擴大及威脅。

❻**諾貝爾經濟學獎得主Christopher A. Sims**：2012年11月12日表示，對2013經濟展望並不樂觀，主要是受到歐債危機影響，導致歐盟經濟持續惡化，也使得全球經濟依然在谷底盤旋，甚至全球經濟可能出現新的失落十年，最快要到2018年才能夠真正振興復甦。

❼**摩根大通首席中國經濟學家朱海斌**：2012年12月24日表示，2013年經濟形勢不會太好，也不會太差，並且認為「領導力」是當下解決各種全球經濟問題的關鍵，對歐盟來說，未來在走向銀行聯盟、財政聯盟皆需要更強的領導力，因此領導力問題對發達經濟體更為重要，在目前全球政經情勢不穩局勢下，勢必會再度出現失落的十年。

❽**日本財務省前任外匯主管榊原英資**：2013年1月23日表示，對2013經濟前景

保持悲觀態度，主要是歐洲危機還會持續，雖然有暫時性的救援計劃，但並不能真正解決歐洲國家所面臨的問題。除此之外，美國因雷曼危機等導致該國就像1990年經濟泡沫的日本，因此，美國目前正處於失落十年的開端，再加上亞洲、中國大陸與印度的經濟都顯著下滑，東南亞則會受到中國大陸和其他經濟體的衝擊，使2013年全球經濟持續低迷。

2013年全球經濟成長率預測

因歐債危機風險不確定性增大及新興國家動盪不安影響下，世界主要研究單位紛紛以保守角度來評估2013年的全球經濟成長率，茲將主要研究機構的論點及預測值分述如下：

表2-1　研究機構對2013年全球經濟成長率預測

國際組織機構			論述
	研究機構	國際貨幣基金（IMF）	2013年1月23日，IMF指出：調降全球經濟成長率預測，主因在於歐元區經濟衰退與日本經濟疲軟影響全球經濟成長。
	前次預測	2012/12/16　3.6%	
	最新預測	2013/01/23　3.5%	
	研究機構	世界銀行（WB）	2013年1月15日，世界銀行發布《2013年全球經濟展望》報告指出：儘管經濟下滑風險已經緩和，但全球經濟環境依舊脆弱，因此下調經濟成長率至2.4%。
	前次預測	2012/06/12　3.0%	
	最新預測	2013/01/15　2.4%	
	研究機構	經濟合作暨發展組織（OECD）	2012年11月27日，OECD指出：歐債危機依然是全球經濟面臨的最大威脅，因而調降2013年全球經濟成長率至3.4%。
	前次預測	2012/05/22　4.2%	
	最新預測	2012/11/27　3.4%	
	研究機構	聯合國貿易暨發展會議（UNCTAD）	2013年1月17日，聯合國貿易暨發展會議發布《2013年世界經濟形勢與展望》報告指出：歐債危機促使全球經濟成長步伐減緩，因而小幅下調2013年的經濟成長率。
	前次預測	2012/06/07　3.1%	
	最新預測	2013/01/17　2.4%	
	研究機構	歐盟委員會（EC）	2012年9月1日，歐盟委員會發布《歐盟經濟預測》報告中指出：目前全球經濟衰退已經開始逐漸放緩，歐債危機亦出現改善，因此看好2013年全球經濟前景。
	前次預測	2012/05/01　3.6%	
	最新預測	2012/09/01　3.7%	

表2-1　研究機構對2013年全球經濟成長率預測（續）

國際組織機構			論述
研究機構	歐洲中央銀行（ECB）		2012年9月6日，歐洲中央銀行發布《歐盟經濟總體環境預測》報告指出：2012年受歐債危機影響，全球經濟持續低迷情況，不過對於2013年全球總體經濟前景仍保持樂觀
前次預測	2012/03/08	2.2%	
最新預測	2012/09/06	2.3%	

證券金融機構			論述
研究機構	花旗銀行（Citi Bank）		2012年10月24日，花旗銀行發布《全球經濟展望與策略》報告中指出：些微上修，但全球經濟籠罩在歐洲持續不景氣，以及日本經濟衰退影響中。
前次預測	2012/09/25	2.6%	
最新預測	2012/10/24	2.7%	
研究機構	德意志銀行（Deutsche Bank）		2013年1月15日，德意志銀行發布《2013年全球展望》報告中指出：2013年可望從金融危機時代後趨向穩定，但仍有已開發國家負債問題，維持前一期預測。
前次預測	2012/09/28	3.2%	
最新預測	2013/01/15	3.2%	
研究機構	美國聯準會（FED）		2012年7月20日，美國聯準會表示：受到全球金融市場緊張壓力構成經濟持續下滑風險，同時全球石油、物價的不確定性升溫，導致2013年全球經濟前景仍低迷。
前次預測	2012/04/25	3.1%	
最新預測	2012/07/20	2.8%	
研究機構	美林證券（Merrill Lynch）		2012年12月11日，美林證券發布《2013年全球展望》報告中指出：2013年主要由中國大陸領導全球經濟成長，美國則趨向穩定。
前次預測	2012/07/20	3.6%	
最新預測	2012/12/11	3.2%	

智庫研究機構			論述
研究機構	環球透視（Global Insight）		2012年12月17日，環球透視發布《2013年十大經濟預測》報告中指出：歐洲地區持續衰退，而美國、中國大陸可望稍有成長。
前次預測	2012/10/17	2.6%	
最新預測	2012/12/17	2.6%	
研究機構	摩根士丹利（Morgan Stanley）		2012年11月19日，美國摩根士丹利發布《2013年全球經濟展望》報告中指出：2013年全球經濟稍趨穩定，但美國、歐洲、日本等國若未能做出合適的政策，將可能帶來新一波衰退。
前次預測	2012/09/15	3.1%	
最新預測	2012/11/19	3.1%	

表2-1　研究機構對**2013**年全球經濟成長率預測（續）

智庫研究機構			論述
FitchRatings	研究機構	惠譽國際信評機構 （Fitch Ratings）	2012年12月6日，惠譽國際信評機構發布《2013-14年全球經濟數據展望》報告中指出：金融風險仍存在，全球經濟復甦不如預期。
	前次預測	2012/09/27　2.6%	
	最新預測	2012/12/06　2.4%	
E·I·U The Economist Intelligence Unit	研究機構	經濟學人智庫（EIU）	2013年1月23日，經濟學人智庫表示：2013年全球經濟仍受到2012年衰退影響，但於2013年年中將可望獲得好轉。
	前次預測	2012/09/20　3.5%	
	最新預測	2013/01/23　3.3%	

資料來源：本研究整理

2013年全球貿易成長率預測

茲將重要研究機構針對2013年全球貿易成長率預測值分述如下：

表2-2　**2013**年全球貿易成長率預測

國際組織機構			論述
	研究機構	聯合國（UN）	2012年6月7日，聯合國發布《2012年世界經濟形勢與展望》報告指出：歐債危機仍是全球經濟成長最大的阻礙，隨著危機持續惡化，恐促使金融市場捲入風暴，減緩全球經濟成長。
	前次預測	2011/11/30　4.4%	
	最新預測	2012/06/07　4.1%	
	研究機構	世界貿易組織（WTO）	2012年9月21日，世界貿易組織指出：受到歐債危機陰霾、美國經濟局勢不如預期，導致歐洲整體貿易量將持續放緩，其對全球貿易成長將帶來極大影響。
	前次預測	2012/04/12　3.7%	
	最新預測	2012/09/21　2.5%	
	研究機構	國際貨幣基金（IMF）	2013年1月23日，國際貨幣基金組織發布《世界經濟展望》報告中指出：政策行動雖減緩了歐元區及美國的迫切危機，但經濟在持續收縮後遲遲未能復甦，下修全球貿易成長率。
	前次預測	2012/10/06　4.5%	
	最新預測	2013/01/23　3.8%	
	研究機構	世界銀行（WB）	2013年1月15日，世界銀行公布《2012年全球經濟展望》報告指出：隨著發展中國家國內需求上升以及對外貿易的擴大，預計2013年全球貿易將增長6%。
	前次預測	2012/05/18　4.7%	
	最新預測	2013/01/15　6.0%	

表2-2 2013年全球貿易成長率預測（續）

國際組織機構			論述
研究機構	經濟合作暨發展組織（OECD）		2012年11月27日，OECD公布《經濟展望》報告中指出：歐元區是影響全球貿易成長率的主要來源之一，虛弱的財政體系與信心薄弱使其成長放緩。
前次預測	2012/05/15	4.1%	
最新預測	2012/11/27	4.7%	

資料來源：本研究整理

2013年主要經濟體經濟成長率預測

根據IMF（2012）指出：「歐債危機已籠罩全歐洲地區，將對全球經濟造成巨大衝擊」，而歐債風暴帶來的影響，使得諸多研究機構紛紛下修重要及新興經濟體的經濟成長率，此外，根據亞洲開發銀行（ADB）（2012）表示：「未來東協地區之柬埔寨、寮國、新加坡、馬來西亞及菲律賓等五國，將會是亞洲及世界其他區域的成長驅動器」。由此可知，全球經濟復甦重心將轉移至新興亞洲經濟區域。茲將國際研究機構對主要經濟體的經濟成長預測值陳述如下：

表2-3 2013年全球主要研究機構對主要經濟體經濟成長率預測

國際組織機構		主要經濟體	前次預測	2013/02
	聯合國（UN）	歐元區	1.3%	2.1%
		拉丁美洲及加勒比海地區	4.1%	3.1%
		開發中國家	6.0%	4.5%
		轉型經濟體	4.0%	5.6%
		已開發國家	1.9%	2.4%
	世界銀行（WB）	已開發國家	1.9%	1.3%
		開發中國家	5.9%	5.5%
	國際貨幣基金（IMF）	發達國家	1.6%	1.4%
		新興經濟體及開發中國家	5.6%	5.5%
		歐元區	1.5%	－
		歐盟	0.5%	0.2%
		亞洲四小龍	3.6%	3.2%
		東協五國	5.7%	5.5%

表2-3　2013年全球主要研究機構對主要經濟體經濟成長率預測（續）

國際組織機構		主要經濟體	前次預測	2013/02
OECD	經濟合作暨發展組織（OECD）	歐元區	0.9%	1.2%
EUROPEAN COMMISSION	歐洲委員會（EC）	歐元區	1.6%	0.1%
		歐盟	1.8%	0.4%
金融組織機構		**主要經濟體**	**前次預測**	**2013/02**
Goldman Sachs	高盛集團（Goldman Sachs）	已開發國家	2.5%	1.8%
		歐元區	2.0%	1.0%
		金磚四國	7.9%	7.4%
Morgan Stanley	摩根士丹利（Morgan Stanley）	新興市場	4.9%	4.9%
		歐元區	-0.5%	-0.5%
Merrill Lynch	美林證券（Merrill Lynch）	新興國家	6.2%	5.2%
ADB	亞洲開發銀行（ADB）	東亞新興經濟體	6.7%	6.6%
智庫研究機構		**主要經濟體**	**前次預測**	**2013/02**
EIU The Economist Intelligence Unit	經濟學人智庫（EIU）	歐元區	0.3%	0.3%
		東歐	3.3%	2.6%
		中東北非	4.0%	3.4%
		拉丁美洲	3.9%	3.6%
IHS GLOBAL INSIGHT	環球透視（Global Insight）	先進國家	2.0%	3.0%
		歐元區	1.4%	0.8%
		新興國家	5.9%	5.5%
		亞洲四小龍	3.8%	4.4%
		歐盟	1.6%	1.1%
		新興經濟體	6.2%	6.9%

資料來源：本研究整理

2013年全球經濟趨勢預測

2012年歐債危機波瀾再起、全球各國政局動盪不安,進而影響全球經濟成長。然而,全球經濟尚未復甦,各國紛紛釋出刺激政策,期盼能在歐債陰霾下維持穩定發展,同時提振各國經濟成長。茲延續上述國際機構預測與專家觀點,歸納出2013年全球經濟發展的三大發現如下:

發現一:2012年經濟持續放緩,2013年經濟復甦低迷

伴隨歐債危機陰霾籠罩全球及國際金融險象叢生,導致全球經濟低迷不振。根據世界銀行全球經濟趨勢主管Andrew Burns(2013)指出:「全球經濟復甦速度不及2012年6月預期,整體而言,全球經濟環境仍較脆弱,但風險趨勢較2012年平緩」。主要認為全球金融狀況、歐債危機影響,將拖累全球經濟成長。有鑑於此,各國際專業機構紛紛下修對2013年全球經濟成長預測值,並且受到歐債危機影響下,將持續削弱就業機會,同時減緩全球經濟成長。

發現二:歐債危機衝擊影響,全球貿易成長前景疲軟

由於各國為保護自身經濟體,紛紛實施貿易保護措施,進而拖累全球經濟復甦,外加歐債危機影響下,阻礙了全球經濟發展,導致美、歐消費市場萎縮,企業投資力道疲軟,連帶使各國出口至美、歐國家的貿易金額銳減。根據《金融時報》(Financial Times)發布《世界需要重振多邊貿易體系》(2013)指出:「目前發展中國家的經濟受到全球經濟低迷拖累,同時亦削弱部分新興經濟體的成長,導致全球貿易成長之復甦力道相當疲乏」,其認為在美債務影響下,全球經濟成長與貿易出口市場不樂觀,進而影響各國經貿,故在日益複雜的經貿環境變局下,各國得掌握經貿脈絡,深化經貿合作關係。

發現三:重要市場經濟疲軟,新興市場潛力推動成長

歐債危機背景下,全球各國亦連帶受到波及,根據國際貨幣基金組織(2012)指出:「全球先進經濟體成長疲軟,無法帶動失業率下降,僅能依靠各國政府的提

振方案」。相對於重要市場經濟成長低迷不振，新興市場成長表現更受到各界關注。根據美國外交學會學者Micheal Armacost（2012）認為：「新興經濟體已經快到接近歐債危機前的成長階段，並且仍是未來全球經濟成長引擎」，其主要受惠於人口結構的正面因素，再加上內需溫和成長，導致未來新興市場成長前景備受重視。

　　未來全球經濟成長前景，因受歐債危機、重要市場經濟體疲乏，導致各國經濟無法提振。因此各界均抱持悲觀態度，但也認為新興國家撐起全球經濟動能，皆看好新興市場成長前景。

全球經貿發展五風險再現

　　《雙城記》開場白提及：「這是希望的春天，也是絕望的冬天」，21世紀的全球經貿環境連續面臨金融海嘯及歐美債信危機的衝擊，致使全球經貿成長復甦的列車遭遇阻力而轉為緩慢前進。根據世界貿易組織（WTO）秘書長Pascal Lamy（2012）在世界經濟論壇東亞峰會（World Economic Forum on East Asia）上表示：「目前為止，在歐元區經濟動盪和美國經濟前景持續充滿不確定之際，亞洲的復原能力相對較佳，但亞洲地區與其他地區的貿易連結日增，並無法完全躲過全球經濟困難的衝擊，因此，亞洲的貿易保護主義仍呈現增高的趨勢」，此外，國際貨幣基金（IMF）於2012年10月9日所發布之《世界經濟展望報告》指出：「全球經濟面臨進一步放緩的風險『高得驚人』，而二次衰退的風險已顯著上升」，顯示全球經濟風險有不減反增之勢，茲就全球經貿環境發展風險敘述如下：

風險一：金磚四國發展減速

　　自2001年Jim O'Neil提出「金磚四國」一詞後，中國大陸、巴西、印度及俄羅斯等金磚國家在全球經貿版圖上逐漸展露鋒芒。走過2008年的金融海嘯後，金磚四國更成為拉動全球經貿復甦的火車頭，在21世紀的前10年可說是金磚四國的輝煌時代，直至2012年，金磚國家的高速發展已出現疲態，中國大陸不再堅持保八，而印度主權評等在2012年6月遭惠譽（Fitch Group）國際信用評等調降為「負向」，而巴西及俄羅斯的成長比起中國大陸及印度更加不濟。在喪失新興經濟體帶動以及主要國家深陷歐美債風暴下，全球經貿將深陷泥沼，正如同紐約大學經濟學教授Nouriel

Roubini（2012）所預測：「全球經濟『超完美風暴』即將成形」。

風險二：貿易壁壘全球驟增

G20國家於2010年度所舉行的多倫多高峰會以及首爾高峰會上，均承諾至2013年底前將不再頒布新的貿易保護措施，以穩定全球貿易環境，但口頭承諾終究難敵瞬息萬變的全球經貿環境。2012年5月31日，WTO、OECD及聯合國貿易發展會議共同發布自金融危機以來的第7份《G20國家貿易投資限制措施報告》，該報告指出：「自2011年10月中至2012年5月，G20國家共計已頒布了124項新的貿易限制措施」，此外，WTO秘書長Pascal Lamy更於2012年6月8日表示：「保護主義所影響的貿易範圍，占全球貿易量的3%左右，而此3%相當於印度與巴西兩大金磚國家的貿易量」，顯見，全球貿易保護主義有再度興起的徵兆，值得關注。

風險三：融資短缺危機上升

國際貿易融資是促進國際商貿活動的重要金融服務之一，但隨著美元的短缺，國際貿易融資也出現萎縮的情形，如同星展銀行（DBS）首席執行官Piyush Gupta 2011年12月1日表示：「貿易融資很大一部分為美元所驅動，而美元的流動性越來越緊縮」。探究美元緊縮的原因可知，歐洲銀行業為緩解歐洲主權債務危機，急需大量美元作為償債和維持母國金融穩定的資金，因此選擇自其他國家的市場抽離美金，使美金出現短缺的現象，如同安侯建業（KPMG）於2012年4月所發布的《Asia-Pacific Distressed Debt & Special Opportunities Outlook 2012》指出：「39%的受訪者表示，歐洲銀行淡出亞洲或會導致資金明顯短缺」，隨著美元被抽離亞洲市場，亞洲國際貿易融資額度不足，直接致使國際貿易萎縮。

風險四：能源價格居高不下

石油為全球貿易運輸中不可或缺的能源之一，因此石油的價格將會直接反映在

商品的運輸成本中，自2010年起，茉莉花革命蔓延北非，各石油供給國政局的動盪導致石油價格直線攀升。根據西德州、杜拜及北海布蘭特等國際三大指標油價的走勢可發現，自2012年8月起，除西德州原油價格低於100美元外，杜拜及北海布蘭特原油價格皆高於100美元。此外，2012年7月伊朗揚言封鎖佔全球40%石油運輸的荷姆茲海峽，加上中東及北非等產油國的政治局勢震盪等因素，皆嚴重影響全球石油價格，使原油價格居高不下，而隨著原油價格的高張，貿易業者於商品運輸成本上便不斷增加，導致其利潤減少，成為進行全球貿易的新風險。

風險五：貿易款項收款遞延

　　歐債風暴持續延燒，導致許多歐美企業資金短絀，不少企業向貿易業者訂購貨品後卻無法如期交款，而貨款遞延則造成龐大的資金壓力。根據金融服務公司EOS集團於2012年委託易普索集團（Ipsos）針對歐洲地區進行調查，調查結果顯示：「整體而言，東歐企業準時付款情況大有改善，由2011年的62.7%，提高至2012年的74.6%，但西歐企業能夠在期限前結清貨款的比率，則由2011的75.5%，降至2012年的72.1%」。雖然東歐企業的付款情形略有起色，但其延遲付款的企業比例仍有25%以上，而西歐企業的表現則更加不堪，準時還款的能力僅剩72.1%。

　　「山窮水盡疑無路」，出自東晉陶淵明《桃花源記》中的經典名言，一語道出正面臨全球經貿風險的貿易業者處境。然而，風險總是伴隨著報酬而生，正當全球貿易商面臨上述五項風險時，若能在艱困的環境下，快速適應環境，掌握未來經貿走向的新趨勢，即可在窮途末路的全球商貿環境中，往前突破抵達美好的桃花源，正如同《易經‧繫辭下》所示：「窮則變，變則通，通則久」，企業如能在面臨風險之餘，了解全球經貿環境的動向以規避市場風險，並經由強化內部實力以掌握新契機，便可「柳暗花明又一村」，為企業帶來永續發展的希望之春。

第 4 章

全球經貿復甦成長新動力

自二次世界大戰以來，全球經歷四次全球性經濟衰退。然而2011年歐債危機的引發，使全球經濟危機又驟然降臨，伴隨著歐洲、美國、日本等經濟大國的景氣低落，全球經濟將面臨「二次探底」、「失落十年」的聲浪四起。在這充滿變數的時代，台灣貿易業者如何找到新的立足點，實為不容忽視的課題。

🔗 國際專家學者對【全球貿易復甦方法】之論述

茲將國際著名專家學者對於全球貿易復甦之態勢及解決方案整理分述如下：

1. 國際貨幣基金（IMF）總裁Christine Lagarde：2012年10月11日表示，「目前部分國家中央銀行發布搶救經濟措施，例如歐洲央行的直接貨幣交易（OMT）債券購買計畫、美國的第三次量化寬鬆政策（QE3）及日本央行擴大資產購買計畫等，刺激經濟朝復甦邁進」。可知，各國政策將間接影響到全球貿易的復甦。

2. 美國聯邦儲備系統管理委員會（Fed）主席Ben Bernanke：2012年10月4日表示，「全球經濟面臨種種挑戰，中央銀行正採取額外措施促進美國經濟復甦，聯邦儲備系統正注入額外的貨幣融通資金，有助於加強美國經濟復甦，同時還可發揮支援全球經濟的效果」，由此可知，全球貿易正在復甦當中，但需要有更長久的政策，以免再掉入經濟衰退。

3. 匯豐（HSBC）中國股票基金經理人陳淑敏：2012年10月3日表示，「全球市場對於歐債危機的擔憂無可避免地拉低了經濟成長動能，在歐元區債務問題逐步

發展，隨著中國大陸官方推出更多支持政策及先前的寬鬆政策發揮成效，預期將出現溫和的循環復甦，其他國家的復甦成長，以及國家政府的政策，會帶動全球的貿易復甦」。

4. 世界貿易組織（WTO）秘書長Pascal Lamy：2012年9月21日表示：「由於全球經貿互動日益緊密，一旦某地區發生危機，也會波及其他地區並加速擴散。美國目前失業率偏高，出口表現減弱，全球經濟面臨強勁逆風。自由貿易將有助經濟復甦」，顯示，建置完善的自由貿易體系，對於經濟的復甦有極大的效益。

5. 英格蘭銀行（Bank of England）行長Mervyn King：2012年9月4日表示：「英國在下一個季度裡經濟會成長，但成長速度相當緩慢，需要一段時間，尤其在面臨銀行業的危機狀況後，經濟復甦更是十分困難，不過，在歐元區危機解決後，英國經濟有復甦的可能」。

6. 匯豐銀行（HSBC）總經理兼亞洲經濟研究聯席主管屈宏斌：2012年8月10日表示：「因為歐洲債務危機導致全球貿易量呈現下降趨勢，此外，在亞洲地區也因為此一狀況貿易額開始下滑，所以中國大陸政府應該調整貨幣政策和財務政策，防止經濟產生較大幅度的減速，且中國大陸可增加基礎建設方面的投資」。

7. 世界貿促高峰論壇國際商會（ICC）主席Steven George Gerrard：2012年6月4日表示：「中國大陸現在需要向世界展現支持以及開放的態度，才能促使世界貿易的發展以及經濟復甦能夠發揮到最大效用」。由此可知，中國大陸對貿易復甦有很大的貢獻和幫助。

8. 聯準會（Fed）主席Ben Shalom Bernanke：2012年5月10日表示：「由於銀行重建資本，而且改善銀行資產的品質，對於金融體系已有很大的改變，所以美國銀行正準備擴大放款，此舉有利經濟復甦」。

9. 前世界銀行（World Bank）行長Robert Zoellick：2012年4月2日表示，「美國經濟顯示復甦的跡象，但歐洲經濟增長放緩，發展中國家和發達國家都需進行結構改革，以促進經濟增長，呼籲各國控制過度寬鬆的貨幣政策，將引發新的危機」。從上述看來，目前各國採取非正常的貨幣政策，對於全球復甦不是永久性的

政策，應該由結構改革，達到更長遠的方案。

🔊 經濟大國因應救市政策

　　為因應全球經濟、金融市場的不確定性，歐洲央行推出OMT、美國祭出QE3、日本提出擴大資產購買計畫等政策。2013年全球經濟將呈三極分化：歐元區經濟繼續陷入輕度衰退，美國經濟成長放緩，唯有新興經濟體持續穩定復甦，TRIAD中央銀行不約而同推出寬鬆貨幣政策，可見眾國力圖拯救經濟衰退情勢的立場與方向一致，以下茲就美國、日本以及歐洲所提出之救市政策作分析：

1. 美國：【第三次量化寬鬆政策QE3】

　　美國聯邦儲備委員會（Fed）於2012年9月13日祭出第三次量化寬鬆貨幣政策（QE3），主要希望可引導公債等政府債券的殖利率和銀行間放款利率走低，鼓勵銀行積極放貸，使民間資金壓力得以舒緩，以達刺激景氣的效果，而政策主要收購標的為住宅抵押貸款擔保證券（Mortgage Backed Securities；MBS），希望以對MBS的無限量注資，拉抬房地產業，進而提升就業率。聯準會（Fed）樂觀預估至2013年經濟成長將加速可達到2.5％至3.0％，聯邦公開市場操作委員會（Federal Open Market Committee；FOMC）也於2012年10月預估：「至2014年底，美國失業率會降到7％以下」。在在顯示，美國官方機構對QE3的實施前景十分看好。

　　QE3與QE1、QE2差異最大在於QE3並未設定「金額上限」、「時間期限」，QE3提出每個月400億美元購買MBS，直到就業市場復甦為止。而在就業市場上，美國不僅提出QE3，還有「先進製造業夥伴關係計劃」（Advanced Manufacturing Partnership；AMP），希冀能重振美國製造業、創造高品質就業、維持全球競爭力。由波士頓顧問集團（BCG）（2012）發布《重回美國製造》報告指出：「至2015年將是『中國大陸製造、中國大陸消費，美國製造、美國消費』的年代，而製造業回流將為美國帶來200萬至300萬個工作機會」。由此可知，美國政府正提出多項政策，盼望能提升人民就業率以及國家經濟成長率。

表4-1　美國三次量化寬鬆政策一覽表

項目		QE1	QE2	QE3
執行時間		2008/11-2010/6	2010/11-2011/6	2012/9-
注入資金 （億美元）		17,250	6,000	無限期、無限量
收購標的 （億美元）		◆ＭＢＳ：12,500 ◆機構債：1,750 ◆公　債：3,000	◆公債：6,000	◆MBS：每月400 ◆到期資金續買長債，每月總計增持850
成效	美股	上升36.4%	上升10.2%	未知
	經濟成長率	降至4%（2009/Q4）	降至2.5%（2011/Q2）	調升2013及2014年目標，可望至3.0%~3.8%
	失業率	9.4%	9.1%	預期降至7%以下

資料來源：本研究整理

2. 日本：【擴大資產計畫】

　　日本經濟自90年代崩潰至2012年經濟成長仍趨緩，被稱作「日本失落的十年」，對日本造成深久影響，又因面臨全球經濟下行、歐洲金融動盪擴大、日本國內電力供應吃緊等因素，經濟持續衰退，為解決通貨緊縮，中央銀行於2012年10月23日提出「擴大資產購買計畫餘額」，透過購買政府債券等來提振經濟，將每年物價增幅控制在零或正數，藉此減低經濟趨緩風險，日本前首相野田佳彥（Yoshihiko Noda）內閣於2012年要求日本央行將資產購買計劃金額從80兆日圓擴大至100兆日圓。在在顯示，日本政府希冀透過擴大資產購買計畫使日本經濟復甦、增加就業率，以確保日本經濟不至於脫離持續成長的軌道。

　　為提振經濟復甦，除擴張性經濟政策外，日本首相安倍晉三於2013年2月祭出日圓貶值政策，期盼帶動經濟成長，日興證券公司（SMBC Nikko Securities；SBS）首席策略師Hidenori Suezawa（2013）表示：「安倍政府迅速啟動貨幣和財政政策，有助提高民調支持度，日圓貶值優先政策，將帶動股市勁揚」。世界銀行（WB）於2013年2月15日發布《世界經濟展望報告》，預測2013年日本GDP成長率

表4-2　日本擴大資產計畫政策一覽表　　　　　　單位：兆日圓

項　目		擴大資產計畫		
執行時間		2012/01/30	2012/12/20	2013/01/24
注入資金		11	10	13.0
購買資產	日本公債	5	101	2.0
	日本國庫券	5	5	11
	商業本票	0.1	5	—
	公司債	0.3	—	—
	指數股票型基金	0.1	—	—
	不動產投資信託基金	5	—	—
目　的		◆追求實質零利率 ◆提升貨幣寬鬆 ◆調降風險加碼	◆順暢貨幣清算 ◆強化經濟成長	◆金融市場穩定

資料來源：本研究整理

為0.8％、2014年為1.2％，分別比上次預測下降了0.7％和0.3％。主因是中日關係惡化影響日本對外出口，另一方面，日本國內的環保汽車購買補助政策終止以及日本311大地震後的重建需求有所減緩。總之，日本經濟復甦最關鍵之處在於中日關係是否能緩解。

3. 歐盟：【直接貨幣交易計劃OMT】

　　歐洲經濟環境籠罩在債務危機的陰霾中，歐盟（EU）於2012年9月6日推出「直接貨幣交易計畫」（Outright Monetary Transactions；OMT），希冀改善經濟環境，然而歐洲中央銀行只能選擇購買有加入歐元區的救援計畫，此為唯一限制，而實行OMT主要希望能夠遏制西班牙、義大利等國不斷上升的公債殖利率。此外，根據歐洲中央銀行主席Mario Draghi於2012年9月6日表示：「歐洲中央銀行將實行購

買成員國國債的計畫,讓歐洲中央銀行成為歐元區最後的貸款者」。由此可知,歐洲中央銀行希望能提升成員國的國內經濟,並且對各個成員國皆能給予經濟上的協助。

然而歐債危機發展至2013年,似乎已不再成為市場關注焦點。自歐洲央行提出「直接貨幣交易」(OMT)的計劃,加上2013年正式實行的歐洲穩定機制(European Stability Mechanism;ESM)以及較早祭出之長期再融資操作(Longer-Term Refinancing Operation;LTRO),令歐債危機的歐元區公共財政危機、經濟危機、銀行體系危機等惡性循環出現轉機。德國財政部長Wolfgang Schäuble(2013)表示:「歐債危機最困難時期已經過去,伴隨著美國和亞洲的強大貿易驅動,2013年歐洲經濟將有所成長」。顯示歐洲各國將漸漸遠離債務危機,重振經濟。

表4-3 歐盟三次提升經濟政策一覽表

項　　目	新財政協定 (Fiscal Pact)	增長與就業契約 (Compact for Growth and Jobs)	直接貨幣交易計畫 (Outright Monetary Transactions)
簽訂時間	2012/03/02	2012/06/26	2012/09/06
執行單位	歐盟25國	歐盟27國	歐洲央行理事會
注入資金 (億歐元)	5,300	1,200	5,000
目　　的	◆加強預算平衡 ◆各國承擔責任	◆提振國家經濟 ◆穩定經濟功能	◆抑制公債殖利率 ◆提升各國經濟

資料來源:本研究整理
註:歐盟25國(法國、西德、義大利、荷蘭、比利時、盧森堡、愛爾蘭、英國、丹麥、希臘、西班牙、葡萄牙、芬蘭、瑞典、奧地利、愛沙尼亞、拉脫維亞、立陶宛、波蘭、捷克、匈牙利、斯洛伐克、斯洛維尼亞、馬爾他、塞普勒斯);歐盟27國(除以上25國,還加上保加利亞、羅馬尼亞)

4. 韓國:【三次降息政策】

歐債危機尚未找到最佳解決方案,使得危機延燒至全球,造成全球經濟走勢的不確定性日益增加,位居亞洲的韓國亦遭受波及,為解決韓國內需市場低迷、出口

條件惡化與龐大經濟壓力問題，2012年10月11日韓國央行（The Bank of Korea）再次降息，且此次降息為韓國「2012年第二次降息」，根據JF南韓基金經理人崔光鉉（2012）表示：「韓國降息主要為因應自身出口產業所受到的衝擊，而降息有助於韓圜對美元貶幅的擴大，短期將有助於韓國維持出口競爭力」。由此可知，韓國希冀藉由降息政策，紓解目前經濟低迷的趨勢，而此次降息政策除有助於減緩問題，亦有利韓國經濟於未來再度成長。

2013年1月11日韓國央行宣布將基準利率維持於2.75％不變，顯示降息政策有助減緩韓國經濟問題，而韓國除提出降息政策，亦提出「外貿兆元倍增計畫」，針對短期出口衰退提出「貿易保險」、「貿易融資」與「進行海外行銷策略」等應變措施，並針對中長期貿易競爭力提升，提出「培育出口企業」、「培養原料、零件產業能量」與「貿易基礎設施及制度強化」等計畫，由此可見，各項政策將有助韓國各時期的經濟發展，然而，韓國央行亦於2013年1月將經濟成長預估值由3.2％下調為2.8％，顯示出，儘管降息等政策能減緩經濟問題，但全球經濟危機仍威脅韓國，政府應再擬定相關政策，以有效改善當前經濟問題。

表4-4 韓國三次降息政策一覽表

項　　目		2009年降息	2012年第一次降息	2012年第二次降息
宣布時間		2009/02/12	2012/07/12	2012/10/11
降息幅度		0.5%	0.25%	0.25%
利率變化		2.5%下調至2%	3.25%下調至3%	2%下調至2.75%
成效	出口成長率	-18.5%	-8.8%	1.1%
	失業率	3.9%	3.1%	2.8%
政策實施間隔		自2008年10月以來，已連續六次下調基準利率，此降息為歷史最低點	自2009年2月以來首次下調基準利率，2010年7月起曾五度升息1.25%	4個月來第二度降息

資料來源：本研究整理

5. 英國：【融資換貸款計畫FLS】

　　英國爲全球首屈一指的貿易經濟體、經濟強國以及金融中心，雖然英國2012年國內生產毛額（GDP）超越拉丁美洲最大經濟體巴西，自巴西手中重新奪回全球第六大經濟體寶座，然倫敦智庫「經濟與商業研究中心」（Centre for Economics and Business Research：CEBR）（2012）仍預期：「十年內金磚四國中巴西、俄羅斯和印度都將超越英國，而巴西於2014年的經濟規模又將超越英國」。可知英國若不解決債務、銀行信貸等問題，國家經濟委靡不振將近在眼前。2012年3月20日英國政府祭出《國家貸款保證計畫》，希冀透過政府擔保，由商業銀行向中小型企業提供200億英鎊的低利率貸款，而英國財政部（2012）表示：「年營業額在5,000萬英鎊以下的企業均可申請此類貸款，而首批計畫中，參與銀行將獲得共約50億英鎊的政府擔保資金」。由此可知，英國政府希望以低利率貸款之優惠方案，激發中小企業投資慾望。

　　英國銀行（Bank of England：BoE）於2012年8月1日推出新的信貸刺激計畫《融資換貸款計畫》（*Funding for Lending Scheme:* FLS），宗旨爲促進英國經濟中的信貸流動。根據英國央行委員會委員費舍爾（2012）表示：「融資換貸款計畫將向市場注入600至1,000億英鎊之金額，甚至無上限，預計消費者物價指數（CPI）在未來兩至三年維持在2.5％的水準」。英國央行行長Mervyn King（2012）表示：「英國央行和政府新推出的促信貸計劃旨在鼓勵銀行業向家庭及企業提供更多貸款，且目前已取得些微成績，初步顯示融資換貸款計畫將提振英國經濟」，雖然融資換貸款計畫的總體影響還不確定，但有少許銀行已下調了貸款利率。英國央行貨幣政策委員會委員Paul Fisher（2012）更表示：「融資換貸款計畫能將銀行融資成本降低1或2個百分點」。英國央行（2012）統計，截至10月29日共有30家銀行簽署「融資換貸款計劃」，說明刺激信貸計畫正在發揮作用。

表4-5 英國三次提升經濟政策一覽表

項　　目	國家貸款保證計畫（Loan Guarantee Scheme）	量化寬鬆計劃（Quantitative Easing）	融資換貸款計畫（Funding for Lending Scheme）
宣佈時間	2012/03/20	2012/07/01	2012/08/01
實施期限	-	-	四年
提出單位	英國政府	英國銀行	英國銀行
注入資金（億英鎊）	200	3,750	無上限或600至1,000
目　　標	以低利率貸款，刺激中小企業投資	通過購買資產向經濟注入更多流動性刺激經濟成長	鼓勵銀行業向家庭及企業提供更多貸款

資料來源：本研究整理

　　綜觀上述，各國央行紛紛採行貨幣寬鬆政策來擴大經濟成長力度，然而墨西哥財政部副部長Gerardo Rodriguez於2012年9月26日表示：「歐洲央行、日本央行與美國聯邦準備理事會推出的新一輪資產收購計劃雖有助於安定市場，但單靠貨幣政策仍不足」。而國際貨幣基金（IMF）主席Christine Lagarde（2012）認為：「歐洲領袖是否信守承諾，共同解決歐債危機的不確定性是首要課題，而歐債危機、美國財政懸崖（fiscal cliff）的產生，嚴重迫害全球經濟」。在在顯示，央行的寬鬆貨幣措施，雖為全球經濟復甦爭取到充沛時間，但力度仍不足以改善疲弱的全球經濟，各國政府必須盡快採取更多相關政策，以利經濟成長。

第 **2** 篇

台灣經貿新衝擊
經貿版圖變遷台灣新定位

Opportunities
from Value Chain Integration

第 5 章

台灣經貿現勢與振興政策方略

2013年台灣經濟成長率預測

　　全球經濟景氣出現緩慢復甦跡象，除了歐債危機未再惡化、美國財政懸崖的解決露出曙光、中國大陸經濟呈軟著陸態勢外，再加上亞洲新興經濟體的經濟成長也逐漸回升，故2013年全球經濟可望略為回升。而深受全球經貿環境影響的台灣，亦可望於2013年搭上全球經濟復甦的列車，茲將主要研究機構對2013年台灣經濟成長率預測敘述如下：

　　1. 美林證券（Merrill Lynch）：美林證券於2012年8月1日表示：「預測2013年台灣經濟成長率從3.6％下修至3.2％」，由於全球景氣環境不佳且沒有明顯復甦跡象，加上2012年台灣上半年經濟成長率不如預期，而2012年下半年的出口訂單仍顯示整體經濟疲軟，短期未有復甦跡象。

　　2. 花旗銀行（Citi Bank）：花旗銀行2012年8月17日公布台灣2013年經濟成長率時指出：「預估2013年台灣經濟成長率由4.2％下修至3.6％」，經濟成長率預測的下修，顯示出花旗銀行對於台灣經濟現況與未來的不樂觀。

　　3. 德意志證券（Deutsche Bank）：德意志證券於2012年9月25日表示：「預估台灣2013年經濟成長率為3.2％」，德意志銀行經由觀察台灣2010年至2011年的經濟成長表現，由2010年的10.9％，至2011年的4％，按照趨勢顯示2013年台灣經濟成長率應不會大幅回升，而僅有反彈的表現。

　　4. 亞洲開發銀行（Asian Development Bank；ADB）：亞洲開發銀行於

2012年10月4日表示：「預估2013年台灣經濟成長率為下調至3.8％，低於4月預估的4.6％」，其原因在於歐債危機與美國財政緊縮，影響45國組成的新興亞洲，使得如台灣一般的出口導向經濟體景氣不樂觀，故調降台灣2013年的經濟成長率。

5. 國際貨幣基金（IMF）：國際貨幣基金於2012年10月9日發布《世界經濟展望報告》表示：「2013年台灣經濟成長率由3.9％下調至3.6％」。乃是因為歐債危機若尚未遏止以及美國尚未解決財政的問題，將可能對亞洲帶來影響，因此IMF對未來經濟成長較難建立信心。

6. 中華經濟研究院（Chung-Hua Institution for Economic Research）：中華經濟研究院於2012年12月12日指出：「預測2013年台灣經濟成長率3.6％，較2012年1.19％成長3.41個百分點」。由於預期國際經濟會有和緩復甦的態勢，使台灣經濟狀況將隨之漸入佳境，逐季走揚攀升，故調高2013年台灣經濟成長率預測。

7. 巴克萊資本（Barclays）：巴克萊於2012年12月28日表示：「台灣在2012年11月工業生產指數同比成長5.9％，表現較2011年好，因此預估2013年台灣經濟成長率可達3.4％」。因台灣多數產業有持續好轉的跡象，特別是資訊科技產品的成長情勢超越半導體及面板等，帶動了電子業的復甦，有助刺激台灣經濟成長。

8. 世界銀行（Work Bank）：世界銀行於2013年1月15日發布《2013年全球經濟展望報告》：「2013年台灣經濟成長率將達4％，比2012年的成長1.2％要高」。整體而言，世界銀行認為全球經濟之高失業率與企業信心低迷衝擊了開發國家，但經濟下滑的風險已較近幾年緩和，故對台灣經濟成長值抱持樂觀。

9. 摩根大通（JP Morgan Chase）：摩根大通於2013年1月24日指出：「經過2012年的景氣動盪，全球經濟可望緩慢復甦，但由於台灣12月工業生產數據不如市場預期，顯示出台灣出口之外部需求不穩定，但預期2013年將能穩定成長，故預估台灣經濟成長率為3.4％」。由此可知，在衡量整體經濟情況後，摩根大通仍認為台灣經濟趨於穩定成長。

10. 台灣經濟研究院（Taiwan Institute of Economic Research）：由於台經院預期全球景氣復甦狀況將優於2012年，貿易可望回溫，加上主要機構對全球貿

易成長數值預測比去年高，對台灣貿易有正面的效益，因此台灣經濟研究院於2013年1月25日表示：「2013年台灣經濟成長率將上修至3.49%，較前一次預測上修0.07個百分點」。

表5-1　主要研究機構預測2013年台灣經濟成長率

發布預測機構	2013預測	
	時　間	預測值
美林證券（Merrill Lynch）	2012/08/01	3.20%
花旗銀行（Citi Bank）	2012/08/17	3.60%
德意志證券（Deutsche Bank）	2012/09/25	3.20%
亞洲開發銀行（Asian Development Bank；ADB）	2012/10/04	3.80%
國際貨幣基金（IMF）	2012/10/09	3.60%
中華經濟研究院（Chung-Hua Institution for Economic Research）	2012/12/12	3.60%
巴克萊資本（Barclays）	2012/12/28	3.40%
世界銀行（Work Bank）	2013/01/15	4.00%
摩根大通（JP Morgan Chase）	2013/01/24	3.40%
台灣經濟研究院（Taiwan Institute of Economic Research）	2013/01/25	3.49%

資料來源：本研究整理

台灣經貿衰退主因探析

　　根據財政部統計處2013年1月7日所公布之海關進出口貿易統計顯示：「2012年前三季，台灣出口皆呈衰退之勢，雖於第四季度轉正，但全年對外貿易總額5,718.4億美元，仍舊比2011年減少3%，其中出口下降至3,011.1億美元，下降2.3%」。與南韓、日本、新加坡、中國大陸及美國相比，表現明顯較差。以出口為經濟命脈之台灣，面對如此不堪的表現，各方專家學者皆點出箇中原因，茲將學者專家、主要研究機構及政府機關對於台灣經貿衰退主因敘述如下：

1. 學者專家論述

❶**中華經濟研究院區域發展研究中心主任劉大年**：劉大年主任於2012年7月13日表示：「台灣出口的衰退的問題，除了大環境因素外，尚存在出口產品欠缺品牌之產品結構性根本問題；未來即使景氣復甦，台灣出口也未必能回復水準」。是故，疏於經營製造後端的行銷與品牌創造的台灣出口產品，在面臨全球化的競爭時將出現瓶頸，亦更難以因應大環境的波動。

❷**政治大學國家發展所特聘教授童振源**：童振源教授2012年9月指出：「過去台灣大舉投資中國大陸市場，許多台商回過頭向台灣進口中間材、原物料與零組件等，也帶動我國出口成長；不過，台灣與中國大陸的產業分工互補關係，已經轉變成相互競爭，許多對岸產業開始自給自足，大幅減少對台灣進口，使得台灣出口節節衰退」。

❸**廈門大學臺研院經濟所副所長唐永紅**：唐永紅副所長（2012）表示：「台灣最主要的經貿夥伴是中國大陸，其次為美國與歐元區，但當前中國大陸經濟增長情況並不妙，成長趨緩已成必然，而美國與歐元區，均遭遇『多事之秋』」。主要經貿夥伴在經貿上停滯以及衰退的表現，為導致台灣當前經貿衰退的主要原因。

2. 研究機構論述

❶**中央研究院**：2012年7月18日，中央研究院公布2012年台灣經濟成長率的同時亦指出：「台灣經貿表現不佳，主要原因來自於全球經濟環境前景不明，以致整體貿易活動明顯下滑，並使得台灣經濟風險升高」。同時亦顯現全球經濟環境之於台灣貿易活動的連動關係。

❷**台灣經濟研究院**：台灣經濟研究院於2012年8月28日提出：「台灣經濟整體情況持續走弱，首先在貿易部分，基於國際景氣向下趨勢仍未轉變，因此使得我國對外貿易再次出現萎縮情形」。凸顯出全球景氣問題乃為台灣出口貿易持續呈現衰退的主因。

❸**勤業眾信會計師事務所**：勤業眾信會計師事務所於2012年9月5日發布之《第

三季全球經濟展望報告》中指出：「台灣2012年經濟發展連兩季出現衰退，肇因於台灣經濟高度仰賴出口，受美國、歐洲和中國大陸等主要出口市場需求放緩影響」。

3. 政府機關論述

❶**海基會副董事長兼秘書長高孔廉**：高孔廉秘書長於2012年6月29日發表〈ECFA簽署兩周年有感〉一文中表示：「全球經濟遭遇歐洲債務危機的衝擊，對金融面及實體經濟皆產生嚴重影響，直接導致台灣出口貿易大幅衰退，同時亦使中國大陸出口貿易成長減緩，降低對台灣產品之需求」。

❷**總統馬英九先生**：2012年11月16日，總統馬英九先生在總統府接見全國商業總會理監事時表示：「台灣出口下降主要原因來自於自由貿易協定或經濟合作協議所涵蓋的商品，未達所有出口商品的5％，相較日本、韓國及新加坡的17％、35％、70％，『台灣經濟自由化腳步嚴重落後』」。顯示出「經濟自由化程度不足」為台灣近期出口衰退之原因之一。

❸**財政部統計處統計長葉滿足**：2013年1月7日葉滿足統計長表示：「2012年台灣出口衰退原因來自於手機出口遭受蘋果及三星夾擊，以致通信與資訊產品全年出口減幅達兩位數，加上大陸開始提高面板自給率，以調降對台需求」。顯示台灣出口產品遭受國際競爭者替代為導致2012年台灣出口衰退之原因。

🔧 台灣經貿振興方略

台灣景氣對策燈號自2011年11月至2012年8月連續亮十個藍燈，表示台灣景氣低迷，而進入9月起景氣燈號開始轉變為藍黃燈，更於12月轉為表示景氣穩定成長的綠燈，顯示台灣景氣在步入2012年年末時，有轉趨成長的趨勢。此外，依據中華民國統計資訊網所公布之台灣各月外銷訂單可知，自2012年9月起，台灣為期六個月的外銷訂單衰退已由負轉正，總計2012年全年台灣外銷訂單達4,410.1億美元，創下歷史新高。探究台灣經濟由低處逐步上揚的主因，經濟部於2012年所推出與執行的《101出口龍騰計畫》及《振興出口精進作法》有效提振出口力道功不可沒，以下

茲針對兩項台灣新貿易政策分述如下：

1. 《101出口龍騰計畫》

　　為了促使亞洲四小龍之一的台灣再次振興，經濟部緊急規劃至2012年年底即結束之短期出口振興計畫，並將此計畫命名為《101出口龍騰計畫》，希冀藉由「資金」、「拓銷」及「形象」等三個面向來提升台灣出口力道，表5-2為「專案之執行策略與執行目標」。此外「龍騰計畫」中同時規劃30多項主力出口商品之達成目標及監測機制，而所謂監測機制即是當30多項主力出口商品未達8％之成長目標時，由貿易局啟動會談，並邀請各方機構會診，達成振興台灣出口之目的。

　　經濟部所規劃之《101出口龍騰計畫》，主要支援項目包含：**(1)金龍專案**：藉由「擴大貿易金融支援額度」及「擴大輸出銀行保險優惠之適用市場範圍」，達成降低廠商出口資金成本及提供貿易風險保障；**(2)擒龍專案**：通過「結合國內重要展覽擴大洽邀國外買主來台採購」、「於非展覽期間洽邀國外買主來台採購」兩項方式，讓台灣廠商在國內即可接觸到全球買主，並掌握新市場及新領域商機；**(3)飛龍專案**：以「規劃高層多功能經貿訪問團」及「擴大辦理展團活動」，雙管齊下密集的籌組海外展團，藉由主動出擊，加深海外展覽團之密度與廣度協助台灣貿易業者更直接地與海外買家接觸；**(4)e龍專案**：藉由辦理「視訊採購大會」與「建置台美入口網」協助台灣廠商以最省時省力的方式，抓住與買主互動和開發訂單的機會；**(5)遊龍專案**：透過加強推廣台灣產品優質的產業形象，以增加台灣產品的國際曝光度，更進一步協助台灣產品拓展海外市場；**(6)巨龍專案**：運用「爭取全球政府採購商機」專案，協助台灣整廠整案產業爭取國際標案。藉由自身強化蒐集國際標案之商情資訊，並與亞洲銀行及歐洲銀行等組織進行密切互動。

　　隨著「龍騰計畫」的推動，其成效逐漸顯現，「金磚巴西‧金鑽墨西哥市場說明會暨採購媒合會」、「2012年汽機車零配件赴南美洲拓銷團」及「2012年生活用品赴泰馬拓銷訪問團」等陸續傳出捷報，媒合多家廠商並促成多張外銷訂單，其中2012年5月份所舉行之「金磚巴西‧金鑽墨西哥市場說明會暨採購媒合會」即於現

場促成達4,400萬美元之訂單。而台灣亦藉由「龍騰計畫」的執行再次寫下外銷新的一頁。

表5-2　六龍專案之執行策略與執行目標

	專案名稱	執行策略	執行目標
1	金龍專案	➤擴大貿易金融支援額度 ➤擴大輸出銀行保險優惠之適用市場範圍	降低廠商出口資金成本及提供貿易風險保障，讓廠商可以更放心大膽的開拓新市場商機。
2	擒龍專案	➤結合國內重要展覽擴大洽邀國外買主來台採購 ➤於非展覽期間洽邀國外買主來台採購	讓台灣廠商置身在國內即可接觸到全球買主，並掌握新市場及新領域商機。
3	飛龍專案	➤規劃高層多功能經貿訪問團 ➤擴大辦理展團活動	加深海外展覽團之密度與廣度，協助台灣貿易業者更加直接地與海外買家接觸，促成商機。
4	e龍專案	➤視訊採購大會 ➤建置台美入口網	協助台灣廠商以最省時、省力的方式，抓住與買主互動和開發訂單的機會。
5	遊龍專案	➤加強推廣台灣產品優質的產業	增加台灣產品的國際曝光度。
6	巨龍專案	➤運用「爭取全球政府採購商機」專案	取得外國政府標案。

資料來源：本研究整理

2.《振興出口精進作法》

　　2012年發生之歐債危機、中國大陸調降GDP成長目標值等外部因素影響下，對台灣出口貿易帶來強大威脅，造成台灣出口表現褪色的主要原因為「出口產品結構集中度高」、「中間財比重過高」、「出口市場不夠分散」等，是故，經濟部國際貿易局於2012年8月7日祭出《振興出口精進作法》，希冀以「廣深高速」的新思維加上各項積極的作法，除協助台灣廠商全面衝刺出口，更強化台灣產業在國際市場的知名度及競爭力。

　　經濟部國際貿易局所發布之《振興出口精進作法》，主要支援項目包含：**(1)海外據點展觸角**：於具拓展潛力之新興國家據點增聘熟悉當地市場之專業人才，專責處理當地市場拓銷之諮詢、商情商機蒐集及媒合、洽邀買主、協辦拓銷活動等

工作：**(2)增加據點**：整合經濟部及外貿協會海外據點之設置，未來貿協設立海外駐點將以新興國家且無經濟部駐外單位之商業大城爲首要目標；**(3)全力推廣消費財出口**：將透過進軍網路市場、加強與通路商合作關係、掌握新興市場消費需求商機、開拓海外電視購物通路等來推廣消費財的出口數值；**(4)擴大台灣產製產品出口**：將透過加強推廣台灣精品以及台灣產製綠色產品，以鼓勵廠商在國內生產製造之意願，以刺激國內就業、出口成長以及經濟發展；**(5)客製化找買主**：針對50個貿協海外據點市場，依廠商產品特性及拓銷需求實地商訪，全力促成商機，期盼短期內對台灣出口市場產生具體績效，並爲長期拓銷預作準備；**(6)擴大外商來台採購**：透過採購洽談會、工廠參訪以及邀請國外媒體來台採訪台灣聚落產業優勢等規劃，使外商對台灣環境有更深認識；**(7)密集出動貿易尖兵**：於短期內密集派遣「貿易尖兵」特攻隊前往新興市場潛力城市推薦產品、發掘潛在商機及買主，並回報動態商情，以提供廠商開發新市場之協助，增加行銷輔導之廣度和深度；**(8)加碼補助十大出口產業公協會拓展外銷**：新增補助公協會參加海外展覽辦理延伸加值活動（如新產品發表會、記者會、媒體廣告、時尚活動區等），以擴大海外展覽效益。透過一系列之政策，有助於提升台灣整體產品形象及協助企業推廣品牌、拓展商機，使台灣快速躍上國際貿易舞台。

　　隨著《101出口龍騰計畫》及《振興出口精進作法》兩項政策的施行，台灣經濟已於2012年年底逐漸好轉，唯兩項計畫皆爲治標不治本的短期振興計畫，並未能根本解決台灣產品競爭力下滑的問題，經濟部國際貿易局雖於2013年1月7日表示：「將繼續掌握潛力市場成長契機，並以中國大陸、俄羅斯、巴西、印度、印尼、越南、菲律賓、土耳其、墨西哥、阿聯大公國及埃及等11個市場爲重點拓銷市場，延續台灣出口動能」，但台灣仍需要可提升出口競爭力的藥方。故新內閣上任後，行政院長江宜樺即積極籌畫「台灣自由經濟示範區」的建構，除建立自由貿易港區外，亦將發展智慧運籌、國際醫療及農業加值運銷等具高附加價值之高端服務業，希冀藉此達成「參與區域經濟整合」、「提升國家競爭力」與「釋放企業活力」等三大目標，將台灣打造成亞太自由經貿中心，讓四小龍之一的台灣，經濟再度騰空而起。

第 6 章

工商協會對台灣貿易政策建言

　　星斗不斷閃爍璀璨光彩，一代星斗總會有天事過境遷，化成流星殞落一方，何時墜落無法未卜先知。面對經濟活動的盛衰，猶如上述，無法預測何時會興盛或衰敗，一國經濟活動可能在一夕之間，因政策錯誤而導致績效驟衰，但如何將此風險降至最低，得經過不斷的檢視及調整，或經過各方建言，予以修正。台灣在對外貿易方面，一直以來的主要競爭對手之一韓國，不斷積極地與各地區國家洽簽自由貿易協定（FTA），全球貿易區域化的發展逐漸壓縮台灣在國際市場上的貿易空間，進而衝擊台灣整體經濟發展。因此，台灣政府應多吸取各界所建議的金玉良言，並在政策上做調整，以利台灣在全球貿易經營環境，跳脫邊緣化危機，展闊新契機。茲將各界所提建言分述如下。

🔘 2011-2012年台北美國商會《台灣白皮書》建言

　　2011年6月8日，台北美國商會發布2011年《台灣白皮書》，以「把握當下，成就未來」為主軸道出：「2010年台灣因簽定兩岸經濟合作架構協議（ECFA），使得整體經濟、貿易成長強勁，在國際經貿舞台的能見度大幅提升」。2011年第一季，台灣外銷到中國大陸之出口總額為295.44億美元，其中，中國大陸給予台灣早期收穫清單內貨品之出口額為49.27億美元，較2010年同期成長21.59%。由此可知，因簽署ECFA，台灣之競爭力漸漸提升。不僅肯定台灣過去一年經濟成長的卓越表現，也道出台灣在國際競爭力排名為全球第6的同時，政府效能評比卻出現退步，政府若不積極提升施政效能與政策一致性，加強人才培育，並重視長期規劃，

否則將錯失ECFA所帶來的商機。

　　2012年6月6日，美國商會公布《2012台灣白皮書》，內容環繞「強化台灣國際競爭力」為題，認為台灣目前所提出的五大支柱方向正確，建議具體作為包括以下五大議題：**(1)貿易自由化**：台灣應強化服務貿易活動、鬆綁違背國際趨勢且限制台灣國際競爭力的法規等；**(2)促進產業創新**：台灣應加強新科技之質量、建立有利新創企業的環境等；**(3)確保能源安全**：支持政府提出之評估必要性後調漲電費的決策、台灣應重新檢討六部核電機組必須陸續除役的決定等；**(4)強化高等教育**：鼓勵國外知名大學來台設立分校、輔助在職專業人才進修教育課程等；**(5)吸引國際人才**：去除對外籍人才申請來台工作需有學士學位以及兩年以上相關工作經歷的規定、降低所得稅率、允許觀光旅遊業者引進更多合格之國際高階專業人才，及非技術性勞工、簡化中國大陸籍員工入境台灣之申請作業程序等。

　　在《2012台灣白皮書》中，更提及總統馬英九先生需扮演「溝通統帥」的角色，而不只是「三軍統帥」，以繼續大刀闊斧的推動新改革。美國商會會長魏世民（2012）表示：「台灣是個年輕民主的國家，是他歷年待過的亞洲國家中，政治化速度最快，且注重民意的國家。而應如何下對每一步棋，台灣政府對外，不僅需加強對外溝通的管道；對內，需效率謹慎的執行，以爭取足夠立法委員的支持」。報告中亦透露美國商會擔憂台灣能源政策的實施，美國商會會長魏世民（2012）表示：「美商肯定台灣政府電價合理化政策，不僅能確保能源安全，也間接提供企業節能誘因。然而，這卻與當下政府之新能源政策穩健減核與陳義過高的減碳目標兩大方向大相逕庭，明顯缺乏一致性」。美國商會建請台灣政府應全盤審視能源政策，別讓企業的投資計畫因此卻步。在專業人才上，若想增加國外白領人才來台，應免去現有學士學位及兩年相關工作經驗規定及台灣個人所得稅率最高達40%，相較香港（15%）、新加坡（20%），這也是影響人才去留因素。此外，台灣對中國大陸專業人士來台受訓、開會應更開放，以符合企業需求。

2011-2012年歐洲商務協會《年度建議書》

　　台北市歐洲商會在2011年10月14日《2011-2012年度建議書》，建議書主題為「台灣就位、力求成長」，並提出112項議題，籲請政府採取更多開放措施，擴大台灣經濟成長力。歐洲商會建議台灣政府在四大關鍵議題上採取行動，以改善台灣在全球經濟環境中的處境，分別為**(1)國際標準**：台灣法規環境應快速與國際標準接軌，目前仍受其阻礙，歐洲商會建議若能認可採納歐盟標準，解除技術性貿易障礙，將使台灣成為更具吸引力的投資地點；**(2)中國大陸進口禁令**：歐洲商會支持台灣促進兩岸商業貿易正常化的措施，但仍對中國大陸製產品的進口禁令或限制，呼籲台灣應解除相關限制，才可加強台灣對國際投資者的吸引力；**(3)智慧財產權**：台灣修訂《商標法》，免除舉證計算智財權侵權損害金額下限，擔憂台灣法院處理智財權侵權能力不足，判決結果無法產生嚇阻作用，希冀可以儘快通過新的專利法修正條文，才可防範權力濫用；**(4)歐盟的《貿易振興措施》協議**：台灣應快速與歐盟簽署自由貿易協定，也就是貿易振興措施（Trade Enhancement Measures；TEM），將可提升歐盟與台灣創造就業機會。歐洲商會也表示，目前的關稅已經相當低，TEM對歐盟的主要效益在於克服非關稅障礙（NTB），這是歐盟與南韓簽訂自由貿定協定的主要獲益之一，處理非關稅壁壘的TEM對雙方均有極大利益。

　　歐洲商會在2012年11月12日發布《2013年度建議書》主題為「釋放台灣虎：經濟興盛之道」，訴說著台灣在過去20年內逐漸改善法規環境，但近年改革的腳步卻原地停留，無法充分發揮潛力。歐洲商會指出要使台灣經濟發展向前，必須從「競爭力」及「永續發展」兩方面去改善。在「競爭力」部分，歐洲商會理事長江孟哲（2012）表示：「台灣在提升競爭力、貿易與投資上不足，致使台灣從2000年以來，經濟成長率落後香港、南韓及新加坡，位居亞洲四小龍之末」。說明台灣在全球環境劇烈變化下，全球經貿關係更不如以往，台灣未跟上鞏固經貿關係的潮流，導致競爭力不如他國，如FTA洽簽署落後，並進一步指出：「台灣成為境外人民幣市場方面，應比現行更開放，如『允許國內金融單位為所有客戶進行人民幣業務』、『推動人民幣的直接貿易清算』等」。

　　為改善台灣的競爭力，歐洲商會建議政府應以下面四項為方針：**(1)推動台灣成為境外人民幣市場**：建議開放境外人民幣市場，並認為法規修訂理當允許國內金融單位為所有類型客戶進行人民幣業務、釋出創造另一平台的良好機會、推動人民幣的直接貿易清算、提供進一步發展新投資商品的機會、確保人民幣得以經由指定清算銀行在香港與台灣連結且流動，及建立離岸人民幣的流動性管理機制，籲請成為繼香港後的第二個人民幣境外金融中心；**(2)國際標準**：建議台灣若可採取果決的行動，能在各項測試採納世上最嚴格的歐盟標準，並認可歐洲測試實驗室，解除技術性貿易障礙，促進台灣法規環境接軌國際標準，有助提升台灣競爭力及投資吸引力；**(3)中國大陸產品進口禁令**：延續2011年所提出的建議，歐洲商會支持兩岸貿易往來，但仍對中國大陸產品有進口的限制，籲請改善其相關法規禁令或限制，以吸引國際投資者進駐；**(4)台灣與歐盟之間的貿易提升措施**：雖然歐盟與台灣間貿易互惠具備政治層面的障礙，歐洲商會仍向台灣政府傳達一致的訊息，即採取單邊行動移除貿易障礙及採納國際標準，將可展現政府的誠信，將有利於促進台灣與歐盟之間的互惠進展。

💿 2011-2012全國工業總會《工業總會白皮書》

　　在2011年6月，全國工業總會發布《2011全國工業總會白皮書》，對政府政策的建言，並且以「台灣如何開創黃金十年」為主題。全國工業總會建議台灣政府政策可在以下十個單元有所作為，如**(1)產業發展；(2)能源政策；(3)環境及安全衛生政策；(4)公平交易暨消費者關係；(5)賦稅暨金融政策；(6)勞資關係暨人力資源；(7)國際經貿；(8)兩岸政策；(9)智慧財產權；(10)中小企業發展**等，總計提出104個議題及199項建言。全國工業總會建議台灣政府協助產業發展，輔導協助產業根留台灣，提出相關的投資優惠措施給企業，以利企業在台灣投資布局，另一方面，台灣中小企業在企業結構比例約占98%左右，在多項政策的放寬及輔佐之下，將更有利促進企業發展，提高台灣企業及產業在國際間的競爭力。此外，在全球環保意識抬頭之下，全國工業總會也建議台灣政府在處理環保爭議時應著重客觀性與公平

性，以期在發展經濟之際，同時考慮到環境保護。最後，提及國際經貿方面，台灣在國際經貿環境不穩定下，仍能保持穩定快速成長，但不能因此而滿足，一直以來為台灣對外貿易競爭對手的韓國，不斷積極在自由貿易協定（FTA）深根經營，台灣應務實開放市場，以避免產業在國際市場面對種種新挑戰，遭受邊緣化。

在2012年7月，全國工業總會發布《2012全國工業總會白皮書》，其主題為「突破困境的發展策略」。全國工業總會仍延續2011年的十個單元，並提出107個議題及252項建言，與2011年相較之下，增加了53項建言，增加的部分以「能源政策」、「環境及安全衛生政策」與「國際貿易」等3個單元增加最多，反映出由於「國光石化投資案、油電雙漲案爭議與台灣有被邊緣化的危機」的影響，引發台灣產業界的憂慮不安，故積極提案所致。

此外，全國工業總會在「突破困境的產業發展策略」提出四項建議方針：**(1)建構總體的經貿與產業戰略規劃**：除政府所推動進行的ECFA後續協商，並與新加坡、日本、紐西蘭、歐盟、以色列、印度及菲律賓等國家洽簽ECA／FTA，及宣示推動加入TPP等經貿政策，雖然目前已經確定策略目標與願景，但能不能在未來的雙邊或多邊談判過程中獲得進展，工業總會建議政府必須要整體性的思考進行經貿與產業調整，或者發展戰略規劃，以利台灣競爭力延續；**(2)全面輔導產業轉型升級，提升企業市場競爭力**：在面對中國大陸產品的激烈競爭，台灣政府不能僅限於原有產業，應全面性的檢討各產業的差異，進而協助開發新產品與轉型，工業總會建議政府除了持續藉由信保基金提供企業資金以外，並可協助工研院、商研院等研究發展單位，將專利技術合理開放給廠商應用，以利傳統產業轉型升級，提升企業市場競爭力；**(3)吸引台商回流，重建產業供應鏈地位**：對台商而言，面對中國大陸經濟結構及經濟社會發展策略之調整，除了導致台灣產業面對劇烈的競爭壓力外，生產成本也逐年提高，中國大陸台商正面對轉型及生產基地移轉的壓力，工業總會建議政府利用此機遇，提供優惠配套措施，促進「鮭魚回流」，重新塑造台灣產業供應鏈；**(4)加強培育科技與技術人才**：為提升產業發展競爭力，工業總會建議必須加強學界與業界的連結合作，針對科技人才缺口，加強培育科技及技術人才，另一方面，應去除保守且僵硬的思維，放寬限制並且打造有利海內外人才長住

的優良環境，來提升產業發展競爭力。

　　綜上所述，在各界多項擬定的建議方針下，一致性的對能源相關政策提出建言，建議政府在調整政策之際，也應祭出相關優惠措施，以避免打擊企業投資意願；且對台灣目前在國際貿易競爭上所面臨的劣勢，亦提出相關建議，建議台灣政府做出適當且宏觀的調整政策，以促進傳統產業及中小企業轉型發展。

第 7 章

各國自由貿易協定對台灣之衝擊

歷史記載道出時代環境並非一成不變，每個時代都有其特色及改變，經貿環境亦是如此，經貿活動已從國與國之間的貿易行為航向區域化，自由貿易協定（Free Trade Agreement；FTA）猶如全球貿易的血液，活絡貿易合作關係。除了活絡國與國之間的貿易活動外，更可以帶動兩國之間的內需經濟市場、降低失業率等，但相對的亦會帶來副作用，如對該國產業帶來衝擊，此時，政府應提供相對配套措施，輔導產業轉型以因應FTA帶來的影響。中華經濟研究院台灣WTO中心副研究員徐遵慈（2012）表示：「各國開始爭相簽署FTA，已經形成競爭型自由化」。道出各國為爭取更多的FTA，以提高對外貿易及經濟活動效益等，已演變成激烈競爭的局面。

在全球各地區國家因市場景氣萎靡之下，利用簽署FTA的利多，以達雙邊或多邊合作的效果，逐步形成區域經濟整合效果，然而，台灣在FTA的路途上，顛簸艱辛，進度相當緩慢。依據《交流雜誌》之〈東亞區域經濟整合趨勢下的台灣〉（2012）報導：「面對東亞區域經濟整合的深化，嚴重威脅台灣對外貿易，面臨東亞區域經濟整合邊緣化的威脅」。由此道出，2008年金融海嘯催化加速下，促使以東協為軸心的東亞區域經濟整合更加深化，且在台灣對外出口產品結構與韓國相似的情況之下，東北亞區域經濟整合的威脅將日增，台灣如不加速評估規劃其相關配套措施以利洽簽FTA，將使台灣步步走向邊緣化。

然而，在全球各國為增強對外貿易的競爭優勢，除了積極洽簽FTA之外，還亟欲促成經濟夥伴關係，以擴大其經貿優勢，如「跨太平洋夥伴關係協定」

表7-1　亞洲主要國家區域貿易協定之進展

國　　家	生　　效	簽　　署	談判階段	評估階段	合　　計
新 加 坡	18	2	7	3	30
韓　　國	9	0	10	12	31
印　　度	13	0	12	9	34
泰　　國	9	1	6	5	21
中國大陸	10	0	7	7	24
馬來西亞	10	3	5	6	24
日　　本	13	0	4	5	22
印　　尼	7	1	3	6	17
菲 律 賓	7	0	0	4	11
越　　南	7	0	2	5	14
台　　灣	4	0	2	1	7
香　　港	2	1	1	0	4
合　　計	109	8	59	63	239

資料來源：中華經濟研究院（截至2012年5月）

（Trans-Pacific Partnership；TPP）及「區域全面經濟夥伴關係協定」（Regional Comprehensive Economic Partnership；RCEP）。其中，RCEP於2012年11月由第21屆東亞峰會正式提出，在2013年展開談判，並於2015年完成，其涵蓋國家除東協十個會員國之外，還包括中國大陸、韓國、日本、紐西蘭、澳洲及印度等六國。根據國家政策研究基金會（National Policy Foundation）於2012年12月14日指出：「若以2011年GDP計算，RCEP的經濟規模約19.78兆美元，其GDP數值占全球的三分之一，30多億人口數占全球的一半，如RCEP完成，將成為全球最大的區域經貿組織」，由此可知，RCEP的促成將為協定夥伴帶來龐大的對外貿易優勢，但若台灣未在其中，此將帶來嚴重衝擊。依據經濟部國貿局局長張俊福（2013）表示：「台灣若想要加入RCEP，合理的預期下將是2015年之後，也就是RCEP談判結束前，

台灣只能夠等待」，由此道出，東協是台灣重要的貿易夥伴，在RCEP未完成談判前，且不接受新成員的情況之下，台灣將嚴重面臨邊陲化的危機，此將比TPP帶來的衝擊更巨大。根據總統馬英九先生（2013）表示：「2013年拚經濟的重點方向為區域經濟整合，台灣將爭取加入由美國領導的TPP，以及東協與中國大陸主導的RCEP」，由此可知，馬總統正極力帶領台灣邁向更寬廣優惠的經貿航道。

🔾 FTA對一國之經貿效應

茲將簽署FTA之效應，分述如下：

效應一：【簽FTA，促貿易】

隨著全球化時代來臨，貿易型態也變得更多元，為保護國內貿易在國際上的競爭優勢，各國紛紛設下貿易壁壘；但各國也簽訂自由貿易協定，以提高貿易績效。根據WTO統計（2013）：「截至2012年12月止，全球總計有329個FTA或ECA（Economic Cooperation Agreement）生效實施，經由FTA協定所進行的跨國貿易，已超過全球貿易總額的50％，具有重大影響力」。

2012年9月22日，前行政院長陳冲表示：「目前政府極力規劃與以色列、印度、菲律賓及印尼等國洽簽FTA，積極加入區域經濟整合，降低台灣產品出口關稅負擔，以提升台灣出口競爭力」。由此道出，政府當前正努力洽簽FTA，讓台灣貿易不斷注入活水。

效應二：【簽FTA，吸外資】

依據美國亞太經濟合作會議（APEC）資深官員、國務院亞太局經濟政策協調官Atul Keshap表示（2012）：「兩岸簽署ECFA為增加外資到台灣投資的誘因；而台灣經濟則受惠於周邊地區的改善關係，像是消弭與中國大陸的緊張關係」。綜上可知，各國以簽署FTA的方式吸引外資，為發展國家經貿增加助力。

土耳其是全世界唯一橫跨歐、亞兩大洲的國家，且擁有龐大的內需市場，為

促進國家發展經濟貿易，與各國簽訂FTA為加速提高國外直接投資（Foreign Direct Investment：FDI）的方法之一。根據土耳其經濟部長Zafer Caglayan（2012）表示：「FTA的簽訂，將使韓土兩國建立更為緊密的經濟關係，簽訂FTA後，南韓企業對土耳其的貿易額與投資都將有進一步的增長」。由此可見，簽訂FTA可以吸引外資進駐投資，提高FDI。

效應三：【簽FTA，利競爭】

全球化時代，各國正積極進行各種形式的區域經貿整合，避免因貿易障礙措施或關稅待遇的不公平，導致一國競爭力下跌。根據經濟部次長卓士昭表示（2012）：「全球已掀起區域經濟整合風潮，世界各國間ECA與FTA的簽訂多達380多項，而世界各國致力於簽訂FTA的原因，無非是希望能夠透過FTA增加自身的競爭力」。由此可見，FTA的簽訂有利投資布局外，其所附帶的相關貿易條件，將使成員國增加其國際上的競爭力。

韓美、韓歐簽訂的FTA生效後，使韓國成為全球唯一同時與兩大經濟體簽訂FTA的國家，大幅提升韓國在國際上的競爭力。南韓輸入美國的產品與台灣和中國大陸輸美國產品皆存在著「同質競爭性」，使得兩岸此時皆面對貿易移轉的壓力。根據《貿易雜誌》（Trade Magazine）（2012）指出：「自韓美FTA 2012年3月15日生效起兩個月內，韓國對美國出口額比2011年增加了11.3％」。綜上可知，韓國產品出口美國在FTA的簽訂下，競爭力相對提高。

效應四：【簽FTA，共市場】

依據亞洲開發銀行（Asian Development Bank：ADB）於「亞洲經濟整合監測」（2012）報告中表示：「區域經濟的整合擴展有助於振興區域經濟成長，各國需共同合作制定最適政策，持續調整共同結構，以強化其正面效益」。一語道出，簽署FTA後，各國將持續保持良好關係，以利共同制定各項規則，以共同市場的方式達到更高的效益。

委內瑞拉為世界上最大的原油儲存國與OPEC的主要成員國，面對當前全球金

融危機的龐大衝擊，在與南方共同市場（Mercosur）簽署FTA後，將透過區位一體化的共同市場，更進一步的擴大其國際影響力。按照巴西國際關係中心主席Castro Neves（2012）表示：「委內瑞拉與Mercosu之間的經濟互補性強，近乎爲『天造地設』的夥伴，建立了一種食品與能源的聯盟。」由此可見，簽署FTA後，各國將藉由經貿的實務合作等更密切的關係，促進國內外的經濟同步增長。

目前台灣洽簽FTA進度

2012年爲台灣加入世界貿易組織（WTO）的十周年，在WTO之下，有助於加強台灣與其他會員國之間的貿易關係。但經過全球經濟環境的演變，貿易的風向球轉向更區域化的轉變，當各國在積極洽簽FTA之際，台灣當然不能缺席。茲就將台灣洽簽FTA進度，分述如下：

1.【洽簽少、差競爭】

根據台灣總統馬英九先生（2012）表示：「目前與中華民國簽定FTA的國家，只有中美洲五個國家、四個協定，占對外貿易總額低於0.2％」。在當前情況下，台灣在洽簽FTA的國家數，與他國相較尚處於落後狀態，因此，在對外貿易績效表現不夠彰顯，加上台灣與主要貿易國家未有FTA加持，導致對外貿易競爭力低。依據2012年8月6日《中國時報》報導：「土耳其已成爲韓國第九個正式簽署FTA國家」。一語道出，韓國正快速的累積洽簽FTA國家，由於韓國與台灣的產業相似度高，台灣逐漸遭受威脅。

2.【起步晚、處危機】

當世界各國正努力洽簽FTA之際，台灣卻陷入鎖國的黑雲籠罩，自由貿易協定起步落後他國，忽略外在環境變化，並帶來嚴峻難題。2012年7月21日，馬英九總統出席「經貿自由化座談會」表示：「當2003年起，各地區都在拚FTA，而台灣卻籠罩在『鎖國政策』下，起步晚了十年」。由此可知，台灣在洽簽FTA方面，已經輸在起跑點，並隨著環境日漸丕變之下，各地區的FTA陸續洽簽，深深影響台灣產

品在對外貿易市場的競爭力，依據台灣經濟部國貿局（2012）表示：「中日韓正積極推動三區FTA，若三國完成簽署，將對台灣在未完成ECFA後續談判情況下，將嚴重影響台灣出口，估計金額達77億美元」。

3.【加速度、求契機】

　　根據《旺報》（2012）報導：「台灣目前正將智利鎖定為下一個推動簽署目標，若台灣能夠持續擴大與各國的經濟合作，藉由FTA的合作，加入『跨太平洋經濟夥伴協議』（TPP）的難度就會降低」。另根據前行政院長陳冲（2012）表示：「配合亞太自由貿易區（FTAAP）逐漸制度化，努力爭取在八年內加入TPP，且目前政府正努力規劃與以色列、菲律賓、印度及印尼等國洽簽FTA，已成立專案小組」，由此可知，政府當局正努力追趕洽簽FTA的進度，以期許在最短時間內，為台灣經貿帶來利多。

🔑 其他國家簽署FTA對台衝擊與影響

　　台灣簽署FTA落後亞洲其他國家，正是影響貿易衰退的原因，更深遠的影響是整個出口產業發展困難、國內產業加速外移、外國企業投資轉向等衝擊。茲將衝擊分述如下：

衝擊一：【出口產業發展困難】

　　在各國積極洽簽完成FTA之際，台灣的出口產品競爭力，在國際上正一步一步走向邊緣地帶，進而影響產業發展困難。依據經濟部次長杜紫軍（2012）表示：「美韓FTA生效，台灣出口至美國非零關稅的台韓競爭的產品有2,489項，其貿易額高達111.16億美元，嚴重衝擊到紡織業、塑膠業、機械業、金屬製品業及其他電子資訊產品。」由此可知，因韓國與美國的FTA，致使韓國同類競爭產品嚴重危害台灣產品。在另一方面，根據《中央社》（2012）報導顯示：「經濟部官員評估中國大陸與韓國，若簽署FTA，占台灣出口至中國大陸13％的面板業，恐遭受嚴重衝擊」。

衝擊二：【國內產業加速外移】

　　根據《聯合早報》（2012）報導：「韓國一直是台灣最大的競爭對手，一旦韓國競爭產品可享有零關稅待遇，而台灣產品因要負擔關稅，獲利空間將被擠壓，部分失利廠商可能因此被迫外移」。另依據政治大學外交學系教授劉德海（2012）表示：「韓國與中國大陸正談判FTA，一旦簽署完成，只要開始實施，台商將跟台灣斷絕關係」。由此可知，韓國FTA的簽署效應，逐步擴張韓國貿易勢力，但相對之下也步步促使台灣產業加速外移，這將會造成台灣產業結構嚴重瓦解鬆垮，進而影響經濟結構。

衝擊三：【外國企業投資轉向】

　　面臨各國自由貿易協定洽簽完成、區域化的形成，貿易關係將更為一體化。2012年5月15日《聯合報》報導：「中日韓同意在2012年啟動FTA談判，三方已簽署的投資協議，使東北亞經濟圈儼然形成，對台灣將產生全面的影響，中國大陸為日本及韓國的主要出口市場，FTA降稅將產生貿易移轉效果」。由此可知，中日韓三國假如簽訂完成FTA所有談判細節，外國企業可能因此造成投資轉向發生，將使原本ECFA對台灣帶來的優勢受到嚴重影響。此外，根據中華經濟研究院（2012）分析：「如果中國大陸與韓國完成FTA洽簽，而兩岸ECFA後續協議未完成，將使中國大陸台商向韓國廠商採購相關零組件，產生投資移轉的效果」。

　　綜觀以上，因自由貿易協定的興起，台灣對外貿易優勢逐漸式微，致使國內產業發展不利，紛紛斷尾求生，轉向投資較具優勢的國家。另一方面，鑑於ECFA創造出來的優勢，原本攜資來台投資的外國企業，因中日韓FTA的協議形成，ECFA後續程序尚未完成等，而影響外國企業投資的意願，以致台灣經貿優勢遭受嚴重衝擊。

第 **3** 篇

貿易夥伴新建構

2013 IEAT 50個貿易地區
綜合競爭力剖析

Opportunities
from Value Chain Integration

第 **8** 章

2013 IEAT 50個貿易地區 經貿環境評析

　　隨著貿易版圖的變遷，新興市場成為投資亮點，從早期的金磚四國、金鑽14國到近期的靈貓六國、飛鷹國家與高成長八國，無不是大家矚目焦點。因此2013《IEAT 調查報告》將貿易地區擴增到50個，新增的貿易地區分別為：(1)「新金磚四國」的捷克與斯洛伐克；(2)「APEC」成員的秘魯；(3)「靈貓六國」的哥倫比亞；(4)「東協」的緬甸。以下茲就新增之貿易地區敘述其經貿概況：

　　1. 捷克：中歐內陸國家，森林資源豐富，覆蓋全國面積達1/3，此外，亦有礦產資源，其中，硬煤蘊藏量為65億噸，居歐洲第5位。主要出口機械和運輸設備、鋼材、木材等，進口石油、天然氣及消費品等，為台灣出口貿易夥伴第39名。

　　2. 斯洛伐克：亦為中歐內陸國家，因有龐大森林，林木資源豐富。主要出口及進口商品皆為機電產品、汽車及其零組件等，為台灣出口貿易夥伴第51名。

　　3. 秘魯：位於南美洲西部，國內蘊藏豐富礦產資源，鉍、釩儲量居世界首位，銅占第3位。秘魯為傳統農礦業國，主要出口礦產、石油及農牧業產品等；進口工業原料和消費品，為台灣出口貿易夥伴第47名。

　　4. 哥倫比亞：位於南美洲西北部，自然資源豐富，煤炭、石油及綠寶石為主要礦藏，其中，以探明煤炭儲量居拉丁美洲首位、綠寶石儲量位居世界之冠。主要出口咖啡、石油及煤碳等；進口機械設備、化工產品及紡織品等，為台灣出口貿易夥伴第43名。

　　5. 緬甸：位於東南亞中南半島西部，國土森林覆蓋率達50%，為世界柚木產量第一大國，此外，擁有礦產錫、鎢、鋅及玉石等，其中紅寶石及翡翠質量位居全球第一。主要出口天然氣、木材、成衣等，進口石油、機器及運輸設備、金屬製品等，排名台灣出口貿易夥伴第67名，然而緬甸近年走向市場開放，具有新興市場潛

表8-1　2009-2013 IEAT 調查貿易地區組成分析

	經濟體		2009 IEAT調查貿易地區	2009未列入	2010新增	2011新增	2012新增	2013新增
1	歐洲聯盟	EU	波蘭、匈牙利、西德、荷蘭、法國、西班牙、義大利、英國	比利時、盧森堡、愛爾蘭、丹麥、葡萄牙、芬蘭、瑞典、希臘、亞、拉脫維亞、奧地利、愛沙尼亞、斯洛伐克、斯洛維尼亞、立陶宛、捷克、馬爾他、塞普勒斯、羅馬尼亞、保加利亞				捷克
2	七大工業國	G7	美國、加拿大、英國、日本、德國、法國、義大利	-	-	-	-	-
3	亞洲四小龍	T4	新加坡、香港、韓國	台灣	-	台灣	-	-
4	北美自由貿易協定	NAFTA	美國、加拿大、墨西哥	-	-	-	-	-
5	東協十國	ASEAN	新加坡、馬來西亞、泰國、印尼、越南、柬埔寨、菲律賓	汶萊、緬甸、寮國	-	-	-	緬甸
6	東協十國+1	ASEAN+1	新加坡、馬來西亞、泰國、印尼、越南、柬埔寨、菲律賓、中國大陸	汶萊、緬甸、寮國	-	-	-	-
7	金磚四國	BRICs	巴西、俄羅斯、印度、中國大陸		-	-	-	-
8	新興三地	MTV	中東（阿聯大公國、沙烏地阿拉伯、科威特）、土耳其、越南		-	-	-	-
9	展望五國	VISTA	越南、印尼、南非、土耳其、阿根廷		-	-	-	-
10	新鑽11國	N11	韓國、土耳其、墨西哥、埃及、印尼、越南、菲律賓	孟加拉、伊朗、巴基斯坦、奈及利亞	奈及利亞	伊朗、孟加拉	-	-
11	金賺14國	RDEs	土耳其、中國大陸、馬來西亞、巴西、波蘭、墨西哥、匈牙利、智利、泰國、埃及、印度、印尼、阿根廷、俄羅斯		-	-	-	-
12	中印聯盟	Chindia	中國大陸、印度	-	-	-	-	-
13	中美經濟共同體	Chimerica	中國大陸、美國	-	-	-	-	-
14	亞洲鐵三角	Chindonesia	中國大陸、印度、印尼	-	-	-	-	-
15	兩岸經濟整合平台	Chaiwan	中國大陸、台灣	台灣	-	台灣	-	-
16	新七大經濟體	NG7	美國、中國大陸、印度、巴西、俄羅斯、印尼、墨西哥		-	台灣	-	-
17	新星四力	CITI	中國大陸、印度、台灣、印尼	台灣	-	台灣	-	-

表8-1 2009-2013 IEAT 調查貿易地區組成分析（續）

	經濟體	2009 IEAT調查貿易地區	2009未列入	2010新增	2011新增	2012新增	2013新增
18	新興經濟體11國 E11	阿根廷、巴西、印度、印尼、韓國、墨西哥、俄羅斯、南非、土耳其、中國大陸	—	—	—	—	—
19	2009十大貿易夥伴 TOP 10	中國大陸、日本、美國、香港、韓國、新加坡、德國、沙烏地阿拉伯、馬來西亞、印尼		—	—	—	—
20	2010重點拓銷市場 Focus 10	日本、韓國、印度、越南、俄羅斯、巴西、印尼、埃及、中國大陸(含香港)、中東地區		奈及利亞、以色列、阿曼、卡達	巴林	約旦	—
21	亞太經濟合作組織 APEC	印尼、馬來西亞、新加坡、泰國、日本、韓國、美國、加拿大、澳洲、中國大陸、墨西哥、智利、俄羅斯、越南	汶萊、紐西蘭、巴布亞紐幾內亞、秘魯	—	—	紐西蘭	秘魯
22	靈貓六國 CIVETS	印尼、越南、埃及、土耳其、南非	哥倫比亞	—	—	—	哥倫比亞
23	新金磚四國 —	匈牙利、波蘭	捷克、斯洛伐克	—	—	—	捷克、斯洛伐克
24	非洲聯盟 AU	埃及、南非	阿爾及利亞、安哥拉、貝南、波札那、布吉納法索、蒲隆地、喀麥隆、維德角、中非、查德、葛摩、剛果共和國、剛果民主共和國、象牙海岸、吉布地、赤道幾內亞、幾內亞、衣索比亞、加彭、甘比亞、迦納、賴比瑞亞、幾內亞比索、肯亞、賴索托、賴比瑞亞、利比亞、馬達加斯加、馬拉威、馬利、茅利塔尼亞、模里西斯、莫三比克、納米比亞、尼日、奈及利亞、盧安達、西撒哈拉、聖多美普林西比、塞內加爾、獅子山、索馬利亞、蘇丹、史瓦濟蘭、坦尚尼亞、山、多哥、突尼西亞、尚比亞、辛巴威	—	—	安哥拉	—
	貿易地區調查總數	34	—	38	42	46	50

資料來源：本研究整理

力，因而加入探討。

台灣對外貿易依賴度

　　茲將2013《IEAT調查報告》的50個調查貿易地區，分成15個重要市場及34個新興市場，分別探討2003年至2012年，十年來台灣對其貿易依賴度的變動。「貿易依賴度」係指在相同一段時間內，一國對他國的進出口貿易總額占該國本身進出口貿易總額之比重，從貿易依賴度數值可以清楚瞭解一國對於他國的貿易往來程度，數值越高表示兩國的貿易往來越密切。

1. 台灣對15個重要市場之貿易依賴度

　　根據表8-2所示，台灣對於15個重要市場的整體貿易依賴度，從2003至2012年呈現逐年下降趨勢，由此可見，台灣對於已開發重要市場的貿易往來程度已大不如前。分別從個別貿易地區來探討，**台灣對15個重要市場的「貿易依賴度」較高的前三個國家為：(1)日本；(2)美國；(3)香港**，年平均值皆在8%以上。其中，以台灣對美國平均「貿易依賴度」下降最多，自2003至2012年跌幅為5.73%，究其主因，主要為2009年金融危機，促使台灣與中國大陸貿易往來日益升高，逐漸分散與美國貿易依賴程度，不過，由於歐債危機的出現，使全球總體經貿環境不佳，台灣透過香港轉口貿易也因歐美訂單減少，降低與香港貿易依賴度。

　　台灣對於15個重要市場「出口依賴度」，如表8-3所示，**前三高的地區分別為：(1)香港；(2)美國；(3)日本**，其中，出口依賴度第一高的香港為世界貿易中心，許多貨物由香港進行轉口貿易，加上台灣依賴鄰近的中國大陸市場，藉由香港將貨品銷往中國大陸，因此，對於香港出口依賴程度較高。**「進口依賴度」**方面，如表8-4所示**前三高的地區分別為：(1)日本；(2)美國；(3)德國**，由於日本消費習性及與台灣地理位置的關係，促使台灣與日本貿易頻繁，加上台灣高科技產業發展，許多產品零組件需依賴日本進口，造就日本成為台灣進口依賴程度最高的國家。

表8-2 台灣對15個重要市場歷年「貿易依賴度」一覽表

國家／地區	2003	2004	2005	2006	2007	2008	2009	2010	2011	2012	平均
1 日 本	16.21%	16.38%	16.05%	14.67%	13.28%	12.91%	13.42%	13.30%	11.94%	11.62%	**13.98%**
2 美 國	15.63%	14.39%	13.20%	12.90%	12.57%	11.51%	11.03%	10.81%	10.54%	9.90%	**12.25%**
3 香 港	11.77%	10.03%	9.49%	9.20%	8.54%	6.89%	8.09%	7.50%	7.08%	7.10%	**8.57%**
4 新 加 坡	3.29%	3.15%	3.41%	3.37%	3.28%	3.33%	3.55%	3.75%	4.21%	4.93%	**3.63%**
5 德 國	3.33%	2.98%	2.79%	2.61%	2.63%	2.66%	2.74%	2.81%	2.76%	2.34%	**2.77%**
6 澳 洲	1.66%	1.62%	1.87%	1.89%	2.01%	2.37%	2.20%	2.29%	2.47%	2.27%	**2.07%**
7 荷 蘭	1.98%	2.00%	1.70%	1.58%	1.54%	1.39%	1.61%	1.61%	1.27%	1.41%	**1.61%**
8 英 國	1.57%	1.47%	1.31%	1.24%	1.19%	1.12%	1.11%	1.01%	1.11%	1.21%	**1.23%**
9 法 國	1.04%	1.05%	1.05%	0.89%	0.88%	0.81%	0.83%	0.75%	0.76%	0.79%	**0.89%**
10 義 大 利	0.94%	0.88%	0.85%	0.88%	0.83%	0.82%	0.96%	0.84%	0.81%	0.68%	**0.85%**
11 加 拿 大	0.92%	0.81%	0.79%	0.74%	0.76%	0.73%	0.69%	0.66%	0.92%	0.72%	**0.77%**
12 西 班 牙	0.40%	0.38%	0.40%	0.36%	0.43%	0.47%	0.41%	0.37%	0.33%	0.27%	**0.38%**
13 紐 西 蘭	0.24%	0.25%	0.26%	0.21%	0.24%	0.24%	0.20%	0.21%	0.20%	0.21%	**0.23%**
14 捷 克	0.12%	0.07%	0.08%	0.12%	0.09%	0.12%	0.12%	0.14%	0.11%	0.12%	**0.11%**
15 斯洛伐克	0.01%	0.03%	0.06%	0.11%	0.12%	0.10%	0.08%	0.06%	0.06%	0.06%	**0.07%**
平 均	3.94%	3.70%	3.55%	3.38%	3.23%	3.03%	3.14%	3.07%	2.97%	2.91%	**3.29%**
加 總	59.11%	55.49%	53.31%	50.77%	48.39%	45.47%	47.04%	46.11%	44.57%	43.63%	**49.39%**

資料來源：國貿局（2012）、本研究整理

表8-3 台灣對15個重要市場歷年「出口依賴度」一覽表

國家／地區	2003	2004	2005	2006	2007	2008	2009	2010	2011	2012	平均
1 香 港	20.50%	18.04%	17.15%	16.69%	15.40%	12.79%	14.46%	13.77%	13.00%	12.60%	**15.44%**
2 美 國	17.63%	15.77%	14.67%	14.45%	13.00%	12.05%	11.56%	11.46%	11.80%	10.95%	**13.33%**
3 日 本	8.25%	7.57%	7.62%	7.28%	6.46%	6.87%	7.12%	6.56%	5.91%	6.26%	**6.99%**
4 新 加 坡	3.50%	3.70%	4.05%	4.14%	4.26%	4.57%	4.23%	4.41%	5.48%	6.67%	**4.50%**
5 德 國	2.85%	2.53%	2.25%	2.24%	2.10%	2.24%	2.31%	2.37%	2.23%	1.88%	**2.30%**
6 荷 蘭	2.80%	2.64%	2.22%	1.97%	1.79%	1.79%	2.08%	1.92%	1.49%	1.47%	**2.02%**

表8-3 台灣對15個重要市場歷年「出口依賴度」一覽表（續）

	國家／地區	2003	2004	2005	2006	2007	2008	2009	2010	2011	2012	平均
7	英　　國	1.95%	1.88%	1.64%	1.57%	1.47%	1.42%	1.46%	1.32%	1.50%	1.68%	**1.59%**
8	澳　　洲	1.26%	1.24%	1.21%	1.22%	1.31%	1.36%	1.16%	1.14%	1.19%	1.21%	**1.23%**
9	義 大 利	0.97%	0.95%	0.91%	0.98%	0.98%	0.96%	0.88%	0.89%	0.80%	0.61%	**0.89%**
10	加 拿 大	0.98%	0.91%	0.85%	0.79%	0.75%	0.72%	0.72%	0.71%	0.83%	0.83%	**0.81%**
11	法　　國	0.84%	0.87%	0.73%	0.70%	0.69%	0.68%	0.67%	0.62%	0.57%	0.52%	**0.69%**
12	西 班 牙	0.54%	0.54%	0.54%	0.50%	0.63%	0.73%	0.56%	0.50%	0.41%	0.30%	**0.53%**
13	紐 西 蘭	0.20%	0.22%	0.23%	0.17%	0.22%	0.25%	0.15%	0.17%	0.14%	0.17%	**0.19%**
14	捷　　克	0.19 %	0.11 %	0.11 %	0.18 %	0.14 %	0.19 %	0.18 %	0.22 %	0.15 %	0.17 %	**0.16%**
15	斯洛伐克	0.02 %	0.04 %	0.10 %	0.18 %	0.21 %	0.17 %	0.12 %	0.09 %	0.09 %	0.09 %	**0.11%**
	平　　均	4.17%	3.80%	3.62%	3.54%	3.29%	3.12%	3.18%	3.08%	3.04%	3.03%	**3.39%**
	加　　總	62.48%	57.01%	54.28%	53.06%	49.41%	46.79%	47.66%	46.15%	45.59%	45.41%	**50.78%**

資料來源：國貿局（2012）、本研究整理

表8-4 台灣對15個重要市場歷年「進口依賴度」一覽表

	國家／地區	2003	2004	2005	2006	2007	2008	2009	2010	2011	2012	平均
1	日　　本	25.56%	25.91%	25.22%	22.83%	20.95%	19.34%	20.77%	20.66%	18.55%	17.56%	**21.74%**
2	美　　國	13.28%	12.91%	11.59%	11.18%	12.09%	10.95%	10.41%	10.10%	9.15%	8.72%	**11.04%**
3	德　　國	3.90%	3.47%	3.38%	3.03%	3.22%	3.11%	3.25%	3.29%	3.35%	2.87%	**3.29%**
4	澳　　洲	2.13%	2.03%	2.59%	2.64%	2.79%	3.44%	3.42%	3.55%	3.88%	3.44%	**2.99%**
5	新 加 坡	3.03%	2.57%	2.72%	2.52%	2.19%	2.01%	2.76%	3.04%	2.83%	2.99%	**2.67%**
6	荷　　蘭	1.02%	1.31%	1.13%	1.16%	1.27%	0.98%	1.07%	1.27%	1.04%	1.34%	**1.16%**
7	法　　國	1.28%	1.24%	1.39%	1.10%	1.09%	0.95%	1.02%	0.90%	0.97%	1.09%	**1.10%**
8	香　　港	1.50%	1.37%	1.16%	0.93%	0.83%	0.62%	0.64%	0.65%	0.60%	0.98%	**0.93%**
9	英　　國	1.12%	1.03%	0.94%	0.88%	0.88%	0.80%	0.71%	0.67%	0.69%	0.68%	**0.84%**
10	義 大 利	0.89%	0.80%	0.79%	0.76%	0.67%	0.68%	1.05%	0.78%	0.82%	0.75%	**0.80%**
11	加 拿 大	0.85%	0.71%	0.73%	0.68%	0.77%	0.74%	0.66%	0.61%	0.71%	0.60%	**0.71%**
12	紐 西 蘭	0.30%	0.27%	0.28%	0.25%	0.26%	0.24%	0.26%	0.24%	0.26%	0.26%	**0.26%**

表8-4 台灣對15個重要市場歷年「進口依賴度」一覽表（續）

國家／地區	2003	2004	2005	2006	2007	2008	2009	2010	2011	2012	平均
13 西班牙	0.25%	0.22%	0.24%	0.20%	0.21%	0.20%	0.24%	0.23%	0.23%	0.23%	**0.23%**
14 捷　　克	0.04%	0.03%	0.05%	0.05%	0.05%	0.04%	0.04%	0.06%	0.07%	0.07%	**0.05%**
15 斯洛伐克	0.01%	0.02%	0.02%	0.02%	0.03%	0.02%	0.03%	0.02%	0.02%	0.02%	**0.02%**
平　　均	3.68%	3.59%	3.48%	3.22%	3.15%	2.94%	3.09%	3.07%	2.88%	2.77%	3.19%
加　　總	55.16%	53.89%	52.23%	48.23%	47.30%	44.12%	46.33%	46.07%	43.17%	41.60%	47.81%

資料來源：國貿局（2012）、本研究整理

2. 台灣對34個新興市場之貿易依賴度

　　台灣對重要貿易市場的貿易往來日漸由新興市場取代，從表8-2與表8-5比較可知，在50個調查貿易地區中，台灣對新興市場貿易依賴度逐漸上升，2010年已超過台灣對重要市場貿易依賴度，前經濟部長施顏祥（2012）表示：「全球經貿情勢險峻，歐美市場停滯，但新興市場的成長指日可待」，顯示，海外具潛力的新興市場勢必為台灣貿易業者不可錯失的大餅。**在34個新興市場中，台灣貿易依賴度最高的前3名國家分別為：(1)中國大陸；(2)韓國；(3)馬來西亞。**位居第一的中國大陸與台灣貿易依賴度從2003年12.17%上升至2012年的21.27%，平均貿易依賴度為18.64%，是34個新興市場中與台灣貿易往來較頻繁的國家。究其原因，台灣與中國大陸地理位置鄰近，加上中國大陸內需市場龐大及大批台商前往中國大陸投資後，對台灣原物料與零組件的需求增加，促使兩岸貿易活動活絡。韓國為新興市場中的第二大貿易國，主因為雙方皆在高科技產業發展亮眼，並各自握有不同低成本之零組件，在比較利益原則下，貿易頻繁。馬來西亞則是具有天然資源豐富且為華人第二大族群，吸引許多台商前往投資，帶動雙邊貿易，透過馬來西亞進口原料提供台灣，而台灣則出口機械設備至馬來西亞。

　　台灣對34個新興市場「出口依賴度」，如表8-6所示，前三高的地區分別為：**(1)中國大陸；(2)韓國；(3)越南**。「進口依賴度」方面，如表8-7所示，台灣對其「進口依賴度」前三高的地區分別為：**(1)中國大陸；(2)韓國；(3)沙烏地阿拉伯**。

在出口及進口依賴度上，位居第一的中國大陸，探究其因，如上所述，中國大陸為台商進駐主要地點，進而帶動彼此貿易行為。出口和進口依賴度皆為第二的韓國，則因與台灣產業發展性質相似，透過交換相較優勢產品提升彼此獲利。出口依賴度第三之越南，因其為台商布局東南亞前哨站，台灣大量出口機械設備前往越南。此外，以往進出口貿易依賴度較高的新興市場皆為台灣鄰近國家地區，最特別的為沙烏地阿拉伯，究其原因，由於台灣石油資源匱乏依賴進口，而台灣主要的原油進口國即是沙烏地阿拉伯。

表8-5　台灣對34個新興市場歷年「貿易依賴度」一覽表

	國家／地區	2003	2004	2005	2006	2007	2008	2009	2010	2011	2012	平均
1	中 國 大 陸	12.17%	15.13%	16.73%	17.95%	19.41%	19.81%	20.81%	21.47%	21.63%	21.27%	**18.64%**
2	韓 國	4.83%	4.93%	5.02%	5.19%	4.93%	4.41%	4.71%	5.09%	5.13%	4.71%	**4.90%**
3	馬 來 西 亞	2.85%	2.75%	2.49%	2.58%	2.49%	2.47%	2.28%	2.59%	2.63%	2.53%	**2.57%**
4	沙烏地阿拉伯	1.66%	1.71%	2.08%	2.41%	2.39%	3.26%	2.47%	2.45%	2.63%	2.91%	**2.40%**
5	印 尼	1.60%	1.71%	1.81%	1.81%	1.86%	2.19%	2.22%	2.00%	2.08%	2.19%	**1.95%**
6	泰 國	1.80%	1.74%	1.76%	1.85%	1.89%	1.64%	1.72%	1.73%	1.79%	1.80%	**1.77%**
7	菲 律 賓	2.01%	2.02%	1.87%	1.70%	1.55%	1.42%	1.60%	1.58%	1.59%	1.92%	**1.73%**
8	越 南	1.13%	1.16%	1.26%	1.34%	1.70%	1.85%	1.83%	1.68%	1.84%	1.88%	**1.57%**
9	科 威 特	0.75%	0.82%	1.16%	1.20%	1.26%	1.66%	1.24%	1.19%	1.33%	1.54%	**1.22%**
10	阿 聯 大 公 國	0.61%	0.69%	0.72%	0.99%	1.06%	1.24%	0.93%	0.95%	0.99%	1.10%	**0.93%**
11	印 度	0.50%	0.55%	0.64%	0.64%	1.05%	1.08%	1.10%	1.23%	1.28%	1.05%	**0.91%**
12	巴 西	0.49%	0.58%	0.59%	0.55%	0.65%	1.00%	0.72%	0.83%	0.91%	0.88%	**0.72%**
13	俄 羅 斯	0.58%	0.83%	0.71%	0.59%	0.58%	0.73%	0.73%	0.65%	0.66%	0.82%	**0.69%**
14	安 哥 拉	0.28%	0.25%	0.26%	0.44%	0.46%	0.41%	0.28%	0.55%	0.96%	0.93%	**0.48%**
15	南 非	0.47%	0.49%	0.44%	0.45%	0.44%	0.46%	0.41%	0.39%	0.48%	0.40%	**0.44%**
16	智 利	0.28%	0.36%	0.36%	0.45%	0.45%	0.47%	0.42%	0.46%	0.44%	0.41%	**0.41%**
17	墨 西 哥	0.44%	0.40%	0.33%	0.35%	0.45%	0.49%	0.38%	0.40%	0.37%	0.42%	**0.40%**
18	卡 達	0.07%	0.07%	0.20%	0.28%	0.16%	0.28%	0.22%	0.40%	0.65%	0.99%	**0.33%**
19	土 耳 其	0.27%	0.34%	0.36%	0.31%	0.36%	0.31%	0.33%	0.31%	0.31%	0.31%	**0.32%**
20	阿 曼	0.04%	0.14%	0.21%	0.25%	0.18%	0.25%	0.30%	0.35%	0.24%	0.77%	**0.27%**
21	以 色 列	0.23%	0.28%	0.28%	0.26%	0.24%	0.21%	0.24%	0.23%	0.23%	0.25%	**0.25%**
22	奈 及 利 亞	0.17%	0.13%	0.05%	0.05%	0.12%	0.22%	0.20%	0.13%	0.22%	0.29%	**0.16%**

表8-5　台灣對34個新興市場歷年「貿易依賴度」一覽表（續）

國家／地區	2003	2004	2005	2006	2007	2008	2009	2010	2011	2012	平均
23 波　　　蘭	0.10%	0.10%	0.14%	0.15%	0.18%	0.17%	0.21%	0.21%	0.16%	0.15%	**0.16%**
24 孟　加　拉	0.15%	0.13%	0.12%	0.12%	0.11%	0.14%	0.18%	0.16%	0.19%	0.20%	**0.15%**
25 埃　　　及	0.09%	0.07%	0.08%	0.13%	0.19%	0.18%	0.13%	0.21%	0.19%	0.18%	**0.15%**
26 匈　牙　利	0.11%	0.10%	0.14%	0.15%	0.19%	0.13%	0.11%	0.09%	0.09%	0.15%	**0.13%**
27 秘　　　魯	0.09%	0.10%	0.12%	0.13%	0.13%	0.17%	0.14%	0.11%	0.13%	0.11%	**0.12%**
28 巴基斯坦	0.11%	0.11%	0.12%	0.12%	0.13%	0.11%	0.11%	0.12%	0.15%	0.11%	**0.12%**
29 柬　埔　寨	0.08%	0.08%	0.09%	0.11%	0.09%	0.09%	0.09%	0.09%	0.11%	0.12%	**0.10%**
30 阿　根　廷	0.10%	0.08%	0.08%	0.07%	0.08%	0.09%	0.08%	0.12%	0.10%	0.13%	**0.09%**
31 哥倫比亞	0.07%	0.07%	0.07%	0.07%	0.08%	0.09%	0.07%	0.10%	0.10%	0.09%	**0.08%**
32 巴　　　林	0.07%	0.05%	0.06%	0.07%	0.09%	0.09%	0.08%	0.09%	0.09%	0.06%	**0.08%**
33 約　　　旦	0.05%	0.04%	0.05%	0.05%	0.05%	0.05%	0.06%	0.05%	0.05%	0.06%	**0.05%**
34 緬　　　甸	0.05%	0.03%	0.03%	0.03%	0.03%	0.03%	0.04%	0.03%	0.04%	0.04%	**0.04%**
平均	0.96%	1.06%	1.13%	1.20%	1.26%	1.32%	1.30%	1.34%	1.39%	1.49%	1.30%
加總	34.43%	38.14%	40.57%	43.07%	45.24%	47.42%	46.64%	48.24%	49.96%	50.77%	44.29%

資料來源：國貿局（2012）、本研究整理

表8-6　台灣對34個新興市場歷年「出口依賴度」一覽表

國家／地區	2003	2004	2005	2006	2007	2008	2009	2010	2011	2012	平均
1 中國大陸	15.20%	19.93%	21.99%	23.13%	25.30%	26.16%	26.63%	28.02%	27.24%	26.81%	**24.04%**
2 韓　　　國	3.13%	3.09%	2.96%	3.19%	3.16%	3.41%	3.59%	3.89%	4.02%	3.93%	**3.44%**
3 越　　　南	1.78%	1.89%	2.07%	2.17%	2.78%	3.11%	2.94%	2.74%	2.93%	2.80%	**2.52%**
4 馬　來　西　亞	2.11%	2.31%	2.16%	2.21%	2.19%	2.16%	1.99%	2.17%	2.24%	2.18%	**2.17%**
5 菲　律　賓	1.66%	2.21%	2.18%	2.00%	2.00%	1.87%	2.18%	2.18%	2.26%	2.95%	**2.15%**
6 泰　　　國	1.75%	1.82%	1.93%	2.04%	2.11%	1.92%	1.88%	1.93%	1.99%	2.18%	**1.96%**
7 印　　　尼	1.01%	1.04%	1.19%	1.12%	1.18%	1.39%	1.58%	1.64%	1.57%	1.72%	**1.34%**
8 印　　　度	0.52%	0.59%	0.80%	0.66%	0.95%	1.18%	1.24%	1.32%	1.44%	1.12%	**0.98%**
9 巴　　　西	0.30%	0.39%	0.51%	0.57%	0.68%	1.07%	0.69%	0.70%	0.76%	0.66%	**0.63%**
10 墨　西　哥	0.59%	0.54%	0.45%	0.48%	0.61%	0.73%	0.54%	0.55%	0.50%	0.60%	**0.56%**
11 阿聯大公國	0.52%	0.60%	0.54%	0.50%	0.60%	0.61%	0.50%	0.54%	0.51%	0.55%	**0.55%**
12 土　耳　其	0.40%	0.51%	0.64%	0.55%	0.61%	0.49%	0.54%	0.52%	0.53%	0.53%	**0.53%**
13 南　　　非	0.37%	0.36%	0.37%	0.41%	0.38%	0.38%	0.32%	0.29%	0.42%	0.30%	**0.36%**
14 沙烏地阿拉伯	0.24%	0.24%	0.25%	0.24%	0.30%	0.39%	0.33%	0.36%	0.55%	0.62%	**0.35%**

表8-6 台灣對34個新興市場歷年「出口依賴度」一覽表（續）

	國家／地區	2003	2004	2005	2006	2007	2008	2009	2010	2011	2012	平均
15	俄　羅　斯	0.20%	0.24%	0.26%	0.27%	0.33%	0.36%	0.29%	0.39%	0.49%	0.51%	**0.33%**
16	孟　加　拉	0.26%	0.25%	0.22%	0.22%	0.19%	0.26%	0.30%	0.28%	0.35%	0.35%	**0.27%**
17	波　　　蘭	0.14%	0.14%	0.23%	0.25%	0.31%	0.28%	0.31%	0.33%	0.24%	0.19%	**0.24%**
18	以　色　列	0.20%	0.21%	0.21%	0.21%	0.22%	0.20%	0.19%	0.19%	0.20%	0.21%	**0.20%**
19	匈　牙　利	0.16%	0.14%	0.20%	0.25%	0.33%	0.22%	0.17%	0.14%	0.13%	0.25%	**0.20%**
20	柬　埔　寨	0.14%	0.15%	0.17%	0.20%	0.17%	0.16%	0.16%	0.17%	0.21%	0.22%	**0.18%**
21	埃　　　及	0.12%	0.12%	0.14%	0.20%	0.17%	0.18%	0.19%	0.16%	0.17%	0.19%	**0.16%**
22	捷　　　克	0.19%	0.11%	0.11%	0.18%	0.14%	0.19%	0.18%	0.22%	0.15%	0.17%	**0.16%**
23	巴　基　斯　坦	0.15%	0.17%	0.19%	0.17%	0.17%	0.16%	0.16%	0.14%	0.16%	0.14%	**0.16%**
24	智　　　利	0.12%	0.11%	0.12%	0.12%	0.11%	0.12%	0.13%	0.12%	0.13%	0.14%	**0.12%**
25	哥　倫　比　亞	0.09%	0.09%	0.09%	0.10%	0.11%	0.13%	0.11%	0.10%	0.13%	0.14%	**0.11%**
26	阿　根　廷	0.08%	0.08%	0.09%	0.10%	0.10%	0.12%	0.11%	0.12%	0.12%	0.12%	**0.10%**
27	奈　及　利　亞	0.12%	0.09%	0.09%	0.08%	0.08%	0.11%	0.12%	0.08%	0.08%	0.07%	**0.09%**
28	秘　　　魯	0.08%	0.06%	0.08%	0.06%	0.08%	0.10%	0.10%	0.09%	0.12%	0.11%	**0.09%**
29	約　　　旦	0.08%	0.07%	0.09%	0.08%	0.08%	0.07%	0.09%	0.07%	0.08%	0.09%	**0.08%**
30	科　威　特	0.05%	0.05%	0.06%	0.05%	0.05%	0.06%	0.07%	0.05%	0.06%	0.06%	**0.06%**
31	阿　　　曼	0.01%	0.01%	0.01%	0.01%	0.01%	0.02%	0.04%	0.03%	0.06%	0.05%	**0.03%**
32	卡　　　達	0.01%	0.01%	0.02%	0.02%	0.02%	0.03%	0.03%	0.02%	0.03%	0.03%	**0.02%**
33	安　哥　拉	0.01%	0.00%	0.00%	0.00%	0.00%	0.01%	0.01%	0.01%	0.01%	0.10%	**0.02%**
34	巴　　　林	0.01%	0.01%	0.01%	0.01%	0.01%	0.02%	0.01%	0.01%	0.02%	0.02%	**0.01%**
	平　　均	**0.94%**	**1.11%**	**1.19%**	**1.23%**	**1.34%**	**1.40%**	**1.40%**	**1.46%**	**1.47%**	**1.47%**	**1.30%**
	加　　總	**31.80%**	**37.63%**	**40.43%**	**41.85%**	**45.53%**	**47.67%**	**47.72%**	**49.57%**	**49.90%**	**50.11%**	**44.22%**

資料來源：國貿局（2012）、本研究整理

表8-7 台灣對34個新興市場歷年「進口依賴度」一覽表

	國家／地區	2003	2004	2005	2006	2007	2008	2009	2010	2011	2012	平均
1	中　國　大　陸	8.61%	9.95%	11.00%	12.23%	12.78%	13.06%	14.01%	14.31%	15.49%	15.11%	**12.64%**
2	韓　　　國	6.83%	6.91%	7.25%	7.40%	6.91%	5.48%	6.03%	6.39%	6.35%	5.57%	**6.52%**
3	沙烏地阿拉伯	3.34%	3.29%	4.07%	4.82%	4.75%	6.31%	4.97%	4.72%	4.92%	5.47%	**4.64%**
4	馬　來　西　亞	3.72%	3.21%	2.86%	2.99%	2.82%	2.81%	2.61%	3.06%	3.06%	2.91%	**3.00%**
5	印　　　尼	2.29%	2.44%	2.49%	2.57%	2.63%	3.03%	2.97%	2.40%	2.64%	2.71%	**2.62%**
6	科　威　特	1.56%	1.64%	2.35%	2.47%	2.62%	3.36%	2.61%	2.44%	2.74%	3.18%	**2.51%**

表8-7　台灣對34個新興市場歷年「進口依賴度」一覽表（續）

國家／地區	2003	2004	2005	2006	2007	2008	2009	2010	2011	2012	平均
7 泰　　　國	1.86%	1.65%	1.58%	1.64%	1.65%	1.35%	1.54%	1.52%	1.56%	1.37%	**1.57%**
8 阿聯大公國	0.72%	0.79%	0.93%	1.54%	1.59%	1.92%	1.42%	1.40%	1.52%	1.71%	**1.37%**
9 菲　律　賓	2.41%	1.82%	1.53%	1.37%	1.04%	0.93%	0.93%	0.92%	0.86%	0.78%	**1.26%**
10 俄　羅　斯	1.02%	1.47%	1.20%	0.94%	0.87%	1.12%	1.26%	0.93%	0.84%	1.16%	**1.08%**
11 安　哥　拉	0.59%	0.51%	0.54%	0.92%	0.97%	0.84%	0.61%	1.15%	2.01%	1.85%	**0.99%**
12 印　　　度	0.49%	0.51%	0.47%	0.61%	1.16%	0.97%	0.93%	1.13%	1.11%	0.97%	**0.84%**
13 巴　　　西	0.72%	0.79%	0.67%	0.53%	0.61%	0.91%	0.75%	0.97%	1.07%	1.12%	**0.80%**
14 智　　　利	0.46%	0.63%	0.62%	0.81%	0.83%	0.84%	0.77%	0.84%	0.77%	0.71%	**0.74%**
15 卡　　　達	0.14%	0.14%	0.41%	0.57%	0.31%	0.54%	0.45%	0.82%	1.34%	2.06%	**0.68%**
16 阿　　　曼	0.08%	0.28%	0.43%	0.51%	0.38%	0.49%	0.61%	0.68%	0.45%	1.57%	**0.54%**
17 南　　　非	0.58%	0.62%	0.51%	0.48%	0.52%	0.53%	0.51%	0.50%	0.53%	0.50%	**0.53%**
18 越　　　南	0.36%	0.36%	0.38%	0.42%	0.48%	0.50%	0.53%	0.51%	0.66%	0.85%	**0.50%**
19 以　色　列	0.26%	0.37%	0.36%	0.31%	0.27%	0.22%	0.29%	0.28%	0.26%	0.30%	**0.29%**
20 奈及利亞	0.22%	0.17%	0.00%	0.03%	0.16%	0.35%	0.29%	0.17%	0.36%	0.53%	**0.24%**
21 墨　西　哥	0.26%	0.25%	0.19%	0.21%	0.27%	0.25%	0.20%	0.23%	0.22%	0.22%	**0.23%**
22 秘　　　魯	0.11%	0.15%	0.17%	0.20%	0.19%	0.24%	0.19%	0.13%	0.16%	0.11%	**0.16%**
23 巴　　　林	0.13%	0.09%	0.11%	0.13%	0.18%	0.17%	0.16%	0.18%	0.16%	0.10%	**0.14%**
24 埃　　　及	0.04%	0.01%	0.01%	0.05%	0.21%	0.17%	0.05%	0.25%	0.22%	0.16%	**0.11%**
25 土　耳　其	0.12%	0.16%	0.06%	0.05%	0.08%	0.13%	0.09%	0.07%	0.08%	0.07%	**0.09%**
26 阿　根　廷	0.12%	0.07%	0.08%	0.05%	0.05%	0.06%	0.04%	0.11%	0.07%	0.13%	**0.08%**
27 巴基斯坦	0.05%	0.04%	0.05%	0.06%	0.08%	0.05%	0.06%	0.09%	0.14%	0.07%	**0.07%**
28 波　　　蘭	0.05%	0.05%	0.03%	0.04%	0.04%	0.05%	0.09%	0.08%	0.08%	0.09%	**0.06%**
29 哥倫比亞	0.05%	0.05%	0.06%	0.05%	0.04%	0.04%	0.02%	0.10%	0.06%	0.03%	**0.05%**
30 匈　牙　利	0.04%	0.05%	0.07%	0.04%	0.03%	0.04%	0.03%	0.05%	0.05%	0.04%	**0.04%**
31 緬　　　甸	0.03%	0.02%	0.03%	0.02%	0.03%	0.03%	0.03%	0.03%	0.03%	0.03%	**0.03%**
32 孟　加　拉	0.02%	0.01%	0.01%	0.01%	0.01%	0.01%	0.03%	0.04%	0.02%	0.03%	**0.02%**
33 約　　　旦	0.01%	0.01%	0.02%	0.01%	0.01%	0.03%	0.02%	0.03%	0.02%	0.03%	**0.02%**
34 柬　埔　寨	0.00%	0.00%	0.00%	0.00%	0.00%	0.00%	0.01%	0.01%	0.01%	0.02%	**0.00%**
平　　均	**1.10%**	**1.13%**	**1.19%**	**1.30%**	**1.31%**	**1.38%**	**1.33%**	**1.37%**	**1.47%**	**1.52%**	**1.31%**
加　　總	37.29%	38.51%	40.54%	44.08%	44.57%	46.83%	45.11%	46.54%	49.86%	51.56%	44.49%

資料來源：國貿局（2012）、本研究整理

第 9 章

2013 IEAT評估模式建構與樣本結構剖析

2013《IEAT全球重要暨新興市場貿易環境與風險調查報告》乃根據國際知名研究機構對於國家競爭力、全球貿易環境及貿易風險之評估構面與指標以形成2013「一力四度」評估模式。所謂「一力四度」乃是指：**(1)國家競爭力；(2)貿易自由度；(3)貿易便捷度；(4)貿易難易度；(5)貿易風險度**，並將上述五項構面加權運算後形成「綜合貿易競爭力」，茲將2013《IEAT調查報告》「一力四度」構面之形成說明下。

2013 IEAT 一力四度評估模式構面指標

1. **「國家競爭力」評估構面**：2013《IEAT調查報告》的「國家競爭力」構面主要是由「國家基本資料」與「國際機構評比」兩個部分組成。「**國家基本資料」五大構面分別為：(1)基礎條件；(2)財政條件；(3)投資條件；(4)經濟條件；(5)就業條件**，而「國際機構評比」則包含七大機構的十項指標排名，分別為：(1)《華爾街日報》與美國傳統基金會（The Heritage Foundation）之「2012經濟自由度指數」（2012 Index of Economic Freedom）；(2)世界經濟論壇（WEF）《The Global Enabling Trade Report 2012》之「貿易便利度排名」；(3)世界經濟論壇（WEF）《Global Competitiveness Report 2012-2013》之「全球競爭力指數排名」；(4)美國商業環境評估公司（BERI）《Historical Ratings Research Package 2012》之「投資環境排名」；(5)尼爾森公司（Nielsen）《消費者信心指數2012 Q2》

之「消費者信心指數排名」；(6)加拿大弗沙爾學會（Fraser Institute）《世界經濟自由2012年度報告》（*Economic Freedom of the World：2012 Annual Report*）；(7)列格坦（Legatum）《*The 2012 Legatum Prosperity Index Table Rankings*》之「全球繁榮指數排行排名」；(8)世界銀行（WB）「Logistics Performance Index；LPI」之「全球經商環境排名」；(9)世界銀行（WB）《Doing Business 2013》之「全球經商環境排名」；(10)世界銀行（WB）「Knowledge Economy index；KEI」之「知識經濟指數排名」。

2. **「貿易自由度」評估構面**：2013《IEAT調查報告》延續2012《IEAT調查報告》「貿易自由度」四大構面：(1)數量限制；(2)價格限制；(3)法規限制；(4)政府限制，共計19個細項指標。有關「貿易自由度」細項指標主要參考美國傳統基金會（Heritage Foundation）之《經濟自由度指數》評估指標，分別為：(1)經商自由；(2)貿易自由；(3)財政自由；(4)政府規模；(5)貨幣自由；(6)投資自由；(7)金融自由；(8)產權保障；(9)廉潔程度；(10)勞工自由，此外，亦參考加拿大弗沙爾學會（Fraser Institute）之《世界經濟自由度年報》衡量標準，包括：(1)政府規模包括政府支出、稅率及政府公營事業；(2)法制環境與智財權保護程度；(3)融資取得便捷度；(4)國際貿易自由度；(5)信用、勞動市場以及企業的規範程度。

3. **「貿易便捷度」評估構面**：2013《IEAT調查報告》的「貿易便捷度」分為四大構面，分別為：(1)市場便捷；(2)邊境便捷；(3)基建便捷；(4)流程便捷，共計20個細項指標。有關貿易便捷度的評估構面與指標主要乃參考下列相關研究報告而成：❶世界銀行（WB）：參考〈世界貿易指標〉（World Trade Indicators；WTI）調查指標：(1)貿易政策；(2)外部環境；(3)制度環境；(4)貿易便捷；(5)貿易成果等五構面。❷世界經濟論壇（WEF）：參考《全球貿易促進報告》（*Global Enabling Trade Report*），主要研究四大構面為：(1)市場開放度：關稅與非關稅障礙以及貿易法規完備度；(2)邊境管理：海關效率、進出口流程效率、行政透明度；(3)物流與通訊基礎設施：運輸基礎建設之效率與品質、運輸服務之效率與品質、資訊與通訊技術之使用及效率；(4)

經商環境：管理效率、安全設備。

4.「貿易難易度」評估構面：2013《IEAT調查報告》的「貿易難易度」主要乃是由：(1)許可成本；(2)資訊成本；(3)投資成本；(4)經商成本四大構面構成，共計20個細項指標。有關貿易難易度的評估構面與指標主要乃參考下列相關研究報告而成：❶世界銀行（WB）：世界銀行每年發布《經商環境報告》（*Doing Business*），調查指標涵蓋十項衡量指標，包括(1)開辦企業；(2)申辦執照；(3)僱用員工；(4)財產註冊；(5)取得信用；(6)投資者保障；(7)繳納稅款；(8)跨國貿易；(9)履行合同；(10)結束營業。❷中華民國全國工業總會：每年公布《國內企業出口市場貿易障礙調查報告》，主要反映個別廠商出口時所面臨的貿易問題，將過去貿易業者經常反應之非關稅措施進行歸類為五大類型25個選項，包括：(1)貿易救濟措施；(2)智財權保護；(3)關務程序及進口許可；(4)標準及符合性評估；(5)其他。

5.「貿易風險度」評估構面：2013《IEAT調查報告》的「貿易風險度」分為四大構面，分別為：(1)政治風險；(2)經濟風險；(3)政策風險；(4)支付風險，共計21個細項指標。有關貿易風險度的評估構面與指標主要乃參考下列相關研究報告而成：❶科法斯（Coface）：定期發布《國家貿易信用風險評等報告》（*Coface Country Risk Conference*），該報告衡量國家貿易風險包括：(1)國家經濟和政治前景；(2)科法斯償付經驗；(3)商業氣候評價等三項指標。❷商業環境風險評估公司（BERI）：針對各國營運風險指標、政治風險指標及匯兌風險等三大指標進行評比。

🔄 2013 IEAT 一力四度評估模式構面指標與權重

2013《IEAT調查報告》主要採取：(1)國家競爭力；(2)貿易自由度；(3)貿易便捷度；(4)貿易難易度；(5)貿易風險度之「一力四度」評估模式，形成「綜合貿易競爭力」之最終指標，該項綜合性的評估構面，為使一力四度的衡量指標內涵及權重能貼近學術與實務，除根據美國傳統基金會（HF）、弗沙爾學會及卡托研究所

（Fraser Institute）、世界銀行（WB）、世界經濟論壇（WEF）等知名研究機構衡量指標與構面權重外，更針對台灣知名產、官、學、研專家進行問卷及電話深度訪談，使一力四度之權重能得到合理的配置，以更貼切反映一力四度構面權重以及細項構面權重。專家問卷發放對象主要有下列三種構成：(1)台灣各大學國際貿易及國際企業系的學者；(2)台灣針對國際企業布局有深研的研究機構之研究者；(3)對於國際貿易有操作實務的台商會會長。根據25位產、官、學、研給予的專家權重配置，如下表所示。

表9-1　2013 IEAT 「一力四度」構面指標與權重配置

一力四度構面		權重	構面權重	細項構面	細項權重	細項構面	細項權重
一力	國家競爭力	20%	50%	❶基礎條件	15%	❹經濟條件	30%
				❷財政條件	10%	❺就業條件	15%
				❸投資條件	30%	—	—
			50%	❶研究機構評比	100%	—	—
四度	貿易自由度	80%	30%	❶數量限制	15%	❸法規限制	35%
				❷價格限制	20%	❹政府限制	30%
	貿易便捷度		20%	❶市場便捷	35%	❸基建便捷	20%
				❷邊境便捷	20%	❹流程便捷	25%
	貿易難易度		15%	❶許可成本	15%	❸投資成本	40%
				❷資訊成本	15%	❹經商成本	30%
	貿易風險度		35%	❶政治風險	35%	❸政策風險	25%
				❷經濟風險	25%	❹支付風險	15%

資料來源：本研究整理

2013 IEAT調查樣本結構與回收分析

　　2013《IEAT調查報告》所揭示的全球重要市場以及新興市場，主要是根據全球相關研究機構所提出的分類如下：**(1)新興國家**：中國大陸、俄羅斯、柬埔寨、印度、印尼、韓國、科威特、馬來西亞、菲律賓、沙烏地阿拉伯、泰國、阿拉伯聯合大公國、越南、緬甸、阿根廷、巴西、智利、墨西哥、匈牙利、波蘭、土耳其、埃及、南非、阿曼、以色列、卡達、奈及利亞、秘魯、孟加拉、巴林、約旦、巴基斯坦、哥倫比亞、安哥拉；**(2)重要市場**：台灣、香港、日本、新加坡、澳洲、紐西蘭、加拿大、美國、法國、德國、義大利、荷蘭、西班牙、英國、捷克、斯洛伐克，綜合上述50個貿易地區即成為2013《IEAT調查報告》之研究對象。

　　2013《IEAT調查報告》之對象，主要針對台北市進出口商業同業公會5,600餘家會員廠商為主要問卷調查對象，本研究透過結構式問卷，以E-mail方式發送電子版問卷給IEAT會員廠商，再輔以：(1)台灣省進出口商業同業公會聯合會、新北市進出口商業同業公會、高雄市進出口商業同業公會之會員廠商，共計發放3,200份紙本問卷；(2)中華民國對外貿易發展協會進出口會員廠商名錄，經由Email發放電子版問卷；(3)國內EMBA學員之企業約1,200份紙本問卷。根據上述四項問卷回收管道，總計回收有效問卷2,286份。

　　下表乃是根據五大洲區域作為樣本分類之基礎，回收問卷樣本數由多到少依序為：(1)亞洲地區1,318份，占總問卷數比例57.66%；(2)歐洲地區432份，占18.90%；(3)美洲地區328份，占14.35%；(4)非洲地區135份，占5.91%；(5)大洋洲73份，占3.19%。2013 IEAT洲域問卷回收數和2012年相比發現，2013年問卷仍以亞洲地區為主，但亞洲回卷比例有下降的趨勢，在歐洲地區、美洲地區、非洲地區及大洋洲地區的回卷數較2012年增加。

表9-2 2012 IEAT調查樣本回收洲域別分析

排序	洲 域	2013調查		2012調查		2011調查		2010調查	
		回卷數	百分比	回卷數	百分比	回卷數	百分比	回卷數	百分比
❶	亞 洲	1,318	57.66%	1,314	62.10%	1,400	62.92%	1,153	54.59%
❷	歐 洲	432	18.90%	341	16.12%	366	16.44%	429	20.31%
❸	美 洲	328	14.35%	267	12.62%	321	14.12%	375	17.76%
❹	非 洲	135	5.91%	129	6.10%	98	4.40%	103	4.88%
❺	大洋洲	73	3.19%	65	3.07%	41	1.84%	52	2.46%
	總 計	2,286	100.00%	2,116	100.00%	2,226	100.00%	2,112	100.00%

資料來源：本研究整理

　　表9-3為2013 IEAT調查樣本依據貿易地區別分類，回收前5名貿易地區分別為：(1)台灣324份；(2)中國大陸146份；(3)日本96份；(4)美國90份；(5)香港58份。根據表9-3顯示，前10名貿易地區亞洲就占了6名，根據財政部（2012）進出口貿易統計顯示：「2012年全年，台灣對主要出口市場中，中國大陸及香港出口金額為1,186億美元，為台灣第一大市場；第二市場為東協六國，出口金額達557億美元；而第三大市場為美國，出口金額達329億美元；第四大則是歐洲市場，出口金額為166億美元；其中，由於歐美衰退及中國大陸經濟疲軟，與2011年比較，台灣僅東協六國出口成長9.81%」，由上述足以顯示亞洲市場在台灣貿易出口占有很大的影響力。此外，2013 IEAT「調查樣本結構」與2011年台灣對46個貿易地區之「貿易依賴度」Pearson積差相關係數為0.965，顯示台灣貿易比重較高之地區，其回收樣本數相對也較高。

表9-3 2013 IEAT調查樣本貿易地區別分析

貿易地區	IEAT 2013樣本結構			2011貿易依賴度	
	樣本數	百分比	排名	依賴度	排名
台　　　灣	324	14.17%	1	-	-
中 國 大 陸	146	6.39%	2	21.63	1
日　　　本	96	4.20%	3	11.94	2
美　　　國	90	3.94%	4	10.54	3
香　　　港	58	2.54%	5	7.08	4
土　耳　其	46	2.01%	6	0.31	31
新　加　坡	43	1.88%	7	4.21	6
德　　　國	43	1.88%	7	2.76	7
英　　　國	43	1.88%	7	1.11	18
俄　羅　斯	42	1.84%	10	0.66	25
印　　　度	41	1.79%	11	1.28	16
沙烏地阿拉伯	41	1.79%	11	2.63	8
馬 來 西 亞	40	1.75%	13	2.63	9
加　拿　大	40	1.75%	13	0.78	23
韓　　　國	39	1.71%	15	5.13	5
巴　　　西	39	1.71%	15	0.91	21
科　威　特	38	1.66%	17	1.33	15
澳　　　洲	38	1.66%	17	2.47	10
南　　　非	37	1.62%	19	0.48	27
泰　　　國	35	1.53%	20	1.79	13
阿　　　曼	35	1.53%	20	0.24	32
紐　西　蘭	35	1.53%	20	0.20	35
阿 聯 大 公 國	34	1.49%	23	0.99	19
以　色　列	34	1.49%	23	0.23	33

表9-3　2013 IEAT調查樣本貿易地區別分析（續）

貿易地區	IEAT 2013樣本結構			2011貿易依賴度	
	樣本數	百分比	排名	依賴度	排名
阿　根　廷	34	1.49%	23	0.10	43
荷　　　蘭	34	1.49%	23	1.27	17
匈　牙　利	34	1.49%	23	0.09	45
法　　　國	34	1.49%	23	0.76	24
埃　　　及	34	1.49%	23	0.19	36
卡　　　達	33	1.44%	30	0.65	26
智　　　利	33	1.44%	30	0.44	28
奈　及　利　亞	33	1.44%	30	0.22	34
越　　　南	32	1.40%	33	1.84	12
巴　　　林	32	1.40%	33	0.09	46
孟　加　拉	32	1.40%	33	0.19	36
約　　　旦	32	1.40%	33	0.05	48
墨　西　哥	32	1.40%	33	0.37	29
義　大　利	32	1.40%	33	0.81	22
波　　　蘭	32	1.40%	33	0.16	38
菲　律　賓	31	1.36%	40	1.59	14
印　　　尼	31	1.36%	40	2.08	11
巴　基　斯　坦	31	1.36%	40	0.15	39
西　班　牙	31	1.36%	40	0.33	30
斯　洛　伐　克	31	1.36%	40	0.06	47
安　哥　拉	31	1.36%	40	0.96	20
柬　埔　寨	30	1.31%	46	0.11	41
緬　　　甸	30	1.31%	46	0.04	49
哥　倫　比　亞	30	1.31%	46	0.10	43

表9-3 2013 IEAT調查樣本貿易地區別分析（續）

貿易地區	IEAT 2013樣本結構			2011貿易依賴度	
	樣本數	百分比	排名	依賴度	排名
秘 魯	30	1.31%	46	0.13	40
捷 克	30	1.31%	46	0.11	42

資料來源：本研究整理
註：Pearson積差相關係數為0.965，P = 0.01**。

　　2013《IEAT調查報告》爲檢視母體結構與調查回收樣本是否具有代表性，除了在上述貿易地區別進行相關係數分析之外，特針對貿易產品別進行Pearson積差相關係數檢定，以確保樣本的代表性。在2,286份回收爲有效問卷中，以資訊產品類占10.45%最高，其次爲電工器材占9.97%，再者爲機械工具占9.93%。如表9-4所示。

表9-4 2013 IEAT調查樣本貿易產品別分析

貿易產品	樣本數	百分比	排名	貿易產品	樣本數	百分比	排名
資訊產品	239	10.45%	1	攝影器材	75	3.28%	13
電工器材	228	9.97%	2	鋼 鐵	71	3.11%	14
機械工具	227	9.93%	3	農畜漁產品	63	2.76%	15
化 工	152	6.65%	4	乳 品	54	2.36%	16
交通器材	128	5.60%	5	保健食品	54	2.36%	17
建材及家俱	121	5.29%	6	中 藥	51	2.23%	17
加工食品	108	4.72%	7	西 藥	49	2.14%	17
儀 器	92	4.02%	8	菸 酒	49	2.14%	20
紡 織 品	88	3.85%	9	汽 車	40	1.75%	21
運動休閒用品	87	3.81%	10	服務貿易	34	1.49%	22
玩具禮品珠寶	84	3.67%	11	其 他	112	4.90%	-
化妝清潔用品	80	3.50%	12	總 計	2,286	100.00%	-

資料來源：本研究整理

2013 IEAT調查樣本企業基本經營現況分析

2013 IEAT為瞭解樣本回卷企業基本經營現況，特別針對：(1)企業經營基本資料；(2)企業貿易型態；(3)企業市場優勢關鍵能力；(4)企業經營遇到困擾問題；(5)企業期望政府優先協助項目等五類進行樣本結構分析，以深入瞭解台灣貿易業經營現況的變遷。

1. 企業經營基本資料

2013《IEAT調查報告》企業經營基本特性主要涵蓋：(1)設立年數；(2)資本額；(3)員工人數；(4)海外據點營業額占總公司營業額比例，由表9-5顯示，在2,286份有效回卷樣本中，設立年數以21年以上占54.38%為最多；在資本額方面，則以新台幣1,001萬到5,000萬占35.02%為最高。此外，低於新台幣5,000萬以下資本額占80.06%，顯示台灣貿易業者大多以中、小企業型結構為主；就員工人數而言，以21人至50人居最多，占27.54%；另外，海外據點營業額占總公司營業額比例則以1%至20%居最多，占45.12%。綜上所述，樣本結構之企業經營基本特性分析顯示，乃以中、小企業為主，與台灣企業結構非常符合。

表9-5　2013 IEAT調查樣本企業「經營基本資料」分析

企業經營基本資料	現況	次數	百分比	排序
設立年度	1）21年以上	1,223	54.38%	❶
	2）16至20年	508	22.59%	❷
	3）11至15年	353	15.70%	❸
	4）6至10年	143	6.36%	❹
	5）5年內	22	0.98%	❺
目前資本額	1）新台幣500萬元以內	412	18.76%	❸
	2）新台幣500萬～未滿1,000萬元	577	26.28%	❷
	3）新台幣1,000萬～未滿5,000萬元	769	35.02%	❶
	4）新台幣5,000萬～未滿1億元	183	8.33%	❺
	5）新台幣1億元以上	255	11.61%	❹

表9-5　2013 IEAT調查樣本企業「經營基本資料」分析（續）

企業經營基本資料	現況	次數	百分比	排序
員工人數	1）10人以下	333	14.77%	❺
	2）11-20人	352	15.61%	❹
	3）21-50人	621	27.54%	❶
	4）51-100人	372	16.50%	❸
	5）101-500人	387	17.16%	❷
	6）501-1,000人	56	2.48%	❼
	7）1,000人以上	134	5.94%	❻
海外據點營業額占總公司比例	1）1%-20%	495	45.12%	❶
	2）21%-40%	216	19.69%	❷
	3）41%-60%	136	12.40%	❸
	4）61%-80%	124	11.30%	❺
	5）81%-100%	126	11.49%	❹

資料來源：本研究整理

2.「貿易型態」與「海外設立營業據點目的」分析

　　2013《IEAT調查報告》樣本結構中，「只從事出口」的比例最高，達44.75%，其次為「進口比例高於出口」，占24.72%，若排除「只從事進口」及「未填答」樣本，則可發現，有從事出口的比例高達89.50%，與台灣出口導向的對外貿易結構極為符合，如表9-6所示。

表9-6　2013 IEAT調查樣本企業「貿易型態」分析

經營型態	貿易型態	次數	百分比
貿易型態	❶ 只從事出口	1,023	44.75％
	❷ 進口比例高於出口	565	24.72％
	❸ 出口比例高於進口	458	20.03％
	❹ 只從事進口	154	6.74％
	❺ 未填答	86	3.76％
海外設立 營業據點目的	❶ 接近市場	1,108	43.69％
	❷ 接近貨源	525	20.70％
	❸ 降低成本	407	16.05％
	❹ 分散風險	234	9.23％
	❺ 財務考量	158	6.23％
	❻ 其他	104	4.10％

註：本題為複選題，因此總計次數超過回卷樣本數（N=2,286）。

　　根據2013IEAT調查樣本中，**企業海外設立據點目的依序為：(1)接近市場（43.69%）；(2)接近貨源（20.70%）；(3)降低成本（16.05%）；(4)分散風險（9.23%）；(5)財務考量（6.23%）**。由此得知，貿易業者設立海外營運據點，從以往生產端之成本考量轉向顧客端之市場考量，以一國是否具有市場爲優先考量因素，因此，一國內需潛力、消費習性成爲業者納入考量之項目；其次則是該國是否能取得優良貨源及穩定供貨來源爲目的。

3.「市場優勢關鍵能力」分析

　　從表9-7顯示，**台灣貿易業者市場競爭優勢第1名即爲「顧客維繫力強」（52.62%）、其次爲「貿易產品力優」（37.36%），第3名至第5名分別為「品質競爭力」（36.53%）、「價格具競爭力」（35.96%）、「售後服務優」（34.30%）**。其中，「貿易產品力優」排名變動最大，從2012年第5名上升至第2名，由此顯示，

客戶當道的時代，台灣貿易業者在商品的產銷上需多了解並滿足客戶多元化的需求，透過商品以吸引客戶對貿易業者的依賴度。貿易產品無形資產中的品牌具知名度（24.58%）、具專業人才（18.90%）與技術研發專業（18.42%）僅排名第13名、第14名與第15名，由此顯示出台灣貿易業者缺乏高附加價值之元素，此部分是貿易業與政府需共同努力的。

4. 「經營遇到困擾問題」分析

企業經營所遇到的困擾問題中，2013《IEAT調查報告》統計出來前10名如表9-8所示，依序為：**(1)同業競爭加劇（49.21%）；(2)缺乏貿易專才（44.27%）；(3)匯率波動頻繁（43.53%）；(4)客戶付款能力（32.59%）；(5)國際環保規範（28.57%）；(6)知識產權保護（28.17%）；(7)全球削價競爭（26.51%）；(8)原物料價格漲（26.03%）；(9)資金融通困難（23.27%）；(10)貿易資訊取得（22.79%）。**

位居第一的「同業競爭加劇」，長久以來一直是貿易業者最大的困擾因素，許多貿易業者無頭緒的自行拓展，那麼，競爭問題將無落幕之日。政府可以針對地區別、產業別等區隔方式，有計劃地引領貿易業者向外發展，以加強台灣貿易的整體實力。其次，排名第二的「缺乏貿易專才」部分，由於傳統貿易業者的角色隨環境變化已有改變，因此專業貿易人才需擁有全方位技能，除了語文能力，亦須具備洞察力、溝通力及行銷力等，此類專才為台灣較缺乏；再者，「匯率波動頻繁」，由於近來台幣匯率變化大，加上日圓近來持續急貶帶動亞洲貨幣升值之壓力，造成貿易環境充滿不確定性。

5. 「期望政府優先協助項目」分析

由表9-9顯示，2013《IEAT調查報告》調查樣本結構中，**台灣貿易業者需要政府協助項目前5名依序為：(1)提供市場資訊（43.13%）；(2)鼓勵異業聯盟（42.13%）；(3)整合聯盟夥伴（40.29%）；(4)整合同業平台（38.23%）；(5)取得資金融通（32.94%）。**「提供市場資訊」排名第一，因為貿易業者受語言或

表9-7 2013 IEAT 調查樣本企業「市場優勢關鍵能力」分析

市場優勢關鍵能力	2013 IEAT (N=2,286)			2012 IEAT (N=2,116)			2011 IEAT (N=2,226)			2010 IEAT (N=2,112)			2009 IEAT (N=2,088)		
	樣本數	百分比	排名	樣本數	百分比	排名	樣本數	百分比	排名	樣本數	百分比	排名	樣本數	百分比	排名
顧客維繫力強	1,203	52.62%	1	1,155	54.58%	1	1,281	58.10%	1	1,207	57.64%	1	900	43.10%	2
貿易產品力優	854	37.36%	2	823	38.89%	5	1,188	53.88%	2	1,129	53.92%	2	1,010	48.37%	1
品質競爭力	835	36.53%	3	921	43.53%	3	805	36.51%	7	808	38.59%	5	562	26.92%	9
價格具競爭力	822	35.96%	4	987	46.64%	2	839	38.05%	5	836	39.92%	4	651	31.18%	7
售後服務優	784	34.30%	5	917	43.34%	4	984	44.63%	3	928	44.32%	3	741	35.49%	4
公司財務穩健	763	33.38%	6	749	35.40%	7	872	39.55%	4	797	38.06%	6	703	33.67%	5
企業信用良好	742	32.46%	7	753	35.59%	6	772	35.01%	8	783	37.39%	7	508	24.33%	11
物流配送優	720	31.50%	8	723	34.17%	9	770	34.92%	9	707	33.76%	10	830	39.75%	3
供應鏈管理強	698	30.53%	9	744	35.16%	8	816	37.01%	6	775	37.01%	8	536	25.67%	10
資源搜尋廣	667	29.18%	10	701	33.13%	11	456	20.68%	15	406	19.39%	15	394	18.87%	13
掌握市場資訊	621	27.17%	11	719	33.98%	10	740	33.56%	10	760	36.29%	9	413	19.78%	12
付款條件優	588	25.72%	12	563	26.61%	13	704	31.93%	11	658	31.42%	11	687	32.90%	6
品牌具知名度	562	24.58%	13	679	32.09%	12	667	30.25%	12	639	30.52%	12	609	29.17%	8
具專業人才	432	18.90%	14	421	19.90%	14	562	25.49%	13	566	27.03%	13	359	17.19%	14
技術研發專業	421	18.42%	15	407	19.23%	15	481	21.81%	14	476	22.73%	14	345	16.52%	15

資料來源：本研究整理

註：本題為複選題，因此總計次數超過回卷樣本數 （N=2,286） 。

表9-8 2013 IEAT 調查樣本企業「經營遇到困擾問題」分析

經營困擾因素	2013 IEAT (N=2,286)			2012 IEAT (N=2,116)			2011 IEAT (N=2,226)			2010 IEAT (N=2,112)			2009 IEAT (N=2,088)		
	樣本數	百分比	排名	樣本數	百分比	排名	樣本數	百分比	排名	樣本數	百分比	排名	樣本數	百分比	排名
同業競爭加劇	1,125	49.21%	1	1,021	48.25%	2	1,361	61.95%	1	1,285	61.75%	1	1,159	55.96%	1
缺乏貿易專才	1,012	44.27%	2	976	46.12%	3	915	41.65%	4	845	40.61%	4	757	36.55%	4
匯率波動頻繁	995	43.53%	3	1,134	53.59%	1	1,184	53.89%	3	1,109	53.29%	3	1,122	54.18%	2
客戶付款能力	745	32.59%	4	723	34.17%	5	636	28.95%	7	626	30.08%	7	580	28.01%	7
國際環保規範	653	28.57%	5	668	31.57%	6	514	23.40%	9	461	22.15%	9	556	26.85%	8
知識產權保護	644	28.17%	6	817	38.61%	4	756	34.41%	6	725	34.84%	5	618	29.84%	6
全球削價競爭	606	26.51%	7	620	29.30%	7	629	28.63%	8	619	29.75%	8	424	20.47%	10
原物料價格漲	595	26.03%	8	501	23.68%	9	1,185	53.94%	2	1,151	55.31%	2	904	43.65%	3
資金融通困難	532	23.27%	9	384	18.15%	10	288	13.11%	14	289	13.89%	14	279	13.95%	12
貿易資訊取得	521	22.79%	10	569	26.89%	8	295	13.43%	13	306	14.70%	13	289	13.47%	13
主要客戶流失	401	17.54%	11	350	16.54%	11	269	12.24%	15	253	12.16%	15	220	10.62%	14
檢驗檢疫繁瑣	397	17.37%	12	296	13.99%	13	344	15.66%	12	354	17.01%	12	191	9.22%	15
貨物通關障礙	352	15.40%	13	334	15.78%	12	429	19.53%	11	371	17.83%	10	396	19.12%	11
關稅稅率過高	205	8.97%	14	117	5.53%	14	775	35.28%	5	708	34.02%	6	723	34.91%	5
三通問題困擾	98	4.29%	15	103	4.87%	15	432	19.66%	10	357	17.16%	11	500	24.14%	9

資料來源：本研究整理

註：本題為複選題，因此總計次數量超過回卷樣本數（N=2,286）。

表9-9 2013 IEAT調查樣本企業「期望政府優先協助項目」分析

期望協助項目	2013 IEAT (N=2,286)			2012 IEAT (N=2,116)			2011 IEAT (N=2,226)			2010 IEAT (N=2,112)			2009 IEAT (N=2,088)		
	樣本數	百分比	排名	樣本數	百分比	排名	樣本數	百分比	排名	樣本數	百分比	排名	樣本數	百分比	排名
提供市場資訊	986	43.13%	1	1,001	47.31%	1	1,069	49.51 %	1	992	48.63 %	1	951	47.08 %	1
鼓勵異業聯盟	963	42.13%	2	950	44.90%	2	717	33.21 %	7	688	33.73 %	7	449	22.23 %	10
整合聯盟伙伴	921	40.29%	3	802	37.90%	4	863	39.97 %	5	838	41.08 %	4	516	25.54 %	7
整合同業平台	874	38.23%	4	914	43.19%	3	1,036	47.99 %	2	947	46.42 %	3	895	44.31 %	2
取得資金融通	753	32.94%	5	672	31.76%	7	1,024	47.43 %	3	957	46.91 %	2	817	40.45 %	3
國外貿易商情	690	30.18%	6	778	36.77%	5	755	34.97 %	6	731	35.83 %	6	677	33.51 %	4
專業能力培訓	612	26.77%	7	598	28.26%	8	524	24.27 %	10	487	23.87 %	11	474	23.47 %	8
提升商務能力	558	24.41%	8	516	24.39%	9	611	28.30 %	8	588	28.82 %	8	611	30.25 %	6
提供會展資訊	549	24.02%	9	751	35.49%	6	543	25.15 %	9	514	25.20 %	9	440	21.78 %	11
調解貿易糾紛	533	23.32%	10	484	22.87%	11	289	13.39 %	15	275	13.48 %	15	209	10.35 %	15
改善貿易法令	512	22.40%	11	500	23.63%	10	898	41.59 %	4	824	40.39 %	5	650	32.18 %	5
提供經營諮詢	454	19.86%	12	439	20.75%	12	392	18.16 %	13	317	15.54 %	13	310	15.35 %	13
取得產品訊息	358	15.66%	13	284	13.42%	15	457	21.17 %	12	-	-	-	-	-	-
提供檢疫資訊	334	14.61%	14	297	14.04%	14	509	23.58 %	11	457	22.40 %	12	467	23.12 %	9
提供稅賦資訊	315	13.78%	15	370	17.49%	13	311	14.40 %	14	297	14.56 %	14	245	12.13 %	14

資料來源：本研究整理

註：本題為複選題，因此總計次數超過回卷樣本數（N=2,286）。

貿易地區開放程度之影響，較難取得正確市場資訊，期許政府相關單位可多提供海外市場訊息並透過網路平台協助業者進入市場。「鼓勵異業聯盟」與「整合聯盟夥伴」以小幅的差距，分別位居第2及第3名，台灣貿易業者透過聯盟方式，能與夥伴資源互補來提升競爭力，然而這方面也需要政府建立產業交流平台作爲媒介，以協助貿易業者加速聯盟。在「整合同業平台」方面，所謂「團結力量大」，透過同業平台，業者能快速交換各項資訊，因此，希冀透過政府力量創設整合同業平台。此外，台灣貿易業者多屬中、小企業，由於欠缺財務規劃能力，導致向金融機構申請資金融通較爲困難，因此，融通對貿易業者來說非常重要，故需政府協助獲得資金的融通。

6.貿易業者進行價值鏈整合最適模式

由表9-10顯示，2013《IEAT調查報告》調查樣本認爲**進行價值鏈整合最適模式前5名分別爲：(1)與供應商整合（15.90％）；(2)與顧客需求端整合（14.55％）；(3)與通路商整合（12.76％）；(4)進行跨界整合（9.13％）；(5)異業策略聯盟（8.78％）**。根據六和化工董事長李世文（2012）表示：「必須提供較上游製造商更多的服務，才能抓住顧客」，道出六和化工成功從小型化學原料貿易業者，轉型至今擁有製造及消費的中、大型貿易業者的關鍵。六和化工透過與供應商整合逆轉困境，憑藉整併企業價值鏈，與客戶建立穩固夥伴關係。隨著貿易業者面臨「去中間化」之困境，供應鏈或價值鏈整合的時代來臨，貿易業者必須掌握通路，並努力爲客戶創造價值。此外，貿易業者應摒除過去單打獨鬥的經營思維，可藉由異業策略聯盟或是跨界整合方式，開拓更寬廣的貿易空間。

表9-10　2013 IEAT調查樣本企業認爲「價值鏈整合最適模式」分析

價值鏈整合最適模式	2013 IEAT （N=2,286）		
	樣本數	百分比	排名
與供應商整合	1,074	15.90%	1
與顧客需求端整合	983	14.55%	2
與通路商整合	862	12.76%	3

表9-10　2013 IEAT調查樣本企業認為「價值鏈整合最適模式」分析（續）

價值鏈整合最適模式	2013 IEAT （N=2,286）		
	樣本數	百分比	排名
進行跨界整合	617	9.13%	4
異業策略聯盟	593	8.78%	5
建立共同行銷聯盟	508	7.52%	6
建立產業共同標準	451	6.68%	7
同業策略聯盟	412	6.10%	8
建立共同採購聯盟	329	4.87%	9
同業購併	325	4.81%	10
與IT資訊商整合	311	4.60%	11
形成產能互換聯盟	291	4.31%	12

資料來源：本研究整理

註：本題為複選題，因此總計次數超過回卷樣本數（N=2,286）。

最適貿易地區評價分析

　　2013《IEAT調查報告》特別針對台灣貿易業者進行最適貿易地區之評價，此為今年新增的主題，最適貿易地區包含12大問項，分別為(1)主要進出口貿易地區；(2)主要競爭貿易對手；(3)最具發展潛力貿易地區；(4)最應洽簽自由貿易協定貿易地區；(5)最具價值鏈整合優勢貿易地區；(6)最具資源及原物料競爭優勢貿易地區；(7)最具勞動力及製造成本優勢貿易地區；(8)最具內銷內貿優勢貿易地區；(9)最具研發創新優勢貿易地區；(10)最適發展服務貿易之貿易地區；(11)最適發展文創貿易之貿易地區；(12)最適發展雲端貿易之貿易地區，茲將其排名之內涵說明如下：

1. 主要進出口貿易地區

　　由表9-11顯示，2013 IEAT調查樣本中，前十大進出口貿易地區依次為：**(1)**中國大陸；**(2)**美國；**(3)**香港；**(4)**德國；**(5)**印度；**(6)**新加坡；**(7)**韓國；**(8)**英國；

(9)日本；(10)印尼。在出口貿易地區排名前10大的國家中，亞洲新興國家占5名。此外，2012 年12月10日，根據安永（Ernst & Young）發布《超越亞洲：新貿易型態》（*Beyond Asia: New Patterns of Trade*）內容指出：「亞洲高成長市場，包括中國大陸、香港、印尼、馬來西亞、新加坡、南韓、台灣、泰國及越南等九個國家，未來十年將主導全球貿易，且在2020年前占全球消費量25％」。綜上可知，亞洲新興市場消費潛力正在逐漸茁壯，未來不容小覷。

2. 主要競爭貿易地區

　　由表9-12可知，2013 IEAT調查樣本中，台灣貿易業者所面臨的主要競爭對手前5名分別為：**(1)中國大陸；(2)韓國；(3)香港；(4)美國；(5)日本**。台灣貿易業者主要競爭對手第1名的中國大陸，根據匯豐銀行（2012）公布《匯豐環球聯繫貿易展望》報告內容指出：「中國大陸將在2014年加速貿易成長並超越美國，預計在2016年成為世界最大的貿易國家」。加上近年來全球資本迅速流向中國大陸，而香港為轉往中國大陸內地重要的貿易樞紐，使得中國大陸及香港成為台灣貿易業在國際市場上競爭的對手；就韓國而言，韓國與台灣出口產品重疊性高達八成，由此可見台灣與韓國之競爭激烈，加上2012年3月15日美韓FTA正式生效，韓國積極向外擴張貿易版圖，勢必對台灣造成很大的衝擊。此外，由前10名主要競爭對手可得知，亞洲新興國家崛起，其具有勞動成本低廉、天然資源豐富以及消費族群廣大等優勢，進而帶動亞洲經濟體系成長。

3. 最具發展潛力貿易地區

　　企業認為最具發展潛力貿易地區中，2013 IEAT調查報告統計出來前10名依序為：**(1)中國大陸；(2)印尼；(3)印度；(4)巴西；(5)越南；(6)美國；(7)土耳其；(8)墨西哥；(9)沙烏地阿拉伯；(10)阿聯大公國**。排名前10名當中，以新興市場國家占大部分，前5名皆是新興市場國家，因受歐債危機影響，歐美經濟衰退，而新興國家經濟體則持續成長，帶動中產階級崛起及內需市場潛力，逐漸成為全球關注的焦點。根據國貿局（2012）統計指出：「2011年台灣貿易出口市場中，新興市場高達25％比美國市場11.8％還高」，加上，國貿局局長張俊福（2012）表示：

「2013年國貿局將鎖定過去廠商較陌生市場，如巴西、墨西哥及俄羅斯等，帶領廠商拓銷市場」，由此可見，台灣逐漸將觸角伸向新興市場，新興市場發展潛力將促使各國前往角逐。

4. 最應洽簽自由貿易協定貿易地區

由表9-14可知，2013 IEAT調查報告統計出最應洽簽自由貿易協定前10名依序為：**(1)**美國；**(2)**新加坡；**(3)**日本；**(4)**馬來西亞；**(5)**澳洲；**(6)**泰國；**(7)**土耳其；**(8)**紐西蘭；**(9)**墨西哥；**(10)**菲律賓。美國為台灣重要出口貿易地區，加上競爭對手韓國與美國簽訂FTA於2012年3月15日開始生效，但台灣與美國卻尚未簽署FTA，根據經濟部工業局組長連玉蘋（2012）指出：「台灣出口受美韓FTA的影響，主要在台灣紡織、成衣和塑膠產業，因其出口美國關稅較高，預估台灣出口受到衝擊的金額約為30多億美元」，上述可知，台灣應加快與美國洽簽FTA，以減緩美韓FTA對台灣經濟的威脅。此外，東協十國加上韓國、中國大陸、日本、澳洲、紐西蘭和印度共16個國家參加的「區域全面經濟伙伴關係」（Regional Comprehensive Economic Partnership；RCEP）談判將於2013年展開，預計於2015年達成協議，一旦成型，16國總計約30億人口，GDP總值達20兆美元，成為全球人口數量最多、規模最大之自由貿易區。台灣大學經濟系教授林建甫（2012）指出：「RCEP達成協議，預計台灣高達65％的出口產品將受影響，對台灣經濟將會造成嚴重負面衝擊」，台灣經濟研究院APEC研究中心執行長詹滿容亦（2012）表示：「RCEP與TPP比較，加入RCEP台灣經濟成長與社會福利比加入TPP高出兩倍」，顯示加入RCEP為當務之急，台灣政府應積極爭取加入RCEP的機會，以提升台灣在國際市場的競爭力。

5. 最具價值鏈整合優勢貿易地區

企業認為最具價值鏈整合優勢貿易地區中，排名呈現如表9-15，2013 IEAT調查報告統計出來前10名依序為：**(1)**中國大陸；**(2)**美國；**(3)**加拿大；**(4)**德國；**(5)**英國；**(6)**俄羅斯；**(7)**澳洲；**(8)**印尼；**(9)**印度；**(10)**香港。排名第1的中國大陸，由

於與台灣位置鄰近、文化相近及貿易關係密切，成為最適價值鏈整合的貿易夥伴，加上兩岸簽訂ECFA後，可充分利用資源互補優勢，透過專業分工創造兩岸綜效。排名前5名的貿易地區，除中國大陸外，其餘4名皆為台灣貿易的重要市場，是故，擁有密切貿易往來及成熟的產業發展，成為台灣貿易業者可前往洽談價值鏈整合的最適地，透過企業現有的競爭優勢，加上當地企業的資源支援，將能更快速拓展市場。

6. 最具資源及原物料競爭優勢貿易地區

由表9-16可知，2013 IEAT調查報告統計最具資源及原物料競爭優勢前10名依序為：**(1)巴西；(2)印尼；(3)中國大陸；(4)緬甸；(5)約旦；(6)印度；(7)墨西哥；(8)菲律賓；(9)土耳其；(10)南非**。面臨國際原物料價格上漲，全球貿易條件惡化，因此需找尋擁有資源及原物料具成本優勢的貿易地區以降低國際原物料價格上漲所帶來的成本及風險。英國皇家國際事務研究所（Chatham House）（2012）發布《全球資源展望報告》（*Resources Futures*）指出：「世界主要19種主要資源（糧食、木材、化石燃料等）集中於八大經濟體，分別為中國大陸、美國、澳洲、歐盟、巴西、俄羅斯、印度及印尼」，此分析前3名國家皆在上述報告提及。排名首位的巴西，擁有包含鈾、錳、鎳等29種礦產資源等，其中，全球鐵礦砂儲量為第五大國且為出口鐵礦石第二大國，根據全球礦業巨頭淡水河谷（Vale）投資關係主管Roberto Castello Branco（2012）表示：「當位於亞馬遜卡拉加斯綜合礦區於2017年投產後，巴西將超越澳洲成為世界最大鐵礦出口國」，此外，因有全球水量第一大的亞馬遜河通過，全球20%淡水來自巴西。印尼亦具豐富天然資源，煤、銅、天然氣、金剛石等，且為全球第二大煤外銷國及第三大銅外銷國。排名前10大的貿易地區，皆為新興市場。其中，值得一提，2013 IEAT調查報告新加入的國家之一「緬甸」排名第4，亞洲開發銀行（ADB）（2012）首度發布相關於緬甸經濟報告《轉型中的緬甸：機遇與挑戰》（*Myanmar in Transition : Opportunities and Challenges*）內容指出：「預計緬甸未來20年年平均成長率將達7%至8%，並於2030年成為中等收入之國家」，顯示緬甸未來前景樂觀。緬甸具豐富天然資源以及

六千萬的青年人口，加上2012年緬甸政府推動經濟開放，經商環境從保守到開放而帶來許多商機。

7. 最具勞動力及製造成本優勢貿易地區

企業認為最具勞動力及製造成本優勢排名如表9-17所呈現，前10名依序為：**(1)印度；(2)墨西哥；(3)中國大陸；(4)印尼；(5)越南；(6)巴西；(7)菲律賓；(8)泰國；(9)俄羅斯；(10)柬埔寨**。上述排名可知，中國大陸已逐漸失去人口紅利，勞動成本不斷地攀升，而危及世界工廠稱號的地位，根據法國南特人民銀行（Natixis SA）（2012）報告指出：「預計中國大陸工資四年追平美國，五年趕上歐盟，七年達日本水準」，由此可知，中國大陸製造成本優勢正加速消逝，亦造成許多外資遷往勞動成本更低廉的國家。排名第1的印度，根據美世諮詢公司（Mercer Management Consulting）（2012）發布《中國和印度人力資源比較優勢》報告中指出：「中國大陸高階人才薪資為印度同等職位的二倍以上，在一般階級職位上薪資差異不大，但中國大陸整體薪資水準仍高於印度」，顯示，印度較中國大陸具勞動成本優勢，加上印度為世界第二大人口國，內需力量及勞動充沛因素下，成為全球投資的亮點。排名第2的墨西哥，當地勞動資本低廉，自1994年與美國和加拿大簽訂《北美自由貿易協定》並持續與多國簽訂協定後，吸引許多目標市場為歐美的跨國公司進駐，提升工廠製造水準。根據在新加坡電子製造商偉創力（Flextronics International）（2012）表示：「中國大陸一小時平均工資已從2000年60美分漲至2.5美元，而墨西哥目前為3.5美元，未來幾年中國大陸很有可能超越墨西哥」，如今中國大陸工資不斷走高，墨西哥工資低廉與相當的製造水準將吸引多國業者前往。

8. 最具內銷內貿優勢貿易地區

由表9-18可知，2013 IEAT調查報告統計最具內銷內貿優勢前10名依序為：**(1)中國大陸；(2)印度；(3)美國；(4)印尼；(5)德國；(6)日本；(7)澳洲；(8)加拿大；(9)英國；(10)土耳其**。排名前3的中國大陸、印度及美國依序為全球人口數第一大、第二大以及第三大，龐大的人口數隱含擁有消費潛力的商機，因此，對於台灣貿易業者而言，除了能進行貿易活動，亦能藉由拓銷當地內需市場以開發更多契

機。針對中國大陸的部分，香港貿易發展局（2012）發布調查中國大陸具消費市場潛力前30大城市，前5名依序爲北京、上海、廣州、深圳、天津，可供台灣貿易業者參考。此外，台灣貿易業者在進行各貿易地區內銷內貿時，由於與出口模式不同，也需做足事前作業，了解當地經營方式、法令和稅務問題等，審慎評估後再決定。

9. 最具研發創新優勢貿易地區

　　企業認爲最具研發創新優勢貿易地區中，如表9-19顯示，2013 IEAT調查報告統計出來前10名依序爲：**(1)美國**；**(2)日本**；**(3)德國**；**(4)荷蘭**；**(5)新加坡**；**(6)韓國**；**(7)香港**；**(8)加拿大**；**(9)英國**；**(10)法國**。排名前10名中，重要市場占九席，其中，前3名爲美國、日本及德國，皆爲已開發國家，爲滿足較高的生活水平，因而積極投入研發創新以滿足客戶需求，累積相當水準的技術能力。此外，排名中最特別的一席爲韓國，經濟部統計處統計長林麗眞（2012）指出：「2001年至2010年間韓國企業投注研發占GDP比重從2.47％成長至3.74％，比台灣2.90％高」，顯示韓國企業逐年增加投入研發費用，促使韓國企業在全球成長快速，延伸出研發創新的優勢。台灣在此項目排名第18名，表示台灣在投入研發創新上仍需加強，以強化全球競爭力。

10. 最適發展服務貿易之貿易地區

　　由表9-20可知，2013 IEAT調查報告統計最適發展服務貿易前10名依序爲：**(1)美國**；**(2)德國**；**(3)中國大陸**；**(4)英國**；**(5)法國**；**(6)日本**；**(7)新加坡**；**(8)荷蘭**；**(9)西班牙**；**(10)台灣**。全球經貿趨勢已從「易物貿易」轉向「服務貿易」，一個國家服務業及服務貿易的發展狀況能成爲衡量國家現代化水平的重要指標，而調查報告中亦可看出，排名前10皆爲已開發國家。中國大陸信息中心預測部副研究員張茉楠（2012）表示：「世界最大服務貿易國美國，2011年服務貿易進出口達1億美元，實現順差1.79億美元，比2010年成長23％」，由此可知，美國在服務貿易方面擁有龐大商機。前10名中包括台灣，根據亞洲開發銀行（ADB）（2012）發布《2012亞洲發展展望更新報告》內容指出：「台灣在亞洲開發中國家的服務業勞動

生產力排名第3名，僅次於香港與新加坡」，顯見台灣服務產業實力堅強。隨著國際貿易趨向自由化，企業與個人對服務需求大增，服務貿易成為全球貿易發展新亮點，有鑑於此，台灣應積極推動服務貿易以掌握契機。

11. 最適發展文創貿易之貿易地區

企業認為最適發展文創貿易地區中，如表9-21顯示，2013 IEAT調查報告統計出來前10名依序為：**(1)美國**；**(2)德國**；**(3)中國大陸**；**(4)英國**；**(5)法國**；**(6)韓國**；**(7)日本**；**(8)俄羅斯**；**(9)義大利**；**(10)台灣**。排名前10之國家，大部分擁有文創產業發展的基礎。其中，台灣與中國大陸政府皆將文創產業視為未來經濟發展重點，推行發展文創相關政策，因此可透過兩岸合作共創雙贏，2013年2月20日，前台北市副市長李永萍與前師大副校長林磐聳宣布正式成立「台灣文化創意產業聯盟」，協會將積極展開兩岸文創對接計劃，與中國大陸聯手拓展歐美等國之市場，兩岸陸續有文創交流合作之機會，台灣貿易業者可透過持續關注以掌握文創先機。

12. 最適發展雲端貿易之貿易地區

由表9-22可知，2013 IEAT調查報告統計最適發展雲端貿易前10名依序為：**(1)美國**；**(2)新加坡**；**(3)加拿大**；**(4)英國**；**(5)澳洲**；**(6)德國**；**(7)荷蘭**；**(8)香港**；**(9)台灣**；**(10)日本**。發揮雲端效用需要擁有健全網路系統，因而排名前10皆為資訊發達的已開發國家。其中，台灣排名第9名，根據全球虛擬化和雲端運算基礎架構公司VMware（2012）進行「2012雲端成熟度指標」調查結果顯示：「台灣企業雲端普及率達44％，高於亞太區平均值42％，整體而言，台灣具有高度接受雲端的環境」，越來越多企業積極投入雲端科技，加上台灣擁有深厚IT製造背景，雲端技術將成為新一波潛力商機。由於資訊科技快速成長，雲端崛起，貿易業者將能以最低成本、最快速度將商品資訊傳遞給全球客戶，並立即回應顧客需求創造優良服務品質，因此台灣貿易業者應抓準適合雲端貿易發展的地區，打開知名度以獲取更多客源。

表9-11 2013 IEAT調查樣本企業「主要進出口貿易地區」分析

排名	貿易地區	❶第一主要進出口		❷第二主要進出口		❸第三主要進出口		❹第四主要進出口		❺第五主要進出口		整體評價
		次數	百分比	次數	百分比	次數	百分比	次數	百分比	次數	百分比	
1	中國大陸	449	22.29%	213	9.64%	105	5.00%	84	4.24%	123	6.15%	3,703
2	美國	264	13.11%	194	8.78%	88	4.19%	98	4.94%	44	2.20%	2,600
3	香港	98	4.87%	106	4.80%	137	6.52%	147	7.41%	64	3.20%	1,683
4	德國	80	3.97%	78	3.53%	129	6.14%	85	4.29%	52	2.60%	1,321
5	印度	75	3.72%	86	3.89%	83	3.95%	138	6.96%	64	3.20%	1,308
6	新加坡	74	3.67%	86	3.89%	94	4.48%	111	5.60%	72	3.60%	1,290
7	韓國	83	4.12%	93	4.21%	82	3.90%	53	2.67%	66	3.30%	1,205
8	英國	53	2.63%	69	3.12%	92	4.38%	96	4.84%	175	8.75%	1,184
9	日本	45	2.23%	98	4.43%	102	4.86%	93	4.69%	56	2.80%	1,165
10	印尼	66	3.28%	63	2.85%	89	4.24%	48	2.42%	52	2.60%	997
11	泰國	55	2.73%	48	2.17%	114	5.43%	67	3.38%	48	2.40%	991
12	巴西	33	1.64%	71	3.21%	92	4.38%	84	4.24%	79	3.95%	972
13	馬來西亞	56	2.78%	84	3.80%	56	2.67%	67	3.38%	33	1.65%	951
14	越南	34	1.69%	67	3.03%	65	3.10%	84	4.24%	119	5.95%	920
15	菲律賓	45	2.23%	50	2.26%	84	4.00%	78	3.93%	67	3.35%	900
16	澳洲	38	1.89%	23	1.04%	84	4.00%	64	3.23%	142	7.10%	804
17	法國	30	1.49%	32	1.45%	95	4.52%	74	3.73%	77	3.85%	788
18	阿聯大公國	45	2.23%	32	1.45%	58	2.76%	45	2.27%	64	3.20%	681
19	荷蘭	24	1.19%	47	2.13%	63	3.00%	56	2.82%	65	3.25%	674
20	義大利	12	0.60%	45	2.04%	47	2.24%	66	3.33%	52	2.60%	565

資料來源：本研究整理

註：進出口❶、❷、❸、❹、❺，依序給分5、4、3、2、1，每個選項依此比做分數加總。

表9-12 2013 IEAT調查樣本企業「主要競爭貿易地區」分析

排名	貿易地區	❶ 第一競爭對手		❷ 第二競爭對手		❸ 第三競爭對手		❹ 第四競爭對手		❺ 第五競爭對手		整體評價
		次數	百分比	次數	百分比	次數	百分比	次數	百分比	次數	百分比	
1	中國大陸	416	20.70%	267	13.25%	188	9.19%	198	9.38%	101	5.00%	4,209
2	韓　國	164	8.16%	114	5.66%	115	5.62%	128	6.06%	99	4.91%	1,976
3	香　港	142	7.06%	126	6.25%	127	6.21%	116	5.50%	87	4.31%	1,914
4	美　國	143	7.11%	84	4.17%	126	6.16%	128	6.06%	64	3.17%	1,749
5	日　本	124	6.17%	141	7.00%	98	4.79%	95	4.50%	46	2.28%	1,714
6	越　南	85	4.23%	125	6.20%	91	4.45%	125	5.92%	48	2.38%	1,496
7	新加坡	84	4.18%	98	4.86%	110	5.38%	121	5.73%	84	4.16%	1,468
8	馬來西亞	75	3.73%	104	5.16%	111	5.43%	95	4.50%	99	4.91%	1,413
9	印　尼	68	3.38%	94	4.67%	98	4.79%	61	2.89%	42	2.08%	1,174
10	泰　國	66	3.28%	84	4.17%	72	3.52%	86	4.07%	49	2.43%	1,103
11	澳　洲	58	2.89%	54	2.68%	92	4.50%	103	4.88%	44	2.18%	1,032
12	印　度	56	2.79%	74	3.67%	84	4.11%	64	3.03%	54	2.68%	1,010
13	德　國	33	1.64%	42	2.08%	54	2.64%	67	3.17%	73	3.62%	702
14	英　國	28	1.39%	34	1.69%	66	3.23%	88	4.17%	30	1.49%	680
15	菲律賓	25	1.24%	43	2.13%	62	3.03%	40	1.89%	68	3.37%	631
16	西班牙	11	0.55%	36	1.79%	59	2.89%	66	3.13%	88	4.36%	596
17	土耳其	13	0.65%	34	1.69%	54	2.64%	48	2.27%	70	3.47%	529
18	巴　西	18	0.90%	11	0.55%	43	2.10%	54	2.56%	77	3.82%	448
19	俄羅斯	10	0.50%	28	1.39%	33	1.61%	45	2.13%	57	2.82%	408
20	南　非	9	0.45%	14	0.69%	46	2.25%	32	1.52%	54	2.68%	357

資料來源：本研究整理

註：競爭對手❶、❷、❸、❹、❺，依序給分5、4、3、2、1，每個選項依此比做分數加總。

表9-13 2013 IEAT調查樣本企業「最具發展潛力」貿易地區分析

排名	貿易地區	❶第一潛力		❷第二潛力		❸第三潛力		❹第四潛力		❺第五潛力		整體評價
		次數	百分比	次數	百分比	次數	百分比	次數	百分比	次數	百分比	
1	中國大陸	328	16.54%	180	8.93%	154	8.10%	133	7.02%	77	4.40%	3,165
2	印尼	201	10.14%	245	12.16%	139	7.31%	122	6.44%	54	3.09%	2,700
3	印度	183	9.23%	134	6.65%	199	10.47%	115	6.07%	75	4.29%	2,353
4	巴西	198	9.98%	156	7.74%	123	6.47%	84	4.43%	154	8.80%	2,305
5	越南	62	3.13%	64	3.18%	92	4.84%	108	5.70%	158	9.03%	1,216
6	美國	61	3.08%	47	2.33%	98	5.16%	108	5.70%	104	5.94%	1,107
7	土耳其	48	2.42%	82	4.07%	78	4.10%	91	4.80%	33	1.89%	1,017
8	墨西哥	55	2.77%	47	2.33%	68	3.58%	106	5.59%	96	5.49%	975
9	沙烏地阿拉伯	48	2.42%	58	2.88%	69	3.63%	84	4.43%	43	2.46%	890
10	阿聯大公國	52	2.62%	64	3.18%	32	1.68%	78	4.12%	69	3.94%	837
11	德國	40	2.02%	58	2.88%	61	3.21%	83	4.38%	48	2.74%	829
12	秘魯	38	1.92%	42	2.08%	65	3.42%	69	3.64%	44	2.51%	735
13	南非	33	1.66%	78	3.87%	29	1.53%	32	1.69%	87	4.97%	715
14	新加坡	32	1.61%	54	2.68%	71	3.73%	28	1.48%	54	3.09%	699
15	菲律賓	18	0.91%	25	1.24%	69	3.63%	96	5.07%	85	4.86%	674
16	香港	40	2.02%	42	2.08%	54	2.84%	63	3.32%	14	0.80%	670
17	日本	30	1.51%	36	1.79%	41	2.16%	57	3.01%	81	4.63%	612
18	捷克	24	1.21%	27	1.34%	68	3.58%	52	2.74%	40	2.29%	576
19	緬甸	27	1.36%	33	1.64%	25	1.32%	48	2.53%	64	3.66%	502
20	澳洲	27	1.36%	46	2.28%	24	1.26%	25	1.32%	38	2.17%	479

資料來源：本研究整理

註：潛力❶、❷、❸、❹、❺，依序給分5、4、3、2、1，每個選項依此做分數加總。

表9-14　2013 IEAT調查樣本企業認為「最應洽簽自由貿易協定」貿易地區分析

排名	貿易地區	❶ 第一順位		❷ 第二順位		❸ 第三順位		❹ 第四順位		❺ 第五順位		整體評價
		次數	百分比	次數	百分比	次數	百分比	次數	百分比	次數	百分比	
1	美　　國	315	20.85%	207	12.84%	146	10.15%	131	9.70%	98	6.75%	3,201
2	新 加 坡	215	14.23%	188	11.66%	198	13.77%	87	6.44%	55	3.79%	2,650
3	日　　本	128	8.47%	178	11.04%	103	7.16%	111	8.22%	98	6.75%	1,981
4	馬來西亞	104	6.88%	154	9.55%	101	7.02%	116	8.59%	68	4.68%	1,739
5	澳　　洲	85	5.63%	74	4.59%	84	5.84%	117	8.67%	83	5.72%	1,290
6	泰　　國	86	5.69%	99	6.14%	76	5.29%	68	5.04%	86	5.92%	1,276
7	土 耳 其	68	4.50%	54	3.35%	118	8.21%	69	5.11%	121	8.33%	1,169
8	紐 西 蘭	50	3.31%	84	5.21%	103	7.16%	76	5.63%	115	7.92%	1,162
9	墨 西 哥	18	1.19%	37	2.30%	88	6.12%	61	4.52%	92	6.34%	716
10	菲 律 賓	48	3.18%	28	1.74%	43	2.99%	84	6.22%	62	4.27%	711
11	印　　尼	51	3.38%	32	1.99%	58	4.03%	29	2.15%	40	2.75%	655
12	印　　度	46	3.04%	30	1.86%	54	3.76%	22	1.63%	32	2.20%	588
13	越　　南	34	2.25%	22	1.36%	48	3.34%	44	3.26%	57	3.93%	547
14	巴　　西	15	0.99%	21	1.30%	33	2.29%	56	4.15%	25	1.72%	395
15	智　　利	11	0.73%	18	1.12%	26	1.81%	44	3.26%	32	2.20%	325

資料來源：本研究整理

註：順位❶、❷、❸、❹、❺，依序給分5、4、3、2、1，每個選項依此做分數加總。

表9-15 2013 IEAT調查樣本企業認為「最具價值鏈整合優勢」貿易地區分析

排名	貿易地區	❶第一順位 次數	百分比	❷第二順位 次數	百分比	❸第三順位 次數	百分比	❹第四順位 次數	百分比	❺第五順位 次數	百分比	整體評價
1	中國大陸	263	20.00%	104	7.68%	89	6.61%	68	5.51%	55	5.24%	2,189
2	美國	158	12.02%	109	8.05%	81	6.02%	89	7.21%	62	5.90%	1,709
3	加拿大	81	6.16%	84	6.20%	85	6.32%	76	6.16%	44	4.19%	1,192
4	德國	74	5.63%	65	4.80%	62	4.61%	43	3.48%	71	6.76%	973
5	英國	78	5.93%	47	3.47%	69	5.13%	31	2.51%	54	5.14%	901
6	俄羅斯	56	4.26%	32	2.36%	64	4.75%	74	6.00%	82	7.81%	830
7	澳洲	46	3.50%	38	2.81%	54	4.01%	36	2.92%	48	4.57%	664
8	印尼	26	1.98%	33	2.44%	18	1.34%	16	1.30%	18	1.71%	366
9	印度	28	2.13%	24	1.77%	22	1.63%	14	1.13%	11	1.05%	341
10	香港	22	1.67%	21	1.55%	13	0.97%	38	3.08%	22	2.10%	331
11	巴西	26	1.98%	23	1.70%	16	1.19%	12	0.97%	36	3.43%	330
12	南非	18	1.37%	26	1.92%	17	1.26%	25	2.03%	34	3.24%	329
13	沙烏地阿拉伯	15	1.14%	27	1.99%	30	2.23%	18	1.46%	16	1.52%	325
14	日本	19	1.44%	16	1.18%	36	2.67%	11	0.89%	25	2.38%	314
15	阿聯大公國	23	1.75%	19	1.40%	24	1.78%	18	1.46%	14	1.33%	313
16	新加坡	16	1.22%	21	1.55%	22	1.63%	25	2.03%	18	1.71%	298
17	韓國	21	1.60%	23	1.70%	18	1.34%	13	1.05%	16	1.52%	293
18	以色列	9	0.68%	16	1.18%	22	1.63%	35	2.84%	46	4.38%	291
19	越南	11	0.84%	21	1.55%	20	1.49%	32	2.59%	23	2.19%	286
20	捷克	8	0.61%	23	1.70%	15	1.11%	29	2.35%	42	4.00%	277

資料來源：本研究整理

註：順位❶、❷、❸、❹、❺，依序給分5、4、3、2、1，每個選項依此比做分數加總。

表9-16 2013 IEAT調查樣本企業認為「最具資源及原物料競爭優勢」貿易地區分析

排名	貿易地區	❶ 第一順位		❷ 第二順位		❸ 第三順位		❹ 第四順位		❺ 第五順位		整體評價
		次數	百分比	次數	百分比	次數	百分比	次數	百分比	次數	百分比	
1	巴 西	89	11.15%	76	8.94%	45	5.63%	66	8.12%	58	8.23%	1,074
2	印 尼	82	10.28%	65	7.65%	53	6.63%	52	6.40%	40	5.67%	973
3	中 國 大 陸	80	10.03%	42	4.94%	58	7.26%	52	6.40%	64	9.08%	910
4	緬 甸	56	7.02%	42	4.94%	69	8.64%	53	6.52%	33	4.68%	794
5	約 旦	30	3.76%	38	4.47%	52	6.51%	66	8.12%	73	10.35%	663
6	印 度	43	5.39%	56	6.59%	27	3.38%	18	2.21%	33	4.68%	589
7	墨 西 哥	42	5.26%	35	4.12%	33	4.13%	28	3.44%	56	7.94%	561
8	菲 律 賓	26	3.26%	51	6.00%	32	4.01%	23	2.83%	55	7.80%	531
9	土 耳 其	22	2.76%	44	5.18%	27	3.38%	58	7.13%	36	5.11%	519
10	南 非	25	3.13%	18	2.12%	42	5.26%	66	8.12%	51	7.23%	506
11	沙烏地阿拉伯	25	3.13%	42	4.94%	33	4.13%	25	3.08%	38	5.39%	480
12	埃 及	32	4.01%	21	2.47%	16	2.00%	25	3.08%	44	6.24%	386
13	科 威 特	15	1.88%	23	2.71%	44	5.51%	32	3.94%	22	3.12%	385
14	哥 倫 比 亞	16	2.01%	18	2.12%	46	5.76%	33	4.06%	27	3.83%	383
15	秘 魯	12	1.50%	10	1.18%	25	3.13%	18	2.21%	22	3.12%	233

資料來源：本研究整理

註：順位❶、❷、❸、❹、❺，依序給分5、4、3、2、1，每個選項依此做分數加總。

表9-17　2013 IEAT調查樣本企業認為「最具勞動力及製造成本優勢」貿易地區分析

排名	貿易地區	❶ 第一順位		❷ 第二順位		❸ 第三順位		❹ 第四順位		❺ 第五順位		整體評價
		次數	百分比	次數	百分比	次數	百分比	次數	百分比	次數	百分比	
1	印　　度	132	14.49%	125	13.59%	96	11.82%	88	11.01%	54	6.51%	1,678
2	墨 西 哥	117	12.84%	106	11.52%	89	10.96%	82	10.26%	99	11.93%	1,539
3	中國大陸	121	13.28%	104	11.30%	84	10.34%	73	9.14%	69	8.31%	1,488
4	印　　尼	58	6.37%	67	7.28%	73	8.99%	42	5.26%	69	8.31%	930
5	越　　南	46	5.05%	54	5.87%	62	7.64%	68	8.51%	74	8.92%	842
6	巴　　西	35	3.84%	44	4.78%	48	5.91%	36	4.51%	32	3.86%	599
7	菲 律 賓	43	4.72%	28	3.04%	46	5.67%	33	4.13%	38	4.58%	569
8	泰　　國	33	3.62%	38	4.13%	45	5.54%	32	4.01%	25	3.01%	541
9	俄 羅 斯	20	2.20%	35	3.80%	42	5.17%	48	6.01%	24	2.89%	486
10	柬 埔 寨	12	1.32%	22	2.39%	32	3.94%	48	6.01%	50	6.02%	390
11	馬來西亞	28	3.07%	32	3.48%	15	1.85%	21	2.63%	27	3.25%	382
12	巴基斯坦	12	1.32%	15	1.63%	24	2.96%	55	6.88%	70	8.43%	372
13	緬　　甸	14	1.54%	23	2.50%	16	1.97%	32	4.01%	44	5.30%	318
14	阿 根 廷	9	0.99%	21	2.28%	17	2.09%	33	4.13%	18	2.17%	264
15	孟 加 拉	11	1.21%	18	1.96%	15	1.85%	25	3.13%	23	2.77%	245

資料來源：本研究整理

註：順位❶、❷、❸、❹、❺，依序給分5、4、3、2、1，每個選項依此做分數加總。

表9-18 2013 IEAT調查樣本企業認為「最具內銷內貿優勢」貿易地區分析

排名	貿易地區	❶第一順位 次數	百分比	❷第二順位 次數	百分比	❸第三順位 次數	百分比	❹第四順位 次數	百分比	❺第五順位 次數	百分比	整體評價
1	中國大陸	305	22.53%	236	16.11%	155	10.25%	123	9.06%	117	7.59%	3,297
2	印度	145	10.71%	116	7.92%	175	11.57%	69	5.08%	88	5.71%	1,940
3	美國	154	11.37%	142	9.69%	100	6.61%	94	6.92%	83	5.38%	1,909
4	印尼	116	8.57%	111	7.58%	123	8.13%	109	8.03%	84	5.45%	1,695
5	德國	62	4.58%	128	8.74%	105	6.94%	74	5.45%	110	7.13%	1,395
6	日本	53	3.91%	74	5.05%	108	7.14%	63	4.64%	54	3.50%	1,065
7	澳洲	43	3.18%	72	4.91%	51	3.37%	66	4.86%	84	5.45%	872
8	加拿大	33	2.44%	31	2.12%	45	2.98%	76	5.60%	74	4.80%	650
9	英國	43	3.18%	34	2.32%	41	2.71%	52	3.83%	62	4.02%	640
10	土耳其	38	2.81%	43	2.94%	33	2.18%	66	4.86%	44	2.85%	637
11	俄羅斯	36	2.66%	22	1.50%	58	3.84%	42	3.09%	55	3.57%	581
12	墨西哥	22	1.62%	30	2.05%	36	2.38%	39	2.87%	27	1.75%	443
13	法國	25	1.85%	20	1.37%	25	1.65%	43	3.17%	52	3.37%	418
14	西班牙	19	1.40%	24	1.64%	26	1.72%	41	3.02%	36	2.33%	387
15	巴基斯坦	18	1.33%	23	1.57%	19	1.26%	47	3.46%	53	3.44%	386
16	泰國	16	1.18%	32	2.18%	27	1.79%	31	2.28%	29	1.88%	380
17	荷蘭	11	0.81%	23	1.57%	40	2.65%	38	2.80%	16	1.04%	359
18	波蘭	18	1.33%	24	1.64%	42	2.78%	16	1.18%	14	0.91%	358
19	義大利	24	1.77%	24	1.64%	14	0.93%	21	1.55%	43	2.79%	343
20	沙烏地阿拉伯	14	1.03%	17	1.16%	32	2.12%	25	1.84%	27	1.75%	311

資料來源：本研究整理

註：順位❶、❷、❸、❹、❺，依序給分5、4、3、2、1，每個選項依此比做分數加總。

表9-19 2013 IEAT調查樣本企業認為「最具研發創新優勢」貿易地區分析

排名	貿易地區	❶第一順位		❷第二順位		❸第三順位		❹第四順位		❺第五順位		整體評價
		次數	百分比	次數	百分比	次數	百分比	次數	百分比	次數	百分比	
1	美國	134	11.02%	153	11.53%	181	13.92%	102	7.21%	98	6.44%	2,127
2	日本	168	13.82%	155	11.68%	114	8.77%	94	6.64%	83	5.45%	2,073
3	德國	114	9.38%	115	8.67%	136	10.46%	123	8.69%	121	7.95%	1,805
4	荷蘭	86	7.07%	102	7.69%	117	9.00%	86	6.08%	74	4.86%	1,435
5	新加坡	44	3.62%	86	6.48%	74	5.69%	105	7.42%	77	5.06%	1,073
6	韓國	52	4.28%	73	5.50%	82	6.31%	69	4.88%	52	3.42%	988
7	香港	65	5.35%	44	3.32%	60	4.62%	81	5.72%	56	3.68%	899
8	加拿大	43	3.54%	64	4.82%	72	5.54%	57	4.03%	76	4.99%	877
9	英國	48	3.95%	52	3.92%	56	4.31%	36	2.54%	69	4.53%	757
10	法國	36	2.96%	63	4.75%	35	2.69%	33	2.33%	54	3.55%	657
11	澳洲	58	4.77%	42	3.17%	33	2.54%	31	2.19%	28	1.84%	647
12	以色列	30	2.47%	28	2.11%	41	3.15%	33	2.33%	45	2.96%	496
13	沙烏地阿拉伯	16	1.32%	23	1.73%	54	4.15%	31	2.19%	30	1.97%	426
14	紐西蘭	22	1.81%	31	2.34%	40	3.08%	14	0.99%	15	0.99%	397
15	波蘭	25	2.06%	23	1.73%	18	1.38%	20	1.41%	14	0.92%	325
16	俄羅斯	13	1.07%	12	0.90%	27	2.08%	36	2.54%	58	3.81%	324
17	義大利	11	0.90%	15	1.13%	23	1.77%	44	3.11%	37	2.43%	309
18	台灣	18	1.48%	15	1.13%	19	1.46%	32	2.26%	19	1.25%	290
19	西班牙	21	1.73%	16	1.21%	20	1.54%	17	1.20%	11	0.72%	274
20	土耳其	12	0.99%	15	1.13%	18	1.38%	21	1.48%	13	0.85%	229

資料來源：本研究整理

註：順位❶、❷、❸、❹、❺，依序給分5、4、3、2、1，每個選項依此比例分數加總。

表9-20 2013 IEAT調查樣本企業認為「最適發展服務貿易」貿易地區分析

排名	貿易地區	❶ 第一順位 次數	百分比	❷ 第二順位 次數	百分比	❸ 第三順位 次數	百分比	❹ 第四順位 次數	百分比	❺ 第五順位 次數	百分比	整體評價
1	美 國	201	18.27%	142	13.47%	117	10.14%	88	8.42%	85	8.51%	2,185
2	德 國	98	8.91%	132	12.52%	111	9.62%	84	8.04%	101	10.11%	1,620
3	中國大陸	106	9.64%	113	10.72%	75	6.50%	114	10.91%	103	10.31%	1,538
4	英 國	115	10.45%	105	9.96%	86	7.45%	90	8.61%	77	7.71%	1,510
5	法 國	76	6.91%	106	10.06%	118	10.23%	110	10.53%	91	9.11%	1,469
6	日 本	66	6.00%	85	8.06%	104	9.01%	99	9.47%	84	8.41%	1,264
7	新 加 坡	69	6.27%	89	8.44%	66	5.72%	50	4.78%	82	8.21%	1,081
8	荷 蘭	45	4.09%	49	4.65%	52	4.51%	35	3.35%	41	4.10%	688
9	西 班 牙	39	3.55%	22	2.09%	53	4.59%	34	3.25%	25	2.50%	535
10	台 灣	22	2.00%	33	3.13%	32	2.77%	21	2.01%	33	3.30%	413
11	韓 國	20	1.82%	25	2.37%	26	2.25%	32	3.06%	36	3.60%	378
12	香 港	24	2.18%	26	2.47%	35	3.03%	21	2.01%	17	1.70%	388
13	加 拿 大	18	1.64%	24	2.28%	28	2.43%	33	3.16%	25	2.50%	361
14	泰 國	16	1.45%	22	2.09%	28	2.43%	36	3.44%	18	1.80%	342
15	義 大 利	12	1.09%	25	2.37%	11	0.95%	16	1.53%	18	1.80%	243

資料來源：本研究整理

註：順位❶、❷、❸、❹、❺，依序給分5、4、3、2、1，每個選項依此比做分數加總。

表9-21 2013 IEAT調查樣本企業認為「最適發展文創貿易」貿易地區分析

排名	貿易地區	❶第一順位 次數	百分比	❷第二順位 次數	百分比	❸第三順位 次數	百分比	❹第四順位 次數	百分比	❺第五順位 次數	百分比	整體評價
1	美　國	111	12.07%	142	14.40%	86	8.13%	101	9.67%	82	7.43%	1,665
2	德　國	95	10.33%	82	8.32%	110	10.40%	84	8.05%	80	7.25%	1,381
3	中國大陸	82	8.91%	118	11.97%	67	6.33%	83	7.95%	74	6.70%	1,323
4	英　國	86	9.35%	78	7.91%	113	10.68%	82	7.85%	66	5.98%	1,311
5	法　國	93	10.11%	84	8.52%	101	9.55%	56	5.36%	43	3.89%	1,259
6	韓　國	58	6.30%	55	5.58%	72	6.81%	71	6.80%	68	6.16%	936
7	日　本	46	5.00%	44	4.46%	50	4.73%	49	4.69%	33	2.99%	687
8	俄羅斯	56	6.09%	43	4.36%	38	3.59%	37	3.54%	45	4.08%	685
9	義大利	38	4.13%	56	5.68%	44	4.16%	35	3.35%	36	3.26%	652
10	台　灣	25	2.72%	36	3.65%	55	5.20%	52	4.98%	66	5.98%	604
11	泰　國	42	4.57%	32	3.25%	26	2.46%	28	2.68%	31	2.81%	503
12	澳　洲	23	2.50%	23	2.33%	44	4.16%	32	3.07%	28	2.54%	431
13	馬來西亞	25	2.72%	26	2.64%	14	1.32%	29	2.78%	35	3.17%	364
14	西班牙	22	2.39%	24	2.43%	18	1.70%	36	3.45%	54	4.89%	386
15	印　度	18	1.96%	12	1.22%	24	2.27%	27	2.59%	31	2.81%	295

資料來源：本研究整理

註：順位❶、❷、❸、❹、❺，依序給分5、4、3、2、1，每個選項依比故分數加總。

表9-22 2013 IEAT調查樣本企業認為「最適發展雲端貿易」貿易地區分析

排名	貿易地區	❶第一順位 次數	百分比	❷第二順位 次數	百分比	❸第三順位 次數	百分比	❹第四順位 次數	百分比	❺第五順位 次數	百分比	整體評價
1	美 國	144	15.14%	125	14.99%	109	11.03%	64	6.74%	57	5.45%	1,732
2	新 加 坡	116	12.20%	107	12.83%	99	10.02%	104	10.95%	85	8.13%	1,598
3	加 拿 大	99	10.41%	83	9.95%	69	6.98%	79	8.32%	54	5.17%	1,246
4	英 國	86	9.04%	79	9.47%	66	6.68%	58	6.11%	45	4.31%	1,105
5	澳 洲	56	5.89%	42	5.04%	69	6.98%	83	8.74%	73	6.99%	894
6	德 國	44	4.63%	35	4.20%	40	4.05%	32	3.37%	29	2.78%	573
7	荷 蘭	38	4.00%	36	4.32%	27	2.73%	58	6.11%	34	3.25%	565
8	香 港	25	2.63%	38	4.56%	44	4.45%	35	3.68%	56	5.36%	535
9	台 灣	25	2.63%	53	6.35%	38	3.85%	17	1.79%	28	2.68%	513
10	日 本	41	4.31%	32	3.84%	30	3.04%	24	2.53%	24	2.30%	495
11	韓 國	33	3.47%	32	3.84%	18	1.82%	36	3.79%	55	5.26%	474
12	以 色 列	27	2.84%	29	3.48%	33	3.34%	38	4.00%	42	4.02%	468
13	法 國	33	3.47%	24	2.88%	18	1.82%	35	3.68%	46	4.40%	431
14	紐 西 蘭	22	2.31%	15	1.80%	36	3.64%	17	1.79%	19	1.82%	331
15	捷 克	15	1.58%	17	2.04%	21	2.13%	16	1.68%	22	2.11%	260

資料來源：本研究整理

註：順位❶、❷、❸、❹、❺，依序給分5、4、3、2、1，每個選項依此做分數加總。

2013 IEAT 50個貿易地區「國家競爭力」剖析

　　2013《IEAT調查報告》有關「國家競爭力」的衡量，主要是由「國家基本條件」與「國際機構評比」兩個部分所構成，其權重分別為50%。

2013 IEAT 國家競爭力衡量構面

　　「國家基本條件」由五大構面17個指標組成，分別為：**(1)基礎條件**：包括總人口、識字率、商品進口、商品出口、服務進口、服務出口；**(2)財政條件**：包括政府財政收入、外匯存底與黃金儲備、政府支出占GDP比重；**(3)投資條件**：包括國內資本形成占GDP比重、累計國外投資金額（FDI）（存量）；**(4)經濟條件**：包括工業占GDP比重、服務業占GDP比重、消費占GDP比重、人均GDP；**(5)就業條件**：包括勞動人口、失業率。2013《IEAT調查報告》列入評估的50個國家基本資料排名，就如表10-1所示，乃是依據上述五大構面17個指標經由百分比換算，再乘以學者專家給予之權重而得，其權重配置為：(1)基礎條件：15％；(2)財政條件：10％；(3)投資條件：30％；(4)經濟條件：30％；(5)就業條件：15％。換言之，評價計算公式為「**國家基本條件競爭力＝（基礎條件×15％）＋（財政條件×10％）＋（投資條件×30％）＋（經濟條件×30％）＋（就業條件×15％）**」。

　　如表10-3所示，在「國家基本條件」中，排名前3依序為中國大陸、日本、美國。在總人口數方面，中國大陸穩居全球第一人口大國，印度僅次中國大陸，成為全球第二大人口國，然而中國社科院人口與勞動經濟研究所所長蔡昉（2012）表

示：「預計2013年前，中國大陸人口紅利即將消失」，此顯示以往擁有勞動力優勢的中國大陸將面臨缺乏勞力人口的困境，促使中國大陸未來經濟前景不確定性增加；而在商品進出口貿易方面，美國依然居冠，中國大陸則排名第2、德國排名第3；服務進出口貿易方面美國為首，其次為德國、英國；政府財政收入方面，美國高居首位，其次為日本、中國大陸；外匯存底方面，中國大陸則以相較第2名的日本三倍之姿位居榜首，為全球外匯存底最多之國家。

　　另外，其他的指標：識字率不足八成的國家有印度、阿聯大公國、柬埔寨、孟加拉、巴基斯坦、埃及、奈及利亞以及安哥拉，其中孟加拉更以54.90％之識字率居末位。在投資條件中，國內資本形成占GDP比重以中國大陸、越南、印度分居前3名；累計國外投資金額存量前三大分別為美國、英國、香港。在經濟條件中，工業占GDP比重以卡達為首，其次為沙烏地阿拉伯、安哥拉，主要是以生產石油為主的國家；服務業占GDP比重前3名分別為香港、美國、法國；消費占GDP比重前3名則為約旦、巴基斯坦、美國，特別的是約旦及巴基斯坦，究其原因是由於兩國近年國民生活素質提升，消費意識抬頭，國內消費力道漸強，導致消費比重偏高的結果；人均GDP指標前3名為卡達、澳洲、科威特，卡達與科威特因擁有豐富的石油資源，而澳洲礦產資源豐富，有「坐在礦車上的國家」之美譽，鋁土、鉛、鎳、銀、鈾、鋅等探明經濟儲量居世界首位。其中，澳洲總理Julia Gillard（2012）表示：「以在2025年躍升全球十大富裕國家為目標」。在就業條件方面，中國大陸及印度挾帶全球人口最多之國家，因此勞動人口相對較高；失業率則是卡達以僅0.40％最低而位居首位。

　　在「國際機構評比」排名前3的國家，如表10-3所示，依序為新加坡、香港及澳洲。「國際機構評比」次級資料係引用七大知名機構定期發布之報告，分別為：(1)美國傳統基金會與華爾街日報（HF）；(2)世界經濟論壇（WEF）；(3)美國商業環境評估公司（BERI）；(4)尼爾森公司（Nielsen）；(5)弗沙爾學會（Fraser Institute）；(6)列格坦（Legatum）；(7)世界銀行（WB）。其中，將七大知名機構與貿易相關排名共計十個指標，列表如10-2所示。

表10-1　2013 IEAT 50個貿易地區「國家基本條件」次級資料

| 國家/地區 | ❶ 基礎條件 | | | | | | ❷ 財政條件 | | | ❸ 投資條件 | | | ❹ 經濟條件 | | | ❺ 就業條件 | | |
| | 總人口 | 識字率 | 商品進口 | 商品出口 | 服務進口 | 服務出口 | 政府財政收入 | 外匯存底與黃金儲備 | 政府支出佔GDP比重 | 國內資本形成佔GDP比重 | 累計國外投資金額(存量) | 工業佔GDP比重 | 服務業佔GDP比重 | 消費佔GDP比重 | 人均GDP | 勞動人口 | 失業率 |
	百萬人	%	十億美元	十億美元	百萬美元	百萬美元	十億美元	十億美元	%	%	百萬美元	%	%	%	美元	百萬人	%
中國大陸	1,343.24	92.20	1,395.10	1,577.82	192.17	170.25	1,646.00	3,236.00	13.07	49.33	711,804	46.80	43.10	48.10	5,241	795.50	6.50
香港	7.15	93.50	441.37	400.69	50.85	106.09	55.53	285.40	8.44	23.71	1,138,365	6.80	93.20	70.68	34,204	3.70	3.40
日本	127.37	99.00	694.05	769.84	155.80	138.88	1,971.00	1,063.00	20.05	20.17	225,787	27.30	71.60	79.14	46,172	65.93	4.60
新加坡	5.35	92.50	310.79	351.87	96.26	112.06	40.53	237.90	10.68	23.83	518,625	26.60	73.40	48.61	49,056	3.24	2.00
韓國	48.86	97.90	425.21	466.38	94.96	86.27	267.90	306.40	15.35	29.15	131,708	39.20	58.20	67.83	23,055	25.10	3.40
越南	91.52	94.00	84.84	72.24	9.77	7.36	32.80	17.67	6.53	38.88	72,778	40.30	37.70	73.04	1,359	46.48	2.30
馬來西亞	29.18	88.70	164.62	198.61	31.97	32.68	49.56	133.60	12.73	21.42	114,555	40.00	48.00	60.77	9,656	11.91	3.10
泰國	67.09	92.60	182.92	195.31	44.59	34.06	66.21	175.10	12.91	26.01	139,735	34.00	52.70	66.64	4,971	39.62	0.70
菲律賓	103.78	92.60	58.47	51.50	11.19	14.36	31.40	75.30	9.72	20.54	27,581	31.50	55.70	81.27	2,371	40.00	7.00
印尼	248.65	90.40	135.32	158.07	25.60	16.21	134.20	110.10	9.06	32.49	173,064	47.20	38.10	65.76	3,492	117.40	6.60
印度	1,205.07	61.00	350.23	219.67	116.14	123.28	196.40	297.90	11.51	34.77	201,724	26.40	56.40	68.69	1,565	487.60	9.80
沙烏地阿拉伯	26.53	86.60	106.86	251.14	51.00	10.35	295.70	541.10	22.52	22.00	186,850	69.10	28.90	56.64	19,806	7.63	10.90
阿聯大公國	5.31	77.90	160.00	220.00	40.91	11.03	113.40	53.59	8.25	25.27	85,406	53.90	45.30	67.69	45,637	4.11	2.40
柬埔寨	14.95	73.60	6.79	5.14	1.08	1.67	2.02	40.69	8.25	17.21	6,850	30.00	40.00	83.56	898	8.80	3.50
科威特	2.64	93.30	22.45	67.01	12.26	7.13	108.30	25.93	16.69	19.09	10,765	47.40	52.30	47.12	62,665	2.24	2.20
以色列	7.59	97.10	61.21	58.39	17.79	24.21	66.60	74.87	18.93	11.04	66,768	31.30	64.90	69.73	32,152	3.20	5.60
阿曼	3.09	81.40	19.97	36.60	6.53	1.76	29.74	14.37	17.57	24.18	15,005	49.50	48.90	52.83	25,258	0.97	15.00
卡達	1.95	96.30	23.24	62.00	7.67	2.83	74.29	16.82	13.53	34.67	30,477	73.00	26.90	35.53	92,965	1.24	0.40
巴林	1.25	94.60	9.80	14.97	1.91	4.05	7.49	4.24	12.37	29.41	15,935	63.60	36.00	47.37	20,191	0.67	15.00
孟加拉	161.08	56.80	27.82	19.19	4.13	1.21	12.67	9.19	5.40	24.89	6,166	28.60	53.00	80.78	721	75.42	5.00
約旦	6.51	92.60	15.56	7.03	4.16	4.78	5.92	12.11	17.39	26.57	23,368	30.80	64.70	93.49	4,806	1.77	12.30
巴基斯坦	190.29	54.90	37.81	21.41	6.48	2.95	26.30	18.09	15.37	7.95	21,876	25.80	53.30	90.48	1,184	58.41	5.60
緬甸	54.58	89.90	4.80	8.74	0.76	0.33	2.02	3.93	3.86	23.00	9,123	18.20	43.60	73.29	1,119	32.53	5.50
美國	313.85	99.00	1,969.18	1,278.26	367.02	522.51	2,303.00	148.00	17.42	15.17	3,509,359	19.20	79.60	88.26	47,665	153.60	9.00
加拿大	34.30	99.00	402.50	387.91	89.96	67.43	660.20	65.82	21.76	22.20	595,002	27.10	71.00	79.66	50,535	18.67	7.50
巴西	199.32	88.60	191.49	201.92	59.75	30.29	978.30	352.00	21.17	19.25	669,670	27.50	67.00	81.74	12,276	104.70	6.00
阿根廷	42.19	97.20	56.05	68.13	13.77	12.93	105.80	46.35	14.92	24.46	95,148	30.70	59.20	72.23	10,989	16.76	7.20

表10-1 2013 IEAT 50個貿易地區「國家基本條件」次級資料（續）

國家/地區	❶基礎條件						❷財政條件			❸投資條件		❹經濟條件				❺就業條件	
	總人口	識字率	商品進口	商品出口	服務進口	服務出口	政府財政收入	外匯存底與黃金儲備	政府支出佔GDP比重	國內資本形成佔GDP比重	累計國外投資金額(存量)	工業佔GDP比重	服務業佔GDP比重	消費佔GDP比重	人均GDP	勞動人口	失業率
	百萬人	%	十億美元	十億美元	百萬美元	百萬美元	十億美元	十億美元	%	%	百萬美元	%	%	%	美元	百萬人	%
智利	17.07	95.70	58.96	71.03	11.57	10.69	55.53	41.94	13.07	22.43	158,102	41.80	53.10	70.39	13,554	8.10	6.60
墨西哥	114.98	86.10	310.21	298.31	21.82	14.94	263.20	149.30	11.66	25.21	302,309	34.20	62.00	76.50	10,026	49.17	5.20
哥倫比亞	45.24	90.40	40.68	39.82	7.89	4.36	89.94	31.01	16.23	23.17	95,668	37.60	55.50	79.02	7,100	22.45	10.80
秘魯	29.55	92.90	30.13	35.57	5.84	3.82	3.58	48.93	9.51	26.40	51,208	38.00	54.00	70.18	6,143	15.90	7.90
德國	81.47	99.00	1,054.81	1,258.92	262.42	233.11	1,551.00	238.90	19.73	17.34	713,706	28.60	70.60	77.19	43,473	43.62	6.00
荷蘭	16.73	99.00	516.41	574.25	105.51	115.56	381.30	51.27	28.48	18.68	589,051	24.20	73.10	73.86	50,355	7.81	4.40
英國	63.05	99.00	561.53	406.70	160.19	246.44	986.50	94.54	23.18	15.40	1,198,870	21.40	77.80	87.49	38,430	31.73	8.10
西班牙	47.04	97.90	327.02	254.42	86.66	122.30	545.20	47.10	20.78	22.99	634,532	25.80	71.00	79.17	32,461	23.10	21.70
匈牙利	9.96	99.00	88.18	95.48	15.37	19.30	74.03	48.84	21.83	18.40	84,447	31.30	65.00	75.10	14,037	4.27	10.90
義大利	61.26	98.40	487.05	447.30	108.65	97.63	1,025.00	173.30	21.22	20.19	332,664	24.70	73.40	81.58	36,025	25.08	8.40
波蘭	38.42	99.50	178.05	159.72	29.50	32.73	96.24	97.87	18.88	20.95	197,538	33.60	63.00	80.26	13,412	17.85	12.40
法國	65.63	99.00	609.65	523.46	131.42	144.42	1,386.00	171.90	24.83	19.35	963,792	18.80	79.40	82.99	42,707	29.61	9.30
土耳其	79.75	87.40	185.54	113.88	18.33	33.92	176.70	88.21	14.27	19.93	140,305	28.10	62.60	85.59	10,579	27.43	9.80
俄羅斯	142.52	99.60	248.74	400.42	72.28	44.61	382.80	498.60	19.45	22.84	457,474	36.90	58.60	71.36	12,890	75.41	6.60
捷克	10.18	99.00	126.65	132.98	16.89	20.89	51.45	40.29	21.40	25.09	125,245	38.10	60.30	71.72	20,444	5.41	8.50
斯洛伐克	5.48	99.60	65.03	64.66	6.77	5.81	32.53	2.46	19.56	23.39	51,293	35.50	60.70	77.91	17,576	2.71	13.50
澳洲	22.02	99.00	201.64	212.63	50.23	46.87	473.20	46.80	18.33	27.63	499,663	24.60	71.40	71.07	67,400	12.05	5.10
紐西蘭	4.33	99.00	30.62	31.40	9.23	8.91	60.90	17.01	20.43	19.63	73,917	24.50	70.70	78.60	36,810	2.36	6.50
南非	48.81	86.40	94.23	80.89	18.02	13.62	102.8	48.87	21.54	19.27	129,890	31.60	65.90	80.71	8,082	17.66	24.90
埃及	83.69	72.00	52.92	26.44	12.99	23.62	44.69	17.66	11.16	18.09	72,612	37.60	47.60	85.89	2,810	27.74	12.20
奈及利亞	170.12	61.30	44.24	82.00	20.16	2.61	23.05	35.21	14.46	13.59	69,242	33.60	31.00	73.92	1,461	52.16	21.00
安哥拉	18.06	70.10	18.34	50.60	16.03	0.86	42.86	28.35	30.16	10.28	6,273	65.80	24.60	75.53	5,148	8.24	25.00
台灣	23.23	96.10	251.24	274.60	37.12	40.10	75.31	390.60	12.19	22.63	56,154	32.00	66.90	70.18	20,089	11.20	4.40

資料來源：
[1] 美國中央情報局（CIA）：總人口數、識字率、商品進出口值、外匯存底、工業占GDP比重、服務業占GDP比重、勞動人口、失業率。
[2] 聯合國貿易暨發展會議（UNCTAD）：累計國外直接投資金額（FDI）（1980至2011年）、政府支出占GDP比重、國內資本形成占GDP比重、消費占GDP比重、人均GDP。
[3] 世界貿易組織（WTO）：商品進出口值、服務進出口值。

表10-2　2013 IEAT 50個貿易地區「國際機構評比」排名次級資料

國家	美國傳統基金會(HF) 經濟自由度指標排名 2012	世界經濟論壇(WEF) 貿易便利度排名 2012	世界經濟論壇(WEF) 全球競爭力指數排名 2012-2013	美國商業環境評估公司(BERI) 投資環境 2012-II	尼爾森公司(Nielsen) 消費者信心指數 2012-Q2	弗沙爾學會(Fraser Institute) 世界經濟自由年度報告 2012	列格坦(Legatum) 全球繁榮指數排行 2012	世界銀行(The World Bank) 國際物流績效排名 2012	世界銀行(The World Bank) 全球經商環境排名 2013	世界銀行(The World Bank) 知識經濟指數排名 2012
中 國 大 陸	138	58	29	14	8	107	52	26	91	84
香　　　港	1	2	9	50	9	1	19	2	2	18
日　　　本	22	18	10	15	49	20	21	8	24	22
新　加　坡	2	1	2	1	18	2	16	1	1	23
韓　　　國	31	34	19	17	51	37	24	21	8	29
越　　　南	136	68	75	30	16	96	62	53	99	104
馬 來 西 亞	53	24	25	15	5	71	43	29	12	48
泰　　　國	60	57	38	29	10	87	45	38	18	66
菲　律　賓	107	72	65	27	3	61	66	52	138	92
印　　　尼	115	58	50	30	1	76	70	59	128	108
印　　　度	123	100	59	33	2	111	91	46	132	110
沙烏地阿拉伯	74	27	18	17	4	65	49	37	22	50
阿 聯 大 公 國	35	19	24	50	6	11	27	17	26	42
柬　埔　寨	102	102	85	50	56	58	94	101	133	132
科　威　特	71	68	37	50	56	19	35	70	82	64
以　色　列	48	28	26	50	23	52	38	155	38	25
阿　　　曼	47	25	32	50	56	20	110	62	47	47
卡　　　達	25	32	11	50	56	17	110	33	40	54
巴　　　林	12	30	35	50	56	7	110	48	42	43

表10-2　2013 IEAT 50個貿易地區「國際機構評比」排名次級資料（續）

國家	美國傳統基金會 (HF) 經濟自由度指標排名 2012	世界經濟論壇 (WEF) 貿易便利度排名 2012	世界經濟論壇 (WEF) 全球競爭力指數排名 2012-2013	美國商業環境評估公司 (BERI) 投資環境 2012-II	尼爾森公司 (Nielsen) 消費者信心指數 2012-Q2	弗沙爾學會 (Fraser Institute) 世界經濟自由年度報告 2012	列格坦 (Legatum) 全球繁榮指數排行 2012	世界銀行 (The World Bank) 國際物流績效排名 2012	世界銀行 (The World Bank) 全球經商環境排名 2013	世界銀行 (The World Bank) 知識經濟指數排名 2012
孟加拉	130	109	118	50	56	109	95	155	129	137
約旦	32	42	64	50	56	23	65	102	106	75
巴基斯坦	122	112	124	49	24	111	107	71	107	117
緬甸	173	132	144	50	56	143	110	129	185	145
美國	10	23	7	12	28	18	10	9	4	12
加拿大	6	9	14	8	19	5	6	14	17	7
巴西	99	84	48	37	7	105	42	45	130	60
阿根廷	158	98	94	41	31	127	39	49	124	63
智利	7	14	33	22	17	10	31	39	37	40
墨西哥	54	65	53	46	33	97	53	47	48	72
哥倫比亞	45	91	69	37	13	97	61	64	45	76
秘魯	42	53	61	37	12	24	68	60	43	74
德國	26	13	6	5	27	31	15	4	20	8
荷蘭	17	7	5	6	34	37	9	5	31	2
英國	14	11	8	23	38	12	13	10	7	14
西班牙	36	31	36	27	50	34	23	20	44	21
匈牙利	49	47	60	33	56	64	36	40	54	27
義大利	92	50	42	33	54	83	30	24	73	30
波蘭	64	48	41	33	44	48	28	30	55	37

表10-2　2013 IEAT 50個貿易地區「國際機構評比」排名次級資料（續）

國　家	美國傳統基金會(HF) 經濟自由度指標排名	世界經濟論壇(WEF) 貿易便利度排名	世界經濟論壇(WEF) 全球競爭力指數排名	美國商業環境評估公司(BERI) 投資環境	尼爾森公司(Nielsen) 消費者信心指數	弗沙爾學會(Fraser Institute) 世界經濟自由年度報告	列格坦(Legatum) 全球繁榮指數排行	世界銀行(The World Bank) 國際物流績效排名	世界銀行(The World Bank) 全球經商環境排名	世界銀行(The World Bank) 知識經濟指數排名
	2012	2012	2012-2013	2012-II	2012-Q2	2012	2012	2012	2013	2012
法　國	67	20	21	20	48	47	18	12	34	24
土耳其	73	62	43	37	30	75	75	27	71	69
俄羅斯	144	112	67	25	29	95	59	95	112	55
捷　克	51	55	71	50	56	33	32	51	46	33
斯洛伐克	30	41	39	26	40	58	26	44	65	26
澳　洲	3	17	20	20	21	5	3	18	10	17
紐西蘭	4	5	23	50	22	3	4	31	3	6
南　非	70	63	52	30	37	85	69	23	39	67
埃　及	100	90	107	47	11	99	89	57	109	97
奈及利亞	116	123	115	50	56	120	104	121	131	119
安哥拉	160	127	144	50	56	140	110	138	172	143
台　灣	18	29	13	4	39	15	20	19	16	13

資料來源：
[1] HF《2012 Index of Economic Freedom》
[2] WEF《The Global Enabling Trade Report 2012》
[3] WEF《Global Competitiveness Report 2012-2013》
[4] BERI《Historical Ratings Research Package 2012》
[5] Nielsen《Global Consumer Confidence Survey Q2,2012》
[6] Fraser Institute《Economic Freedom of the World：2012Annual Report》
[7] Legatum「The 2012 Legatum Prosperity Index」
[8] WB「Logistics Performance Index：LPI（2012）」
[9] WB《Doing Business 2013》
[10] WB「Knowledge Economy index：KEI（2012）」

註：[1] 未列入各機構排名之國家，即以調查樣本國家總數之最後一名為其名次。
　　[2] BERI每年公佈三次報告，「2012-II」代表2012年第二次報告。

🔵 2013IEAT 國家競爭力排名

如表10-3所示，2013《IEAT調查報告》之「國家競爭力」排名，是依據「國家基本條件」與「國際機構評比」各占50％權重計算而得。**「國家競爭力」**前**10**名依序為：**(1)美國；(2)澳洲；(3)新加坡；(4)日本；(5)香港；(6)加拿大；(7)德國；(8)英國；(9)韓國；(10)法國。**

美國的商品進出口貿易、服務進出口貿易、財政收入及累計國外投資金額存量皆居50個評選貿易地區之冠，故在整體「國家基本條件」排名中表現良好，排名第3，評分為75.058分；在「國際機構評比」中，美國排名第5，評分為92.914分。綜上兩個排名分數，因此在「國家競爭力」排名為第1名。**澳洲**雖在整體「國家基本條件」排名中僅為第6名，評分為72.250分；但在「國際機構評比」中被評為94.782分，排名第3。因此，澳洲的「國家競爭力」在分數加權之後以83.516分排名第2。**新加坡**在整體「國家基本條件」評分為66.916分，排名稍顯落後僅為第17名，但在「國際機構評比」中被評為99.000分，排名第1。因此，加權之後得分82.958分，在「國家競爭力」排名第3名。

此外，由於台灣與中國大陸兩岸貿易關係密切，加上2010年兩岸簽署ECFA生效，因而後續效應有助於台灣提高競爭力。**台灣**的國家競爭力名次較2012年上升四名來到第11名，分數較2012年提升至75.642分，雖在「國家基本條件」以60.239分僅排名在第25位，但在「國際機構評比」排名第7位，評分為91.046分，除領先同為亞洲的韓國和日本，在國家競爭力排名位居亞洲國家第5位；而中國大陸則在50個貿易地區中，「國家基本條件」方面以76.146分奪下第1名，然而在「國際機構評比」的表現並不如前述亮眼。因此，中國大陸的「國家競爭力」在分數加權之後以68.140分排名第20名。

表10-3 2013 IEAT 50個貿易地區「國家競爭力」排名

國家／地區	國家基本條件		國際機構評比		2013 IEAT 國家競爭力	排名		
	評分	排名	評分	排名		2013	2012	2011
美　　　國	75.058	3	92.914	5	83.986	1	1	1
澳　　　洲	72.250	6	94.782	3	83.516	2	4	5
新　加　坡	66.916	17	99.000	1	82.958	3	3	3
日　　　本	75.582	2	89.359	9	82.470	4	7	7
香　　　港	68.220	14	96.288	2	82.254	5	9	10
加　拿　大	71.981	8	92.191	6	82.086	6	2	2
德　　　國	73.056	5	90.503	8	81.780	7	5	4
英　　　國	72.022	7	88.214	10	80.118	8	6	6
韓　　　國	71.941	9	84.598	12	78.270	9	11	11
法　　　國	73.110	4	81.585	14	77.348	10	10	9
台　　　灣	**60.239**	**25**	**91.046**	**7**	**75.642**	**11**	**15**	**14**
西　班　牙	68.193	15	82.489	13	75.341	12	12	12
荷　　　蘭	67.776	16	81.163	15	74.470	13	8	8
阿聯大公國	61.300	23	87.008	11	74.154	14	14	19
紐　西　蘭	52.648	35	93.878	4	73.263	15	13	-
墨　西　哥	69.859	13	67.846	31	68.852	16	23	20
智　　　利	56.746	30	80.741	16	68.744	17	17	22
義　大　利	69.953	12	67.364	32	68.658	18	19	13
波　　　蘭	62.496	21	74.474	21	68.485	19	24	21
中　國　大　陸	76.146	1	60.133	36	68.140	20	18	16
馬　來　西　亞	56.356	31	79.295	18	67.826	21	20	18
泰　　　國	64.726	20	70.919	27	67.823	22	16	15
沙烏地阿拉伯	58.116	27	77.367	19	67.742	23	21	23
捷　　　克	61.515	22	72.365	25	66.940	24	-	-
卡　　　達	56.961	29	73.691	23	65.326	25	27	26
斯　洛　伐　克	52.191	37	75.860	20	64.026	26	-	-

表10-3 2013 IEAT 50個貿易地區「國家競爭力」排名（續）

國家／地區	國家基本條件		國際機構評比		2013 IEAT 國家競爭力	排名		
	評分	排名	評分	排名		2013	2012	2011
匈 牙 利	52.769	34	74.233	22	63.501	27	25	24
巴 西	70.047	11	56.939	38	63.493	28	28	28
巴 林	45.299	44	79.898	17	62.598	29	30	27
秘 魯	52.030	38	73.149	24	62.589	30	-	-
土 耳 其	59.540	26	64.773	34	62.156	31	29	29
印 尼	64.941	19	56.698	39	60.820	32	33	33
南 非	55.402	33	65.797	33	60.600	33	26	25
以 色 列	49.934	40	70.919	27	60.427	34	22	17
俄 羅 斯	70.947	10	49.648	42	60.297	35	32	31
約 旦	50.404	39	67.906	30	59.155	36	37	-
科 威 特	48.980	42	68.750	29	58.865	37	31	30
哥 倫 比 亞	55.913	32	61.278	35	58.595	38	-	-
阿 曼	44.990	46	72.064	26	58.527	39	35	35
印 度	65.895	18	47.840	44	56.868	40	34	32
越 南	60.561	24	52.841	40	56.701	41	36	34
菲 律 賓	52.245	36	58.325	37	55.285	42	40	38
阿 根 廷	57.673	28	50.913	41	54.293	43	38	36
埃 及	48.362	43	48.623	43	48.493	44	39	37
孟 加 拉	49.746	41	44.526	47	47.136	45	42	40
巴 基 斯 坦	45.218	45	45.188	45	45.203	46	43	-
柬 埔 寨	39.387	49	44.646	46	42.017	47	45	42
奈 及 利 亞	43.525	47	32.353	49	37.939	48	44	41
緬 甸	41.792	48	33.137	48	37.464	49	-	-
安 哥 拉	39.011	50	20.000	50	29.506	50	46	-

資料來源：本研究整理

2013 IEAT 50個貿易地區「貿易自由度」剖析

　　2013《IEAT調查報告》有關「四度」的衡量係經由2,286份有效問卷的評估，採取1到5分的評價，「非常滿意」給予5分評價、「滿意」為4分、「尚可」則為3分、「不滿意」評價為2分、「非常不滿意」則給予1分的評價。評分越高代表滿意度越高，而評分越低則代表越不滿意。其中，有關「貿易自由度」衡量乃是由四個構面及19個細項指標所構成，四構面分別為：❶數量限制；❷價格限制；❸法規限制；❹政府限制，並由四個構面的評分，分別乘以專家給予四個構面之權重而得。關於「貿易自由度」四個構面的權重分別為：數量限制15％、價格限制20％、法規限制35％、政府限制30％，計算公式為「**貿易自由度＝（數量限制×15%）＋（價格限制×20%）＋（法規限制×35%）＋（政府限制×30%）**」。

貿易自由度細項評估指標分析

　　根據表11-1顯示，2013《IEAT調查報告》回收2,286份有效問卷中，衡量貿易自由度的19個細項指標，評價最佳的前五項指標排名分別為：(1)實施產品及產地標示規範的滿意程度（3.207分）；(2)實施進出口數量限制的滿意程度（3.148分）；(3)對不同國家採取差別關稅待遇的程度（3.101分）；(4)對於原產地證明規定不合理要求（3.083分）；(5)對於地區實施禁止產品進出口規定（3.080分）。

　　此外，貿易自由度評價最差的前五項細項指標分別為：(1)政府採取反傾銷措施干預自由市場的程度（2.970分）；(2)規定聘僱當地員工以保護就業的程度（2.977

分）；(3)檢驗報告未相互認證造成不便的程度（3.002分）；(4)資金融通及利潤匯出限制規範的程度（3.003分）；(5)對於入境簽證效期太短的程度（3.052分）。由此可知，「政府採取反傾銷措施干預自由市場」為整體貿易自由度19項評估指標中最不滿意的項目，各國為保護當地企業紛紛實施反傾銷關稅，形成貿易障礙；另「政府採取反傾銷措施干預自由市場」與「規定聘僱當地員工以保護就業」分數均未滿分，未達尚可標準，有鑑於此，企業進行跨國貿易前，須事先了解出口國相關法規以保障企業發展，同時藉由提升企業競爭力，以因應貿易障礙所帶來的衝擊。

表11-1　2013 IEAT「貿易自由度」細項評估指標排名

構面	細項評估指標	評分	排序
數量限制	❶ 該國或該地區實施**進出口數量限制**的滿意程度	3.148	**2**
	❷ 該國或該地區實施**禁止產品進出口規定**的程度	3.080	**5**
	構面平均值	**3.114**	—
價格限制	❶ 該國或該地區對不同國家採取**差別關稅待遇**的程度	3.101	**3**
	❷ 該貿易地區對於**課徵關稅**的滿意程度	3.024	**11**
	❸ 該貿易地區對於**反傾銷稅制度**的滿意程度	3.064	**6**
	❹ 該貿易地區對於**平衡稅措施**的滿意程度	3.016	**14**
	❺ 該貿易地區對於**關稅配額**的滿意程度	3.023	**12**
	構面平均值	**3.046**	—
法規限制	❶ 該貿易地區對於**貿易法規限制**的滿意程度	3.017	**13**
	❷ 該貿易地區對於**原產地證明規定不合理要求**的程度	3.083	**4**
	❸ 該國或該地區**檢驗報告未相互認證**造成不便的程度	3.002	**17**
	❹ 該國或該地區實施**產品包裝規範**的滿意程度	3.040	**10**
	❺ 該國或該地區實施**產品及產地標示規範**的滿意程度	3.207	**1**
	❻ 該國或該地區**資金融通及利潤匯出限制規範**的程度	3.003	**16**
	❼ 該國或該地區**入境簽證效期太短**的程度	3.013	**15**
	構面平均值	**3.052**	—

表11-1 2013 IEAT「貿易自由度」細項評估指標排名（續）

構面	細項評估指標	評分	排序
政府限制	❶ 該國或該地區政府採取反傾銷措施干預自由市場的程度	2.970	19
	❷ 該國或該地區對於當地企業補貼造成不公平待遇的程度	3.040	9
	❸ 該國或該地區透過政府採購政策干預貿易自由的程度	3.052	8
	❹ 該國或該地區透過政府法令獨佔特定產業的程度	3.058	7
	❺ 該國或該地區規定聘僱當地員工以保護就業的程度	2.977	18
	構面平均值	3.019	－
貿易自由度	四項構面平均值	3.058	－

資料來源：本研究整理

就貿易自由度評估構面結果分析，各構面排名依次為：(1)數量限制為3.114分；(2)法規限制為3.052分；(3)價格限制為3.046分；(4)政府限制為3.019分，而2013《IEAT調查報告》四項構面平均分數（3.058）相較於2012《IEAT調查報告》四項構面平均分數（3.043），顯示台灣貿易業者對50個貿易地區貿易自由度整體構面平均評價呈現上升的趨勢。

50個貿易地區貿易自由度排名分析

2013《IEAT調查報告》根據評估的50個重要暨新興市場進行貿易自由度的分析，其結果如表11-2顯示，茲就分析內容剖析如下：

1.貿易自由度評價最佳前十個貿易地區：評價較佳前十個貿易地區分別為：**(1)新加坡；(2)加拿大；(3)澳洲；(4)香港；(5)英國；(6)德國；(7)台灣；(8)紐西蘭；(9)卡達；(10)馬來西亞**。值得注意的是，中東地區的卡達已連續在2012、2013年列入貿易自由度前十之列，顯示卡達的貿易自由程度正逐漸改善，同時亦將貿易自由化視為經濟發展動能之一，除此之外，卡達積極與中東地區簽訂簡化關稅制度，以利區域貿易自由化，在中東地區國家中備

受肯定。另外，根據永安會計師事務所（Emst & Young）公布《2012年歐洲投資吸引力報告》（2012）指出：「儘管受到歐債危機影響，但仍受到投資者青睞，在2011年就業機會增加43％，更有60％國際業務經理看好德國的經商環境吸引力」，其主要認為，德國具備完善的基礎建設、高素質的人力資本，除此之外，當地政府放寬貿易關稅，建立完善的自由貿易政策，具有高度對外開放的貿易環境。另外根據美國卡都研究機構（CATO Institute）公布《2012年世界經濟自由度報告》（2012）指出：「在全球經濟自由度國家排名當中，紐西蘭位居第3名」，該國具有高度的商業自由、清廉政府及勞工自由程度，不僅於此，亦建構完善的智慧財產權制度與有效之經貿法制環境，展現高度政策透明度，讓紐西蘭持續成為貿易自由度高的地區。

2.**貿易自由度評價倒數前十個貿易地區**：評價倒數的前十個貿易地區分別為：**(1)巴基斯坦；(2)埃及；(3)孟加拉；(4)阿根廷；(5)巴林；(6)柬埔寨；(7)緬甸；(8)智利；(9)科威特；(10)匈牙利**。根據弗沙爾學會（Fraser Institute）及自由研究所（Liberales Institute）共同發布《2012全球自由指數排名》指出：「巴基斯坦列為自由度最低之前五個地區之一」，主因巴基斯坦目前還存在安全形勢複雜多變，以及犯罪問題頻繁導致整體貿易環境不穩定等問題，不僅於此，該國政局動盪不安，整體經濟情勢受到外界影響甚大，導致債務風險及銀行信用等級的變化。美國夏威夷東西方中心資深研究員吳康（2012）表示：「伊朗具有不穩定的政治情勢，再加上宗教因素，導致經貿政策環境不透明」。另外根據聯合國發布《全球性社會危機──2011年度世界社會狀況報告》（2013）指出：「巴林、埃及兩地區潛藏資源及政治風險，將影響兩國吸引外資進駐」，在政治危機、生態危機以及社會危機，導致貿易投資條件受到限制，影響外資前往投資意願。根據美國傳統基金會與《華爾街日報》公布《2013年經濟自由度指數》（2012）指出：「全球177個經濟體的經濟自由度排名中，緬甸位居排名末端」，主因目前緬甸政局不穩定，經貿政策以及基礎建設方面尚未完善，阻礙該國貿易自由發展，進而影響外資投資。

表11-2 2013 IEAT 50個貿易地區「貿易自由度」排名

貿易地區	❶數量限制 評分	排名	❷價格限制 評分	排名	❸法規限制 評分	排名	❹政府限制 評分	排名	貿易自由度	2013 排名	2012 排名	2011 排名	2010 排名	2009 排名
新 加 坡	4.035	1	3.977	1	3.638	2	3.647	1	3.768	1	1	2	1	2
加 拿 大	3.875	2	3.840	2	3.646	1	3.520	2	3.682	2	2	5	3	3
澳 洲	3.776	4	3.705	3	3.421	4	3.516	3	3.560	3	3	3	14	10
香 港	3.819	3	3.636	4	3.314	8	3.324	6	3.457	4	5	1	2	1
英 國	3.767	5	3.544	6	3.405	5	3.242	8	3.438	5	6	4	4	5
德 國	3.488	10	3.521	7	3.464	3	3.326	5	3.438	6	13	14	13	8
台 灣	3.523	6	3.414	11	3.380	6	3.343	4	3.398	7	8	11	-	-
紐 西 蘭	3.514	8	3.560	5	3.253	11	3.200	10	3.338	8	17	-	-	-
卡 達	3.364	14	3.448	9	3.343	7	3.195	11	3.323	9	9	6	10	-
馬 來 西 亞	3.500	9	3.379	12	3.262	10	3.260	7	3.320	10	10	12	11	9
阿聯大公國	3.485	11	3.318	13	3.303	9	3.200	10	3.302	11	7	8	18	15
阿 曼	3.400	13	3.417	10	3.239	12	3.141	12	3.270	12	11	9	8	-
法 國	3.515	7	3.500	8	3.189	14	3.082	16	3.268	13	4	15	15	11
美 國	3.344	16	3.276	15	3.183	15	3.207	9	3.233	14	12	10	5	4
沙烏地阿拉伯	3.439	12	3.317	14	3.202	13	3.059	19	3.217	15	14	13	21	19
日 本	3.349	15	3.204	17	3.116	19	3.135	13	3.174	16	15	7	9	7
以 色 列	3.309	17	3.218	16	3.146	17	3.088	15	3.167	17	16	16	6	-

表11-2　2013 IEAT 50個貿易地區「貿易自由度」排名（續）

貿易地區	❶ 數量限制		❷ 價格限制		❸ 法規限制		❹ 政府限制		貿易自由度	2013 排名	2012 排名	2011 排名	2010 排名	2009 排名
	評分	排名	評分	排名	評分	排名	評分	排名						
印　　尼	3.081	24	3.123	19	3.143	18	3.077	17	3.110	18	29	29	31	28
荷　　蘭	3.235	18	3.159	18	3.076	22	2.976	23	3.087	19	19	18	7	13
南　　非	3.108	20	3.065	20	3.093	20	3.065	18	3.081	20	20	20	23	20
墨 西 哥	2.969	29	2.994	22	3.085	21	3.125	14	3.061	21	21	37	30	23
巴　　西	3.090	23	2.979	23	3.154	16	2.974	24	3.056	22	22	31	27	26
越　　南	2.953	32	3.056	21	2.991	27	3.013	20	3.005	23	23	27	34	31
印　　度	3.110	19	2.902	30	3.038	24	2.966	25	3.000	24	26	25	33	32
韓　　國	3.038	26	2.937	26	3.073	23	2.882	37	2.983	25	34	30	25	16
中國大陸	3.092	22	2.970	24	2.972	31	2.934	31	2.978	26	24	17	16	18
埃　　及	3.015	27	2.964	25	2.989	28	2.948	27	2.976	27	28	26	24	-
捷　　克	3.100	21	2.918	28	2.980	30	2.940	30	2.974	28	-	-	-	-
泰　　國	2.900	36	2.920	27	3.037	25	2.943	28	2.965	29	39	33	32	27
約　　旦	3.078	25	3.056	21	2.902	36	2.900	34	2.959	30	18	-	-	-
斯洛伐克	2.887	37	2.858	32	2.981	29	2.987	21	2.944	31	-	-	-	-
土 耳 其	2.957	31	2.891	31	2.883	39	2.983	22	2.925	32	27	22	17	12
義 大 利	3.000	28	2.835	33	2.924	34	2.906	33	2.912	33	30	21	22	17
菲 律 賓	2.806	39	2.813	35	3.014	26	2.858	38	2.896	34	43	41	37	33

表11-2　2013 IEAT 50個貿易地區「貿易自由度」排名（續）

貿易地區	❶數量限制		❷價格限制		❸法規限制		❹政府限制		貿易自由度	2013 排名	2012 排名	2011 排名	2010 排名	2009 排名
	評分	排名	評分	排名	評分	排名	評分	排名						
俄羅斯	2.869	38	2.752	37	2.918	35	2.962	26	2.891	35	31	23	20	21
安哥拉	2.903	35	2.832	34	2.866	40	2.942	29	2.888	36	25	-	-	-
西班牙	2.968	30	2.903	29	2.848	41	2.845	39	2.876	37	35	19	12	6
哥倫比亞	2.800	40	2.767	36	2.938	32	2.893	35	2.870	38	-	-	-	-
秘魯	2.767	44	2.727	40	2.933	33	2.907	32	2.859	39	-	-	-	-
波蘭	2.938	33	2.744	38	2.884	38	2.763	44	2.828	40	32	24	19	14
匈牙利	2.735	45	2.612	42	2.895	37	2.900	34	2.816	41	36	34	28	22
科威特	2.921	34	2.705	41	2.820	42	2.800	43	2.806	42	33	28	26	25
智利	2.788	41	2.727	39	2.779	45	2.885	36	2.802	43	37	32	29	24
緬甸	2.783	42	2.767	36	2.795	44	2.833	40	2.799	44	-	-	-	-
柬埔寨	2.600	48	2.593	43	2.819	43	2.820	42	2.741	45	38	42	38	34
巴林	2.734	46	2.575	45	2.754	47	2.750	45	2.714	46	42	36	-	-
阿根廷	2.603	47	2.506	46	2.777	46	2.824	41	2.711	47	40	35	36	29
孟加拉	2.781	43	2.588	44	2.576	49	2.744	46	2.659	48	41	40	-	-
埃及	2.471	49	2.412	47	2.731	48	2.735	47	2.629	49	44	39	35	30
巴基斯坦	2.129	50	2.355	48	2.419	50	2.406	48	2.359	50	46	-	-	-

資料來源：本研究整理

註：[1] 問卷評分轉換：「非常滿意＝5分」、「滿意＝4分」、「尚可＝3分」、「不滿意＝2分」、「非常不滿意＝1分」。

[2] 貿易自由度＝（數量限制×15%）＋（價格限制×20%）＋（法規限制×35%）＋（政府限制×30%）。

　　根據2013《IEAT調查報告》結果顯示，台灣在貿易自由度排名第7，較2012《IEAT調查報告》貿易自由度排名第8上升一個名次，在「數量限制」（3.523分）、「價格限制」（3.414分）、「法規限制」（3.380分）及「政府限制」（3.343分）四構面名次分別爲第6名、第11名、第6名與第4名，且四構面分數均高於構面平均值，顯示台灣致力推動貿易自由化頗具成效，而根據台灣經濟部工業局（2012）指出：「爲強化台灣外貿成長動能，會更積極推動與主要貿易國洽簽經濟合作協議」，改善貿易經商環境，並且積極建立自由貿易機制，使貿易自由化理念更加落實，以降低國際貿易壁壘衝擊。根據美國傳統基金會（2013）公布《2013年全球經濟自由度排名》指出：「台灣位居第20名，在東亞地區排名位居第5名，領先南韓全球排名的第34名」，主因台灣整體在法律制度及智財權較爲完善，且也有高度的國際貿易自由化環境，使台灣領先日本及南韓等亞洲地區。

全球五大洲貿易自由度排名分析

　　2013《IEAT調查報告》針對全球五大洲進行貿易自由度排名分析，根據表11-3所示，2013貿易自由度評估綜合排名依次爲：(1)大洋洲地區（3.449分）；(2)亞洲地區（3.057分）；(3)美洲地區（3.034分）；(4)歐洲地區（3.033分）；(5)非洲地區（2.893分）。以下說明全球五大洲貿易自由度的評價：

1. **大洋洲地區**：由表11-3顯示，大洋洲在貿易自由度排名上，已連續五年排名第1。主因政治社會穩定、生活環境舒適、水電供應無缺、通信及運輸基礎完善、法制規章健全、研發科技水準高，因此在貿易自由度上獲得較高評價，此外，伴隨政府長期以來致力推動貿易自由化發展之際，積極改善貿易制度，也營造完善的貿易自由環境。

2. **美洲地區**：2013《IEAT調查報告》50個貿易地區，有七個貿易地區屬於美洲，其中以加拿大在50個貿易地區中位列第2名評價最佳。值得注意的是，美國在後金融海嘯復甦情況不如預期，又因美國國債危機影響，進而衝擊全

球經濟成長，導致降低其貿易環境的評價，使其在貿易自由度之排名由2012年第12名下滑至第14名。而同屬美洲市場的墨西哥、巴西、智利、阿根廷則分屬第21、22、43、47名，相較於2012年，墨西哥、巴西排名皆無變化，而智利與阿根廷貿易自由度的排名則呈下滑之勢，其主要原因，除基礎建設尚未完善外，亦包括海關流程問題，導致影響貿易自由化程度。

3. 歐洲地區：由表11-3顯示，歐洲地區貿易自由度排名依次爲：英國、德國、法國、荷蘭、土耳其、義大利、俄羅斯、西班牙、波蘭、匈牙利，其中，德國與英國在貿易自由度中的四項構面，均位列在50個貿易地區中的前十名，而其中以法國退步最多，由2012年的第4名降至2013年的第13名。

4. 亞洲地區：由表11-3顯示，亞洲2013年貿易自由度排名由2012的第4上升至第2，其中亞洲地區四構面分數均在平均值以上。由此可見，全球經濟受到歐債危機影響下，亞洲新興市場成爲全球經濟復甦的動力，其中韓國成長幅度最多，由2012年的第34名上升至2013年的第25名，主因韓國積極對外簽訂自由貿易協定，強力推動全球貿易自由化及走向經濟一體化的形式，帶動亞洲整體貿易成長動力。

5. 非洲地區：2013《IEAT調查報告》50個貿易地區，南非、奈及利亞與埃及同屬非洲地區，其貿易自由度評價分別位居第20、27及49名，由於奈及利亞爲非洲第一大石油生產國，並因近年來國際石油價格波動幅度較大影響，成爲各國重點拓銷市場。除此之外，非洲各國爲迎接全球化挑戰，正積極推動地區經濟一體化，致力改善經貿交流環境、擴大經貿合作，進而降低貿易壁壘以提升貿易自由度。

表11-3 2013 IEAT全球五大洲別「貿易自由度」排名

洲 別	❶ 數量限制		❷ 價格限制		❸ 法規限制		❹ 政府限制		貿易自由度	排名				
	評分	排名	評分	排名	評分	排名	評分	排名		2013	2012	2011	2010	2009
大洋洲	3.645	1	3.633	1	3.337	1	3.358	1	3.449	1	1	1	1	1
亞 洲	3.135	2	3.070	2	3.054	3	3.013	3	3.057	2	4	3	3	4
美 洲	3.029	4	2.977	4	3.062	2	3.042	2	3.034	3	2	4	4	3
歐 洲	3.122	3	3.020	3	3.037	4	2.993	4	3.033	4	3	2	2	2
非 洲	2.874	5	2.818	5	2.920	5	2.923	5	2.893	5	5	5	5	5

資料來源：本研究整理

2013 IEAT 50個貿易地區「貿易便捷度」剖析

　　2013《IEAT調查報告》之「貿易便捷度」剖析，是由四大構面及20個細項指標所構成之衡量，「貿易便捷度」的四大構面分別為：❶市場便捷；❷邊境便捷；❸基建便捷；❹流程便捷，並由四個構面給予評分，分別乘以專家給予四個構面之權重而得，有關「貿易便捷度」四個構面的權重分別為：市場便捷35%、邊境便捷20%、基建便捷20%、流程便捷25%，計算公式為「**貿易便捷度＝（市場便捷×35%）＋（邊境便捷×20%）＋（基建便捷×20%）＋（流程便捷×25%）**」。

🔌 貿易便捷度細項評估指標分析

　　從表12-1中，貿易便捷度的20個細項指標衡量顯示，其中評價名列前五項之細項指標分別為：(1)簡化貿易流程所付出努力的程度（3.360分）；(2)對於開放通關作業時間的適切程度（3.267分）；(3)對於通關文件要求繁瑣的嚴苛程度（3.224分）；(4)通關作業便捷化、透明化與一致性程度（3.178分）；(5)進出口港務通關效率的程度（3.158分）。由上所述，「進出口港務通關效率」躍升為第5名，可知全球貿易逐漸形成區域化之際，競爭更加劇烈，所以各國也越來越重視改善通關效率。

　　此外，在評價位居最後五項之貿易便捷度細項指標為：(1)具檢驗相互承認協定促進貿易便捷的程度（2.900分）；(2)進行轉口貿易輻射範圍的程度（2.967分）；

(3)交通及通訊基礎設施完備的程度（3.034分）；(4)降低通關規費以縮短執行流程的程度（3.050分）；(5)貨物運輸倉儲品質與效率確保的程度（3.057分）。另將貿易便捷度四個評估構面分析結果顯示，其各構面的排名依次為：(1)「市場便捷」為3.164分；(2)「邊境便捷」為3.133分；(3)「流程便捷」為3.114分；(4)「基建便捷」為3.067分。

表12-1　2013 IEAT「貿易便捷度」細項評估指標排名

構面	細項評估指標	評分	排序
市場便捷	❶ 該國或該地區政府對於**通關文件要求繁瑣**的嚴苛程度	3.224	3
	❷ 該國或該地區政府對於**要求貿易文件數量多寡**的程度	3.120	9
	❸ 該國或該地區政府**建立符合國際性通關規範**的程度	3.149	6
	構面平均值	**3.164**	－
邊境便捷	❶ 該國或該地區政府對於**進出口品檢驗與檢疫程序**便捷度	3.082	14
	❷ 該國或該地區**各地通關標準不一致且繁複**的程度	3.106	11
	❸ 該國或該地區政府**通關作業便捷化、透明化與一致性**程度	3.178	4
	❹ 該國或該地區政府對於**開放通關作業時間**的適切程度	3.267	2
	❺ 該國或該地區政府對於**進出口港務通關效率**的程度	3.158	5
	❻ 該國或該地區**海關採取估價原則一致性**的程度	3.088	12
	❼ 該國或該地區**降低通關規費以縮短執行流程**的程度	3.050	17
	構面平均值	**3.133**	－
基建便捷	❶ 該國或該地區政府對於**貿易系統e化**的程度	3.143	8
	❷ 該國或該地區政府對於**線上金融結匯系統健全**的程度	3.059	15
	❸ 該國或該地區對於**貨物運輸倉儲品質與效率確保**的程度	3.057	16
	❹ 該國或該地區對於**貨物裝載即時性與便捷性**的程度	3.144	7
	❺ 該國或該地區**交通及通訊基礎設施完備**的程度	3.034	18
	❻ 該國或該地區**進行轉口貿易輻射範圍**的程度	2.967	19
	構面平均值	**3.067**	－

構面	細項評估指標	評分	排序
流程便捷	❶ 該國或該地區政府對於**簡化貿易流程**所付出努力的程度	3.360	1
	❷ 該國或該地區政府對於**建立貿易資訊單一查詢窗口**程度	3.086	13
	❸ 該國或該地區政府設有**貿易仲裁或申訴制度**的程度	3.110	10
	❹ 該國或該地區**具檢驗相互承認協定促進貿易便捷**的程度	2.900	20
	構面平均值	3.114	－
貿易便捷度	四項構面平均值	3.119	－

資料來源：本研究整理

50個貿易地區貿易便捷度排名分析

2013《IEAT調查報告》根據評估的50個重要暨新興市場進行貿易便捷度的分析，其結果如表12-2顯示，茲就內容剖析如下：

1.貿易便捷度評價最佳前十大貿易地區：評價最佳前十大貿易地區依序為：**(1)新加坡；(2)香港；(3)德國；(4)加拿大；(5)沙烏地阿拉伯；(6)澳洲；(7)美國；(8)台灣；(9)英國；(10)韓國**。尤其新加坡在貿易便捷度獲得3.910分，持續四年蟬聯榜首，除「基建便捷」排名第2名外，另外三個構面皆居於首位。在2012年10月23日，國際金融公司（International Finance Corporation；IFC）及世界銀行（WB）發布《2013全球經商環境報告》顯示：「新加坡在全球經商環境中，排名已經連續七年蟬聯第1名。」此報告進一步敘述新加坡為當地企業家建構友好環境，持續排名全球第1名，便利企業從事貿易活動。此外，世界銀行在報告中更公布：「韓國在全球經商環境排名第八名，而德國為第20名、沙烏地阿拉伯為第22名」，由此可知，在世界銀行調查中的185個國家中，韓國、德國及沙烏地阿拉伯均是表現亮眼的國家，尤其韓國近來積極與各國洽簽FTA，促成雙邊市場的連結，吸引全球布局經營，在2013《IEAT調查報告》有驚人的躍進，「貿易便捷度」從2012年的第25名，迅速邁入10名之巔，位居第10名。而德國及沙烏地阿拉

伯，在市場便捷、邊境便捷、基建便捷及流程便捷，表現均較爲平均。而在德國方面，由於地理位置的優勢，帶來良好的競爭利基，更在基礎建設便捷排名第一的帶動下，在2013《IEAT調查報告》排序第3。而在沙烏地阿拉伯，世界銀行（WB）報告中亦（2012）指出，該國於繳稅、財務登記、用電申請、投資保護等項目評估帶動之下，使沙烏地阿拉伯之貿易經營環境便利，於此同時，在2013《IEAT調查報告》之貿易便捷度亦排名第5名。

2.貿易便捷度評價倒數前十個貿易地區：評價倒數前十個貿易地區依序爲：**(1)柬埔寨**；**(2)孟加拉**；**(3)埃及**；**(4)巴基斯坦**；**(5)巴林**；**(6)緬甸**；**(7)奈及利亞**；**(8)阿根廷**；**(9)秘魯**；**(10)匈牙利**。倒數前10名大部分位於南亞、非洲及南美洲地區，其原因爲當地的基礎建設不完善，且政治紛擾影響貿易便捷條件，及網路e化普及程度較低，以致排名落後。

台灣自從2011年列入評比後，2011年貿易便捷度排名第12名，而在2012年排名前進至第8名，然而2013年未出現成長，維持第8名，在構面數據評分顯示，「邊境便捷」以3.431分位居該構面總排名第6名，「市場便捷」以3.555分位居該構面總排名第7名，「基建便捷」、「流程便捷」分別以3.394分、3.447分位居各構面總排名第9名，亞洲國家中，排名只落後新加坡及香港。根據WEF（2012）指出：「2012年全球貿易便利度排名，台灣位居第29名，雖然超越南韓，但排序持續退步，如2008年爲第21名、2010年爲第28名，到2012年降到第29名」，此報告是以市場進入、運輸與通訊基礎建設等領域進行跨國評比，其結果可知，台灣在過去是讓世界驚豔的亞洲四小龍之首，在基礎建設等方面讓各界稱羨，如今在全球化浪潮演變下，經濟優勢逐漸消失，如在貿易便捷方面能做出調整，將能改善現況。在中國大陸方面，貿易便捷度在2011年排名第18名，2012年一度大幅退步至第32名，於2013年稍稍前進五個名次爲第27名（3.073分），這兩年排名均落於中後段位置，可知仍有改善空間。

表12-2　2013 IEAT 50個貿易地區「貿易便捷度」排名

貿易地區	❶市場便捷 評分	❶市場便捷 排名	❷邊境便捷 評分	❷邊境便捷 排名	❸基建便捷 評分	❸基建便捷 排名	❹流程便捷 評分	❹流程便捷 排名	貿易便捷度	排名 2013	排名 2012	排名 2011	排名 2010	排名 2009
新 加 坡	4.101	1	3.903	1	3.616	2	3.884	1	3.910	1	1	1	1	2
香 港	4.029	2	3.765	2	3.538	3	3.724	2	3.802	2	2	2	2	1
德 國	3.752	4	3.648	3	3.690	1	3.692	3	3.704	3	9	9	9	9
加 拿 大	3.850	3	3.643	4	3.517	4	3.638	4	3.689	4	3	3	4	4
沙烏地阿拉伯	3.667	5	3.533	5	3.496	5	3.494	6	3.563	5	13	13	21	19
澳 洲	3.561	6	3.378	11	3.447	7	3.500	5	3.487	6	5	5	10	6
美 國	3.517	9	3.429	7	3.455	6	3.486	7	3.479	7	7	8	5	5
台 灣	3.555	7	3.431	6	3.394	9	3.447	9	3.471	8	8	12	-	-
英 國	3.550	8	3.405	9	3.364	10	3.477	8	3.466	9	4	4	3	3
韓 國	3.427	11	3.418	8	3.419	8	3.417	10	3.421	10	25	26	19	15
紐 西 蘭	3.486	10	3.392	10	3.338	12	3.400	11	3.416	11	17	-	-	-
阿聯大公國	3.392	13	3.290	13	3.348	11	3.301	13	3.340	12	6	7	8	10
卡 達	3.424	12	3.294	12	3.303	14	3.273	15	3.336	13	12	10	13	-
法 國	3.265	20	3.279	14	3.309	13	3.331	12	3.293	14	14	15	14	11
荷 蘭	3.382	14	3.206	19	3.172	17	3.184	21	3.255	15	24	23	12	14
土 耳 其	3.290	17	3.252	15	3.120	20	3.235	17	3.234	16	18	20	25	20
印 度	3.358	15	3.111	25	3.073	21	3.220	18	3.217	17	19	22	26	16

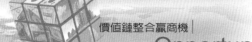

表12-2 2013 IEAT 50個貿易地區「貿易便捷度」排名（續）

貿易地區	❶市場便捷		❷邊境便捷		❸基建便捷		❹流程便捷		貿易便捷度	排名				
	評分	排名	評分	排名	評分	排名	評分	排名		2013	2012	2011	2010	2009
日 本	3.274	18	3.206	18	3.139	19	3.206	19	3.216	18	10	6	6	8
阿 曼	3.171	24	3.167	20	3.186	15	3.286	14	3.202	19	20	14	7	-
斯 洛 伐 克	3.269	19	3.124	24	3.161	18	3.202	20	3.202	20	-	-	-	-
俄 羅 斯	3.214	22	3.145	22	3.179	16	3.244	16	3.201	21	16	11	11	7
以 色 列	3.314	16	3.214	17	3.069	23	3.125	23	3.198	22	15	16	16	-
捷 克	3.211	23	3.238	16	3.061	24	3.135	22	3.167	23	-	-	-	-
印 尼	3.161	25	3.129	23	3.016	27	3.073	24	3.104	24	21	24	36	32
約 旦	3.240	21	3.004	34	2.964	31	3.070	25	3.095	25	22	-	-	-
南 非	3.153	26	3.042	31	3.000	29	3.061	26	3.077	26	11	17	17	13
中 國 大 陸	3.126	28	3.099	26	3.004	28	3.033	29	3.073	27	32	18	24	18
菲 律 賓	3.140	27	3.078	28	3.016	27	3.008	31	3.070	28	41	42	37	34
泰 國	3.010	32	3.148	21	2.929	34	3.057	27	3.033	29	36	28	27	26
波 蘭	3.063	30	2.987	35	3.036	25	2.992	32	3.025	30	27	29	28	28
西 班 牙	3.101	29	2.954	38	2.909	35	3.028	30	3.015	31	28	19	15	21
巴 西	2.889	39	3.067	29	3.026	26	3.038	28	2.989	32	30	32	18	12
馬 來 西 亞	2.925	37	3.086	27	2.996	30	2.944	34	2.976	33	29	25	22	23
越 南	2.896	38	3.013	33	2.938	33	2.891	38	2.926	34	31	27	35	30

表12-2 2013 IEAT 50個貿易地區「貿易便捷度」排名（續）

貿易地區	❶ 市場便捷 評分	排名	❷ 邊境便捷 評分	排名	❸ 基建便捷 評分	排名	❹ 流程便捷 評分	排名	貿易便捷度	排名 2013	2012	2011	2010	2009
科威特	3.035	31	2.913	41	2.754	42	2.921	35	2.926	35	35	31	23	22
墨西哥	2.875	40	3.049	30	2.953	32	2.859	40	2.922	36	33	37	30	24
智利	2.949	34	3.030	32	2.773	41	2.902	37	2.918	37	34	30	32	25
哥倫比亞	2.767	43	2.981	36	3.072	22	2.950	33	2.916	38	-	-	-	-
義大利	2.990	33	2.920	40	2.844	38	2.852	42	2.912	39	26	21	20	17
安哥拉	2.935	36	2.977	37	2.855	37	2.855	41	2.907	40	23	-	-	-
匈牙利	2.941	35	2.920	39	2.721	44	2.904	36	2.884	41	37	34	31	29
秘魯	2.744	45	2.981	36	2.878	36	2.808	44	2.834	42	-	-	-	-
阿根廷	2.765	44	2.794	44	2.789	39	2.860	39	2.799	43	40	40	34	31
奈及利亞	2.808	41	2.805	43	2.697	45	2.750	46	2.771	44	38	35	29	-
緬甸	2.644	48	2.829	42	2.783	40	2.817	43	2.752	45	-	-	-	-
巴林	2.698	46	2.768	46	2.724	43	2.773	45	2.736	46	43	36	-	-
巴基斯坦	2.785	42	2.783	45	2.683	46	2.645	47	2.729	47	42	-	-	-
埃及	2.696	47	2.681	47	2.667	47	2.610	48	2.666	48	44	33	33	27
孟加拉	2.531	49	2.571	48	2.490	48	2.602	49	2.549	49	45	39	-	-
柬埔寨	2.278	50	2.552	49	2.467	49	2.483	50	2.422	50	39	41	38	33

資料來源：本研究整理

全球五大洲貿易便捷度排名分析

從表12-3得知,五大洲2013年貿易便捷度評估綜合排名依序為:(1)大洋洲地區(3.451分);(2)歐洲地區(3.196分);(3)亞洲地區(3.128分);(4)美洲地區(3.068分);(5)非洲地區(2.855分)。茲分述如下:

1. **大洋洲地區**:大洋洲地區以3.451分於全球五大洲貿易便捷度之排名,拔得頭籌,其貿易便捷度下的四個構面,都居於五大洲之首。澳洲與紐西蘭均位於大洋洲,澳洲排名第6名,紐西蘭則排名第11名,且大洋洲在2013《IEAT調查報告》調查國家較為少,所以在各項細項指標平均下來,都有不錯的排名。

2. **歐洲地區**:歐洲地區以3.196分位居第2位,在貿易便捷度四個構面,均排名第2名。歐洲地區的德國,在完善的基礎建設,以及進出口貿易便捷與流程作業方便等因素,使德國2012年至2013年出現大躍進,從第9名一舉前進至第3名。

3. **亞洲地區**:亞洲地區獲得3.128分的評分,居於第3名。在貿易便捷度的四個構面,除了基建便捷排名第4名外,其他的市場便捷、邊境便捷及流程便捷均排名第3名。中國大陸、印度及東協等新興市場迅速崛起,掀起一片投資熱潮,但基礎建設方面存有相當大的進步空間,依然是未來改善重點。

4. **美洲地區**:美洲地區以3.068分之分數,排名第4名。從其國家排名探究結果,得知加拿大與美國在貿易便捷度地區排名,分別位於第4名及第7名,但是阿根廷、哥倫比亞、智利、墨西哥及巴西,則位於第43、38、37、36、32名,以至於美洲地區整體排名落後。

5. **非洲地區**:非洲地區之評分為2.855分,敬陪末座。非洲地區的經濟發展落後、政治動盪、生活條件及欠缺基礎建設等因素影響下,影響貿易活動。在貿易便捷度地區排名方面,唯有南非排名較前,位居於第26名,其他國家均位於40名之後,如安哥拉、奈及利亞及埃及。

表12-3 2013 IEAT全球五大洲別「貿易便捷度」排名

洲　別	❶ 市場便捷		❷ 邊境便捷		❸ 基建便捷		❹ 流程便捷		貿易便捷度	排名				
	評分	排名	評分	排名	評分	排名	評分	排名		2013	2012	2011	2010	2009
大洋洲	3.524	1	3.385	1	3.393	1	3.450	1	3.451	1	1	1	1	1
歐　洲	3.252	2	3.173	2	3.130	2	3.190	2	3.196	2	2	2	2	2
亞　洲	3.174	3	3.138	3	3.056	4	3.112	3	3.128	3	3	3	4	4
美　洲	3.045	4	3.122	4	3.058	3	3.068	4	3.068	4	4	4	3	3
非　洲	2.898	5	2.876	5	2.805	5	2.819	5	2.855	5	5	5	5	5

資料來源：本研究整理

第13章

2013 IEAT 50個貿易地區 「貿易難易度」剖析

　　2013《IEAT調查報告》「貿易難易度」的衡量指標是由四項構面及20個細項所構成，而「貿易難易度」的構面分別爲：❶許可成本；❷資訊成本；❸投資成本；❹經商成本，並透過四項構面的評分，分別乘以專家給予四項構面中的權重而得之。「貿易難易度」四項構面的權重分別爲：許可成本15%、資訊成本15%、投資成本40%、經商成本30%，計算公式爲「**貿易難易度＝（許可成本×15%）＋（資訊成本×15%）＋（投資成本×40%）＋（經商成本×30%）**」。

貿易難易度細項指標評估分析

　　根據表13-1顯示，衡量貿易難易度的20個細項指標裡，評等最優的前五項指標分別爲：(1)取得產品合格證明難易的程度（3.242分）；(2)要求貿易保證金的程度（3.145分）；(3)人員多次進出之許可證取得的程度（3.038分）；(4)企業履行貿易合約的誠信程度（3.024分）；(5)取得貿易許可難易的程度（3.017分）。在20項細項指標評估裡，僅六項指標分數高於滿意尚可的三分以上，其餘14項指標均低於三分。

　　貿易難易度評價最差的五項細項指標分別爲：(1)招募貿易專業人才難易的程度（2.747分）；(2)培育國際經貿專才難易的程度（2.847分）；(3)查詢貿易法規難易的程度（2.887分）；(4)企業取得關鍵性資源的程度（2.888分）；(5)取得當地市場資訊的難易程度（2.890分）。除此之外，就貿易難易度四個評估構面結果顯示，調查結果各構面的排名依次爲：(1)許可成本爲3.029分；(2)經商成本爲2.944分；(3)投資成本爲2.943分；(4)資訊成本爲2.914分。

表13-1　2013 IEAT「貿易難易度」細項評估指標排名

構面	細項評估指標	評分	排序
許可成本	❶ 該國或該地區取得產品合格證明難易的程度	3.242	**1**
	❷ 該國或該地區各項行政規費高且繁瑣的程度	2.965	**10**
	❸ 該國或該地區工作或居留許可證取得困難的程度	2.983	**8**
	❹ 該國或該地區人員多次進出之許可證取得的程度	3.038	**3**
	❺ 該國或該地區取得貿易許可難易的程度	3.017	**5**
	❻ 該國或該地區工業財產權檢查嚴格的程度	2.927	**14**
	構面平均值	**3.029**	－
資訊成本	❶ 該國或該地區貿易業者信用徵信資料可信的程度	2.938	**13**
	❷ 貴公司在該地區取得當地市場資訊的難易程度	2.890	**16**
	構面平均值	**2.914**	－
投資成本	❶ 該國或該地區之企業履行貿易合約的誠信程度	3.024	**4**
	❷ 該國或該地區對智慧財產權保護完備的程度	3.009	**6**
	❸ 該國或該地區取得貿易糾紛申訴管道難易的程度	2.909	**15**
	❹ 該國或該地區查詢貿易法規難易的程度	2.887	**18**
	❺ 該國或該地區企業取得關鍵性資源的程度	2.888	**17**
	構面平均值	**2.943**	－
經商成本	❶ 該國或該地區要求貿易保證金的程度	3.145	**2**
	❷ 該國或該地區貿易過程中銀行結匯佔交易成本的程度	2.979	**9**
	❸ 該國或該地區處理貿易糾紛所產生成本的負擔程度	2.943	**12**
	❹ 該國或該地區徵收貿易相關費用合理的程度	2.960	**11**
	❺ 該國或該地區延誤或限制進出口業務的程度	2.987	**7**
	❻ 該國或該地區招募貿易專業人才難易的程度	2.747	**20**
	❼ 該國或該地區培育國際經貿專才難易的程度	2.847	**19**
	構面平均值	**2.944**	－
貿易難易度	四項構面平均值	**2.958**	－

資料來源：本研究整理

50個貿易地區貿易難易度排名分析

2013《IEAT調查報告》根據評估的50個重要暨新興市場進行貿易難易度的分析，其結果如表13-2顯示，茲就內容剖析如下：

1. **貿易難易度評價最佳前十個貿易地區**：評價最佳前十個貿易地區分別為(1)新加坡；(2)加拿大；(3)澳洲；(4)美國；(5)德國；(6)香港；(7)沙烏地阿拉伯；(8)台灣；(9)阿曼；(10)英國。根據重要暨新興市場貿易難易度分析排名顯示，新加坡保持五連霸成績，貿易難易度評分達3.914分。根據世界銀行（WB）（2012）發布《2012加強連接，應對競爭：全球經濟中的貿易物流》報告表示：「新加坡在世界155個經濟體中物流績效排行為全球第一，在發展交通運輸服務、基礎設施和高效率物流方面均有卓越成績」，在在顯示，新加坡在貿易難易度中「許可成本」、「經商成本」上具有較大優勢。值得注意的是，台灣以3.208分排名第8位，較2012年上升1個名次，其中以「投資成本」構面排名最高（3.239分），排名第8；其次為「資訊成本」構面（3.219分），排名第9；再者為「許可成本」構面（3.214分），排名第9名，最後為「經商成本」構面（3.159分），排名第9。根據《天下雜誌》第508期「韓國15年甩開台灣」內容中，首爾大學經濟系教授李根（2012）表示：「相較於韓國垂直整合的大財團，非常羨慕台灣特殊的產業聚落，上下游都在附近，高度分工的生態體系，中、小企業活動力很強，這是台灣的特色和優勢」。由此可知，台灣政府對中、小企業具高度的扶植，也持續厚植經商環境，在人才培訓、基礎建設、優惠政策等構面，皆具有先進國家水準，也促使台灣在「貿易難易度」攀升至第8名。

2. **貿易難易度評價倒數前十個貿易地區**：評價倒數前十個貿易地區分別為：(1)巴基斯坦；(2)柬埔寨；(3)巴林；(4)孟加拉；(5)阿根廷；(6)緬甸；(7)科威特；(8)埃及；(9)義大利；(10)哥倫比亞。根據中國大陸商務部於2012年10月發布《中國對外貿易形勢報告》表示：「中東地緣政治持續緊張，容易衝擊石油供應，加上國際紛紛祭出貨幣寬鬆政策，投機資本湧入商品市場

表13-2　2013 IEAT 50個貿易地區「貿易難易度」排名

貿易地區	❶ 許可成本 評分	排名	❷ 資訊成本 評分	排名	❸ 投資成本 評分	排名	❹ 經商成本 評分	排名	貿易難易度	排名 2013	2012	2011	2010	2009
新 加 坡	3.916	1	4.083	1	3.936	1	3.801	1	3.914	1	1	1	1	1
加 拿 大	3.567	2	3.813	2	3.715	2	3.482	2	3.638	2	2	4	3	5
澳 洲	3.471	3	3.671	3	3.517	3	3.357	3	3.485	3	3	3	4	3
美 國	3.373	4	3.406	6	3.467	4	3.338	4	3.405	4	4	5	5	4
德 國	3.345	6	3.442	5	3.353	5	3.289	6	3.346	5	8	13	13	9
香 港	3.305	7	3.491	4	3.303	6	3.300	5	3.331	6	6	2	2	2
沙烏地阿拉伯	3.346	5	3.256	8	3.195	10	3.251	7	3.244	7	7	11	10	8
台 灣	3.214	9	3.219	9	3.239	8	3.159	9	3.208	8	9	10	-	-
阿 曼	3.300	8	3.157	10	3.160	12	3.200	8	3.193	9	10	8	7	7
英 國	3.213	10	3.035	14	3.286	7	3.103	10	3.183	10	5	7	8	7
紐 西 蘭	3.176	12	3.271	7	3.206	9	3.029	12	3.158	11	12	-	-	-
馬 來 西 亞	3.129	17	3.038	13	3.170	11	2.994	19	3.091	12	16	20	20	19
阿聯大公國	3.142	16	2.926	20	3.088	14	3.101	11	3.076	13	11	12	16	14
日 本	3.116	18	3.057	11	3.073	15	3.028	13	3.064	14	14	6	6	6
卡 達	3.172	13	2.924	21	3.097	13	3.000	17	3.053	15	18	9	11	-
約 旦	3.167	14	2.969	19	3.006	16	3.022	14	3.030	16	13	-	-	-
法 國	3.110	19	2.986	16	2.975	18	2.992	21	3.002	17	20	15	15	10
印 度	3.037	24	3.049	12	2.932	21	2.962	23	2.974	18	33	28	34	32
以 色 列	3.108	20	2.971	18	2.906	26	2.996	18	2.973	19	15	14	9	-
安 哥 拉	3.151	15	2.919	22	2.884	28	3.005	16	2.965	20	21	-	-	-
土 耳 其	3.076	21	2.848	26	2.917	24	3.022	15	2.962	21	19	19	22	16
荷 蘭	3.029	25	2.882	24	2.953	20	2.971	22	2.959	22	17	16	12	12
南 非	3.189	11	2.770	29	2.914	25	2.992	20	2.957	23	22	18	19	24
越 南	2.969	27	3.000	15	2.975	19	2.857	33	2.942	24	23	31	31	30
捷 克	2.989	26	2.867	25	2.987	17	2.895	27	2.942	25	-	-	-	-
墨 西 哥	2.958	29	2.891	23	2.856	31	2.942	25	2.902	26	26	38	28	21
奈 及 利 亞	2.889	37	2.985	17	2.921	23	2.840	34	2.901	27	24	23	25	-

表13-2 2013 IEAT 50個貿易地區「貿易難易度」排名（續）

貿易地區	❶許可成本		❷資訊成本		❸投資成本		❹經商成本		貿易難易度	排名				
	評分	排名	評分	排名	評分	排名	評分	排名		2013	2012	2011	2010	2009
韓國	3.039	23	2.632	40	2.895	27	2.912	26	2.882	28	29	24	18	11
西班牙	2.925	31	2.758	31	2.923	22	2.866	29	2.881	29	28	21	14	20
中國大陸	2.900	35	2.808	28	2.866	29	2.864	30	2.862	30	30	17	17	13
泰國	2.914	33	2.882	24	2.859	30	2.827	35	2.861	31	35	26	30	17
巴西	3.068	22	2.590	42	2.800	35	2.960	24	2.857	32	27	36	32	15
波蘭	2.958	29	2.813	27	2.854	32	2.777	40	2.840	33	34	22	24	25
俄羅斯	2.889	37	2.726	32	2.810	34	2.891	28	2.833	34	32	25	29	26
智利	2.949	30	2.697	34	2.788	37	2.861	32	2.821	35	31	29	21	24
斯洛伐克	2.914	32	2.758	31	2.817	33	2.788	39	2.814	36	-	-	-	-
菲律賓	2.909	34	2.694	35	2.794	36	2.825	36	2.805	37	37	40	36	33
匈牙利	2.966	28	2.691	36	2.741	40	2.819	37	2.791	38	36	30	27	27
秘魯	2.800	40	2.600	41	2.767	39	2.800	38	2.757	39	-	-	-	-
印尼	2.769	43	2.726	33	2.774	38	2.737	41	2.755	40	25	32	33	28
哥倫比亞	2.894	36	2.583	43	2.627	44	2.862	31	2.731	41	-	-	-	-
義大利	2.828	39	2.766	30	2.681	41	2.701	44	2.722	42	38	27	23	18
埃及	2.784	41	2.676	38	2.629	43	2.710	43	2.684	43	40	37	35	29
科威特	2.846	38	2.526	44	2.647	42	2.684	46	2.670	44	41	35	26	22
緬甸	2.778	42	2.683	37	2.573	45	2.700	45	2.659	45	-	-	-	-
阿根廷	2.740	44	2.515	45	2.559	47	2.731	42	2.631	46	42	39	37	31
孟加拉	2.615	45	2.641	39	2.525	48	2.580	47	2.572	47	43	33	-	-
巴林	2.547	46	2.359	47	2.569	46	2.554	48	2.530	48	45	34	-	-
柬埔寨	2.544	47	2.433	46	2.467	49	2.462	49	2.472	49	39	42	38	34
巴基斯坦	2.403	48	2.226	48	2.174	50	2.359	50	2.272	50	46	-	-	-

資料來源：本研究整理

註：[1] 問卷評分轉換：「非常滿意＝5分」、「滿意＝4分」、「尚可＝3分」、「不滿意＝2分」、「非常不滿意＝1分」

　　[2] 貿易難易度＝[許可成本×15%] + [資訊成本×15%] + [投資成本×40%] + [經商成本×30%]

炒作，農產品和能源價格面臨較大上漲壓力」。使位於中東地區的巴基斯坦、巴林、科威特、埃及等國的經商成本紛紛攀升，導致中東等國貿易難易度之表現差強人意。而倒數第10名之哥倫比亞，在世界銀行（WB）於2012年10日24月公布《2013全球經商環境報告》中，在全部185個受調查的國家中，哥倫比亞排第45位，較2011年排名下降2名。主要原因在於企業申請用電困難和合約違約救濟困難這兩個構面。然而，值得注意的是近八年來，哥倫比亞不斷加強對外資的保護程度，是經商環境排名上升最快的國家之一。在在顯示，哥倫比亞若能加速提升其貿易難易度之構面評價，將大有可為。

　　台灣政府透過開放體制吸引國際投資者資金，並施行諸多優惠政策吸引外資來台設廠投資。另外，在提振出口方面，經濟部國貿局（2012）頒布之《振興出口精進作法》，主要支援項目有增加海外據點展觸角、全力推廣消費財出口、擴大台灣產製產品出口、擴大外商來台採購、加碼補助十大出口產業公協會拓展外銷等，期盼透過一系列政策，使台灣快速躍上全球舞台。金融研訓院院長鄭貞茂（2012）認為：「預估台灣2013年經濟成長率上看3.67%，且2013年有機會與中國大陸完成貨品貿易協議，若全面商品自由化，ECFA對台灣的經濟效果就會顯現」。

🔸 全球五大洲貿易難易度排名分析

　　2013《IEAT調查報告》針對世界五大洲進行貿易難易度排名，如表13-3所示，排名依序為：(1)大洋洲地區（3.322分）；(2)美洲地區（2.968分）；(3)歐洲地區（2.940分）；(4)亞洲地區（2.935分）；(5)非洲地區（2.855分）。由上可知，大洋洲、美洲、歐洲為前三大貿易難易度之地區，以下針對全球五大洲貿易難易度評價進行說明：

1.大洋洲地區：大洋洲蟬聯五年全球五大洲貿易難易度排名之龍頭，其在貿易難易度的四大構面皆排名第1，延續2012《IEAT調查報告》之態勢，然而，2013年貿易難易度為3.322分，較2012年的3.333分略降。

2.美洲地區：美洲延續2012《IEAT調查報告》之名次位於第2名，其中以許可

成本、投資成本、經商成本最為優越，而在「資訊成本」中貿易業者徵信資料可信的程度、取得當地市場資訊的難易程度上分數較顯落後。

3.**歐洲地區**：歐洲各國依舊維持第3名，相較於2012年，許可成本排名第4，2013年上升一個名次至第3名，歐洲地區在資訊成本名次上也稍嫌落後，位於第4名。貿易難易度整體評價僅高於第4名之亞洲地區0.005分，差距甚小，故歐洲地區應在貿易難易度的改善上多加著墨。

4.**亞洲地區**：在貿易難易度上排名第4名，其中在「資訊成本」構面上優於美洲、歐洲地區，位於第2名。其中，亞洲地區在企業信用徵信資料可信程度、取得當地市場資訊的難易程度分數較高。

5.**非洲地區**：根據IMF（2012）表示：「受歐債危機影響，全球GDP均下調，惟獨非洲GDP從預期4.2%調高至5.5%」，然而非洲在全球五大洲之「貿易難易度」排名中，均敬陪末座。

表13-3　2013 IEAT全球五大洲別「貿易難易度」排名

洲　別	❶ 許可成本		❷ 資訊成本		❸ 投資成本		❹ 經商成本		貿易難易度	排名				
	評分	排名	評分	排名	評分	排名	評分	排名		2013	2012	2011	2010	2009
大洋洲	3.324	1	3.471	1	3.361	1	3.193	1	3.322	1	1	1	1	1
美　洲	3.044	2	2.887	3	2.947	2	2.997	2	2.968	2	2	4	4	2
歐　洲	3.020	3	2.881	4	2.941	3	2.926	3	2.940	3	3	3	3	4
亞　洲	3.008	4	2.906	2	2.926	4	2.924	4	2.935	4	4	2	2	3
非　洲	2.898	5	2.876	5	2.805	5	2.819	5	2.855	5	5	5	5	5

資料來源：本研究整理

2013 IEAT 50個貿易地區「貿易風險度」剖析

　　2013《IEAT調查報告》有關「貿易風險度」衡量乃是由四個構面及21個細項指標所構成，「貿易風險度」的四構面分別為：❶政治風險；❷經濟風險；❸政策風險；❹支付風險，並由四個構面的評分，分別乘以專家給予四個構面之權重而得。「貿易風險度」四個構面的權重分別為：政治風險35%、經濟風險25%、政策風險25%、支付風險15%，計算公式為「**貿易風險度＝（政治風險×35%）＋（經濟風險×25%）＋（政策風險×25%）＋（支付風險×15%）**」。

貿易風險度細項評估指標分析

　　根據表14-1顯示，衡量貿易風險度的所有21個細項指標中，評價名列最佳前五項指標分別為：(1)政經環境及政權穩定的滿意程度（3.167分）；(2)保障貿易業者應有權益的滿意程度（3.162分）；(3)整體社會治安穩定的程度（3.094分）；(4)司法成熟度與司法公正公平的程度（3.093分）；(5)企業對商業信用重視的程度（3.059分）。在21項貿易風險度細項指標評估中，有八項指標分數高於滿意度平均值的三分以上。

　　貿易風險度評價最差的前五項細項指標分別為：(1)接納外來文化的滿意程度（2.899分）；(2)貿易相關行政人員之道德操守滿意程度（2.911分）；(3)企業延遲付款的程度（2.935分）；(4)對支付進出口外匯採取無預警凍結之行為（2.937分）；(5)基本工資調整頻仍及持續上漲的程度（2.944分）。從貿易風險度的四個

評估構面分析結果顯示，各構面的排名依次為：(1)政治風險為3.066分；(2)政策風險為3.022分；(3)經濟風險為2.972分；(4)支付風險為2.967分。四構面平均值3.007分，相較於2012年《IEAT調查報告》（3.006分）有些許進步，顯示台灣貿易業者對50個貿易地區之風險有下降之趨勢。

表14-1　2013 IEAT「貿易風險度」細項評估指標排名

構面	細項評估指標	評分	排序
政治風險	❶ 該國或該地區**政經環境及政權穩定**的滿意程度	3.167	**1**
	❷ 該國或該地區**保障貿易業者應有權益**的滿意程度	3.162	**2**
	❸ 該國或該地區**整體社會治安穩定**的程度	3.094	**3**
	❹ 該國或該地區**司法成熟度與司法公正公平**的程度	3.093	**4**
	❺ 該國或該地區**行政機關行政效率**的滿意程度	2.983	**12**
	❻ 該國或該地區**接納外來文化**的滿意程度	2.899	**21**
	構面平均值	3.066⬆	—
經濟風險	❶ 該國或該地區**貿易相關行政人員之道德操守**滿意程度	2.911	**20**
	❷ 該國或該地區**物價與匯率穩定**的滿意程度	2.959	**14**
	❸ 該國或該地區**貿易相關稅率穩定**的滿意程度	2.996	**9**
	❹ 該國或該地區**市場對外開放**的滿意程度	3.016	**8**
	❺ 該國或該地區**貿易相關金融體系穩定**的滿意程度	2.976	**13**
	構面平均值	2.972⬇	—
政策風險	❶ 該國或該地區**採行特別關稅政策之頻率**的滿意程度	3.049	**6**
	❷ 該國或該地區**貿易政策穩定及一致性**的程度	3.030	**7**
	❸ 該國或該地區**貿易法規制定與執行透明化**的程度	2.986	**11**
	構面平均值	3.022⬇	—
支付風險	❶ 該地區**對支付進出口外匯採取無預警凍結**之行為	2.937	**18**
	❷ 該國或該地區**資金匯出程序繁瑣**的程度	2.955	**15**
	❸ 該國或該地區**企業對商業信用重視**的程度	3.059	**5**

表14-1　2013 IEAT「貿易風險度」細項評估指標排名（續）

構面	細項評估指標	評分	排序
	❹ 該國或該地區**維繫當地人際成本的支出**其滿意程度	2.995	**10**
	❺ 該國或該地區**企業延遲付款**的程度	2.935	**19**
	❻ 該國或該地區**物流運輸成本上漲**的程度	2.948	**16**
	❼ 該國或該地區**基本工資調整頻仍及持續上漲**的程度	2.944	**17**
	構面平均值	2.967 ⬆	－
貿易風險度	四項構面平均值	3.007	－

資料來源：本研究整理

50個貿易地區貿易風險度排名分析

2013《IEAT調查報告》根據評估的50個重要暨新興市場進行貿易風險度的分析，其結果如表14-2顯示，茲分析內容如下：

1.貿易風險度評價最佳前十個貿易地區：評價最佳的前十個貿易地區分別為：**(1)加拿大；(2)新加坡；(3)香港；(4)澳洲；(5)美國；(6)台灣；(7)英國；(8)德國；(9)法國；(10)紐西蘭**。根據經濟部投資業務處（2012）表示：「加拿大(1)政治穩定、財務穩健；(2)教育制度優良，人力素質高；(3)自然資源豐富，基礎建設完善；(4)著重研發，提供稅收優惠；(5)對外資抱持友善態度、秉持商業開放立場；(6)生活環境優異，吸引國外移民與投資等投資優勢」。是故，加拿大於2012年及2013年《IEAT 調查報告》連續兩年均有不錯的成績。此外，台灣2013《IEAT調查報告》的貿易風險度評選仍保持在第6名，其中，「支付風險」構面以3.327分位居第2位；而「政策風險」構面則以3.547分位居第7位；「經濟風險」構面以3.449分位居第7位，而「政治風險」構面則以3.571分位居第7位，顯示台灣於「政策風險」、「經濟風險」、「政治風險」等三構面相較於「支付風險」構面而言，仍有進步的空間。而根據美國商業環境風險評估公司（BERI）於2012年《投資環境風險評

估報告》所指：「台灣將積極對外簽訂更多的自由貿易協定，而兩岸關係在未來兩年仍然處於穩健的水準」，可知台灣政府已致力於降低「政策風險」及「政治風險」。

2.貿易風險度評價倒數前十個貿易地區：評價倒數的前十個貿易地區分別為：**(1)柬埔寨**；**(2)巴基斯坦**；**(3)巴林**；**(4)孟加拉**；**(5)義大利**；**(6)阿根廷**；**(7)緬甸**；**(8)科威特**；**(9)印尼**；**(10)秘魯**。上述貿易地區政治環境的不安定，使得投資貿易風險攀升。其中，南歐義大利自標準普爾（S&P）於2011年調降債務評級後，整體排名向下溜滑梯，由2011年的28名、2012年的33名降至2013年的46名。此外，緬甸為2013《IEAT 調查報告》首次納入評選的國家，雖然緬甸的勞動成本遠低於中國大陸與東協國家，但緬甸除了充裕的土地、勞動力及豐富的礦產等優勢外，尚有零配件倚賴進口及基礎建設落後等劣勢，是貿易業者前往當地經商前要充分考慮的各項因素，故緬甸之貿易風險度位於44之列，屬後段班。而印尼由2012年之27名下滑至2013年的42名，其中以「政治風險」表現最為不佳。根據中華經濟研究院台灣 WTO 中心研究員杜巧霞（2012）於〈印尼投資環境持續改善〉一文表示：「一般開發中國家常有治安不良、政治混亂的困擾，其中印尼多有政治動亂以及對於華人企業不友善的氛圍，根本原因在於當地對外資的接納程度、台灣貿易業者在地經營時對當地文化與風俗的了解，進而融入當地社會並建立敦親睦鄰的友善關係」。

根據美國商業環境風險評估公司（BERI）（2012）表示：「台灣投資環境在評比中列為1B等級，對於國際投資人的建議是保持投資承諾，其中台灣「營運風險」指標項目與新加坡均位居龍頭，營運條件卓越，國家競爭力排行亞洲地區第2名。BERI（2012）更預測，台灣於2013年、2017年排名均將列全球第2名；而台灣「政治風險」指標項目排名全球第7名，僅次於新加坡、瑞士、奧地利、挪威、澳大利亞及芬蘭等國家，在亞洲地區排名第2。BERI並表示，台灣政治穩定、風險較低，且未來將陸續與各國簽訂自由貿易協定；而台灣「匯兌風險」指標項目排名全球第4名，僅次於瑞士、新加

表14-2　2013 IEAT 50個貿易地區「貿易風險度」排名

貿易地區	❶政治風險 評分	❶政治風險 排名	❷經濟風險 評分	❷經濟風險 排名	❸政策風險 評分	❸政策風險 排名	❹支付風險 評分	❹支付風險 排名	貿易風險度	排名 2013	排名 2012	排名 2011	排名 2010	排名 2009
加　拿　大	3.771	1	3.630	1	3.875	1	3.443	1	3.712	1	1	3	6	6
新　加　坡	3.744	2	3.564	2	3.756	2	3.240	8	3.627	2	2	2	1	2
香　　港	3.632	4	3.548	3	3.672	3	3.325	3	3.575	3	4	1	2	1
澳　　洲	3.671	3	3.544	4	3.640	5	3.271	6	3.572	4	3	4	5	4
美　　國	3.606	5	3.527	5	3.652	4	3.301	4	3.552	5	7	5	4	5
台　　灣	3.571	7	3.449	7	3.547	7	3.327	2	3.498	6	6	8	-	-
英　　國	3.543	8	3.479	6	3.550	6	3.276	5	3.489	7	5	7	3	3
德　　國	3.589	6	3.423	8	3.488	9	3.236	9	3.469	8	8	9	10	8
法　　國	3.515	9	3.194	13	3.529	8	3.155	13	3.384	9	13	12	7	9
紐　西　蘭	3.376	11	3.314	9	3.257	12	3.208	10	3.306	10	9	-	-	-
沙烏地阿拉伯	3.382	10	3.190	14	3.244	13	3.240	7	3.278	11	15	13	20	24
以　色　列	3.324	12	3.247	10	3.284	11	3.168	12	3.271	12	18	15	13	-
日　　本	3.286	13	3.204	12	3.378	10	3.019	20	3.249	13	10	6	8	7
南　　非	3.279	14	3.189	15	3.216	15	3.189	11	3.227	14	11	20	18	15
阿聯大公國	3.270	15	3.229	11	3.225	14	3.113	15	3.225	15	14	14	23	16
韓　　國	3.188	16	3.077	18	3.068	17	3.139	14	3.123	16	34	29	22	11
阿　　曼	3.124	17	2.977	22	3.200	16	2.959	22	3.081	17	17	10	11	-
巴　　西	3.107	18	3.092	17	3.060	18	3.033	19	3.080	18	22	34	32	21
俄　羅　斯	3.048	21	3.143	16	3.008	22	3.056	16	3.063	19	26	18	15	14
卡　　達	3.106	19	3.048	19	3.010	21	2.939	23	3.043	20	19	11	9	-
波　　蘭	3.031	23	3.000	21	2.958	24	3.045	18	3.007	21	32	21	24	22
荷　　蘭	3.025	24	2.912	24	3.029	20	2.912	27	2.981	22	12	26	12	10
約　　旦	3.000	26	3.031	20	2.958	24	2.835	34	2.973	23	16	-	-	-
土　耳　其	3.065	20	2.900	25	2.862	27	3.056	17	2.972	24	21	24	25	18
奈及利亞	3.015	25	2.848	26	3.030	19	2.914	25	2.962	25	23	19	19	-
馬來西亞	3.046	22	2.710	40	2.942	25	2.918	24	2.917	26	24	23	16	17
安　哥　拉	2.995	27	2.813	29	2.935	26	2.843	33	2.912	27	20	-	-	-

表14-2　2013 IEAT 50個貿易地區「貿易風險度」排名 （續）

貿易地區	❶政治風險 評分	排名	❷經濟風險 評分	排名	❸政策風險 評分	排名	❹支付風險 評分	排名	貿易風險度	排名 2013	2012	2011	2010	2009
墨西哥	2.911	31	2.781	33	2.958	24	2.969	21	2.899	28	29	37	28	23
印度	2.967	29	2.707	42	2.967	23	2.868	31	2.887	29	28	27	31	28
中國大陸	2.942	30	2.917	23	2.811	30	2.816	37	2.884	30	25	17	17	13
捷克	2.989	28	2.773	35	2.822	28	2.790	39	2.864	31	-	-	-	-
越南	2.844	35	2.831	27	2.781	32	2.857	32	2.827	32	30	32	33	30
智利	2.869	32	2.752	39	2.818	29	2.827	36	2.820	33	-	-	-	-
哥倫比亞	2.839	37	2.800	30	2.811	31	2.781	41	2.814	34	31	22	27	27
菲律賓	2.855	34	2.787	31	2.720	37	2.912	26	2.813	35	37	36	35	-
泰國	2.819	39	2.783	32	2.771	34	2.909	28	2.812	36	42	-	-	29
斯洛伐克	2.866	33	2.819	28	2.720	37	2.741	45	2.799	37	-	-	-	-
匈牙利	2.843	36	2.763	38	2.686	41	2.882	30	2.790	38	36	25	21	19
埃及	2.814	40	2.765	37	2.775	33	2.761	43	2.784	39	35	30	30	25
西班牙	2.823	38	2.710	41	2.753	35	2.751	44	2.766	40	38	16	14	12
秘魯	2.761	42	2.767	36	2.733	36	2.829	35	2.766	41	-	-	-	-
印尼	2.731	43	2.781	34	2.710	39	2.894	29	2.763	42	27	31	36	32
科威特	2.798	41	2.689	43	2.632	44	2.803	38	2.730	43	39	33	29	20
緬甸	2.689	44	2.647	45	2.711	38	2.776	42	2.697	44	-	-	-	-
阿根廷	2.672	45	2.647	44	2.696	40	2.689	48	2.674	45	41	35	34	33
義大利	2.620	48	2.644	46	2.667	42	2.728	47	2.654	46	33	28	26	31
孟加拉	2.661	46	2.556	47	2.563	46	2.732	46	2.621	47	40	39	-	-
巴林	2.651	47	2.481	48	2.594	45	2.781	40	2.614	48	44	38	-	-
巴基斯坦	2.608	49	2.426	50	2.634	43	2.558	49	2.561	49	45	42	38	34
柬埔寨	2.433	50	2.480	49	2.367	47	2.557	50	2.447	50	43	40	37	26

資料來源：本研究整理

註：［1］問卷評分轉換：「非常好＝5分」、「好＝4分」、「尚可＝3分」、「差＝2分」、「非常差＝1分」

　　［2］貿易風險度＝【政治風險×35%】＋【經濟風險×25%】＋【政策風險×25%】＋【支付風險×15%】

坡及荷蘭，在亞洲地區排名第2。BERI預估，未來兩年台灣外人投資將會攀升，至2017年台灣的「匯兌風險」全球排名將位於第3名」，在在顯示，台灣逐年下降的貿易風險，在國際上有很大的競爭力。

全球五大洲貿易風險度排名分析

2013《IEAT調查報告》針對全球五大洲進行貿易風險度排名分析，根據表14-3所示，2013貿易風險度評估綜合排名依次為：(1)大洋洲地區（3.439分）；(2)美洲地區（3.040分）；(3)歐洲地區（3.020分）；(4)亞洲地區（2.980分）；(5)非洲地區（2.971分）。由上顯示，大洋洲、美洲、歐洲屬前三大貿易風險度之地區，以下針對全球五大洲貿易風險度的評價進行說明：

1. **大洋洲地區**：大洋洲地區在政治風險、經濟風險、政策風險、支付風險等四構面延續2012《IEAT調查報告》之態勢位居龍頭，然而，2013年貿易風險度為3.439分，較2012年的3.471分來得低。

2. **美洲地區**：加拿大在50個貿易地區中，於2012、2013連續兩年蟬聯冠軍，而美國由第7名攀升至第5名。但以美洲地區整體而言，唯「政治風險」位於第3名，其餘三構面均位居第2，緊追大洋洲地區。

3. **歐洲地區**：受制於歐債危機的影響，歐洲地區的貿易風險度仍位居第3。其中位於南歐的義大利，整體排名由2012年的33名落至2013的46名，下降了13個名次。

4. **亞洲地區**：較2012《IEAT調查報告》而言，亞洲地區從3.004分降至2013年的2.980分，若以三分為滿意的平均值，顯示出亞洲地區的貿易風險度評價呈溜滑梯之勢，下滑幅度增大。

5. **非洲地區**：在非洲地區，其中排名前頭的有南非、奈及利亞和埃及，其貿易風險度評價在2013《IEAT調查報告》分別位居第14、25、39名、貿易風險度分數分別為3.227、2.962、2.784。

表14-3 2013 IEAT全球五大洲別「貿易風險度」排名

洲 別	❶ 政治風險		❷ 經濟風險		❸ 政策風險		❹ 支付風險		貿易風險度	排名				
	評分	排名	評分	排名	評分	排名	評分	排名		2013	2012	2011	2010	2009
大洋洲	3.524	1	3.429	1	3.449	1	3.239	1	**3.439**	1	1	1	1	1
美　洲	3.067	3	2.999	2	3.075	2	2.984	2	**3.040**	2	2	3	3	3
歐　洲	3.080	2	2.980	3	3.006	3	2.969	3	**3.020**	3	3	2	2	2
亞　洲	3.028	4	2.932	4	2.981	5	2.945	4	**2.980**	4	4	5	5	5
非　洲	3.026	5	2.904	5	2.989	4	2.927	5	**2.971**	5	5	4	4	4

資料來源：本研究整理

第 15 章

2013 IEAT 50個貿易地區 「綜合貿易競爭力」剖析

　　2013《IEAT調查報告》依據「一力四度」評估模式，將50個貿易地區依國家競爭力、貿易自由度、貿易便捷度、貿易難易度、貿易風險度之評分，按專家學者配置之構面權重，計算出「綜合貿易競爭力」之最終排名得分。為使「綜合貿易競爭力」轉換為「貿易地區推薦等級」，因此將評分採百分位計算方式轉換，有關百分位轉換方式，乃將50個貿易地區在各構面評分最高值設定為99.0，而最低值設定為50.0，進行百分位轉換，並依據百分位轉換而得的分數，經過專家建議，**將80分以上列為【A】級貿易地區，為「極力推薦」等級；65分至79分屬【B】級貿易地區，為「值得推薦」等級；60分至64分屬【C】級貿易地區，為「勉予推薦」等級；未滿60分之貿易地區則屬【D】級貿易地區，為「暫不推薦」等級。**有關50個貿易地區所屬之推薦等級，如表15-1所示。

🔘 50個貿易地區綜合貿易競爭力排名

　　依表15-1顯示，2013《IEAT調查報告》針對50個貿易地區之「綜合貿易競爭力」及「貿易地區推薦等級」排名，以下說明排名情況：

1.綜合貿易競爭力評價最佳前十個貿易地區： 2013《IEAT調查報告》綜合貿易競爭力評價最佳的前十個貿易地區依序為：**(1)新加坡；(2)加拿大；(3)香港；(4)澳洲；(5)德國；(6)美國；(7)英國；(8)台灣；(9)紐西蘭；(10)法國。** 評價最佳的前十個貿易地區中均為2013《IEAT調查報告》所歸類的「重要市

場」，其中，台灣在「綜合貿易競爭力」排名第8位，就「一力四度」評估模式而言，台灣在國家競爭力排名第11位、貿易自由度排名第7位、貿易便捷度和貿易難易度皆排名第8位、貿易風險度排名第6位，相較於2012年，國家競爭力與貿易自由度名次皆下滑一位。貿易四度皆擠進前十強之列的台灣，雖排名次於同屬亞洲四小龍的新加坡與香港，但比主要競爭對手中國大陸、韓國表現優異。台灣經濟易受國際經貿形勢影響，是故，金融海嘯後，台灣政府提出許多貿易政策，改善貿易環境與鬆綁法規，並提供廠商即時訊息，諸多改善政策，均大幅提升台灣貿易競爭力。而兩岸簽署ECFA後，將提升台灣與東南亞各國簽署FTA之可能性，使得台灣成為更具吸引力的地方，減少台灣的非關稅障礙，貿易業者對台灣未來經貿發展多持樂觀態度。

2. **綜合貿易競爭力評價倒數前十個貿易地區**：2013《IEAT調查報告》綜合貿易競爭力評價倒數前十個貿易地區依序為：**(1)巴基斯坦；(2)柬埔寨；(3)孟加拉；(4)緬甸；(5)埃及；(6)阿根廷；(7)巴林；(8)安哥拉；(9)科威特；(10)奈及利亞**。上述十國均為2013《IEAT調查報告》所歸類的「新興市場」，除基礎建設及資訊透明度相較於重要市場較差外，巴基斯坦自2013年起發生之一連串爆炸案、孟加拉執政黨與反對黨間持續加劇的對立，以及埃及自茉莉花革命後仍餘波盪漾的示威活動，使當地政治環境蒙上陰影，增加台灣貿易業者於當地進行商貿活動之風險。是故，雖然新興市場崛起對貿易業者而言機不可失，但事前仍須謹慎分析風險與做足完善的策略規劃，以降低經營風險。

3. **貿易地區推薦等級**：由表15-1所示，在列入2013《IEAT調查報告》評估的50個貿易地區中，**「極力推薦」**的地區有**13個**，與2012《IEAT調查報告》如出一轍，唯本次受評地區由2012年之46個增加至50個，因此占比由28.26%下滑至26.00%，其中亞洲地區有新加坡、香港、台灣、沙烏地阿拉伯、阿聯大公國及日本；美洲地區有加拿大和美國；歐洲地區有德國、英國及法國；大洋洲地區有澳洲及紐西蘭。列入**「值得推薦」**的地區有**29個**，較2012《IEAT調查報告》增加四個地區，於評估的50個貿易地區中佔比58.00%。屬於**「勉予推薦」**等級計五個，較2012年減少一個地區，佔10.00%。而被評為

「暫不推薦」等級則有三個，相較於2012年的巴基斯坦與伊朗，除伊朗已由受評國家移除外，另增加了孟加拉及柬埔寨，佔6.00%。

2013 IEAT四度排名與全球知名研究報告排名相關分析

2013《IEAT調查報告》為求排名的客觀性與參考性，將「四度」所計算出來的排名與全球知名研究報告所公布的排名進行Pearson積差相關係數分析，藉以探究2013《IEAT調查報告》四度排名與全球知名研究報告排名之相關程度，相關係數越高，代表本研究之信度越高。茲將其原始之排名彙整如表15-2所示。

1.**貿易自由度**：2013《IEAT調查報告》貿易自由度排名與美國傳統基金會（Heritage Foundation）《2012年貿易自由度指數》之排名的Pearson積差相關係數為0.518；與加拿大弗沙爾學會（Fraser Institute）及美國卡托研究所（Cato Institute）《2012年世界經濟自由度》之排名Pearson積差相關係數為0.492，兩者之間均達到顯著的相關水準。

2.**貿易便捷度**：2013《IEAT調查報告》貿易便捷度排名與世界銀行（WB）公布《2012年世界貿易指標》之貿易便捷度排名的Pearson積差相關係數為0.604；與世界經濟論壇（WEF）《2012全球貿易促進報告》排名的Pearson積差相關係數為0.712，均達到顯著的相關水準。

3.**貿易難易度**：2013《IEAT調查報告》貿易難易度排名與世界銀行（WB）公布《2013全球經商難易度》之排名的Pearson積差相關係數為0.606，達到顯著的相關水準。

4.**貿易風險度**：2013《IEAT調查報告》貿易風險度排名與美國商業環境風險評估公司（BERI）《2012投資環境風險評估報告》排名的Pearson積差相關係數為0.466。

綜上可知，2013《IEAT調查報告》四度排名與全球知名研究報告排名之相關程度，在貿易自由度、貿易便捷度及貿易難易度均達到顯著的相關水準，意味本研究具有可信度。

全球重要暨新興市場綜合貿易競爭力排名

2013《IEAT調查報告》針對50個貿易地區，並將此50個貿易地區劃分為「重要市場」與「新興市場」兩大類，表15-3彙整兩大類之國家競爭力、貿易自由度、貿易便捷度、貿易難易度及貿易風險度等「一力四度」評估排名，其次，針對「重要市場」與「新興市場」之綜合貿易競爭力亦進行排名比較，茲將分析結果陳述如下：

1. **「重要市場」綜合貿易競爭力評價最佳前五個貿易地區**：2013《IEAT調查報告》重要市場綜合貿易競爭力評價最佳的前五個貿易地區分別為：**(1)新加坡（97.884分）**；**(2)加拿大（95.781分）**；**(3)香港（91.946分）**；**(4)澳洲（91.884分）**；**(5)德國（90.090分）**。由表15-3可知，在四度構面的評價，「重要市場」均高於「新興市場」，正凸顯出「重要市場」在貿易環境上的建置較「新興市場」完善。此外，新加坡在個別的貿易自由度、貿易便捷度、貿易難易度排名第1名，因為新加坡具備自由貿易的環境及完善的市場機制。在2013《IEAT調查報告》排名，綜合貿易實力排名第2的加拿大，主要在貿易自由度、貿易難易度以及貿易風險度名列前茅，探究其因，加拿大政府積極推動貿易自由化並與多國談判貿易自由協定，提供良好的經商環境。此外，值得一提的是，加拿大政府於2012年6月正式批准與約旦簽訂自由貿易協定，成為加拿大與阿拉伯國家簽訂的首個自由貿易協定，將促進雙邊經貿發展。而台灣在16個「重要市場」綜合貿易競爭力排名第8位，較紐西蘭、法國、日本、荷蘭、捷克、西班牙、斯洛伐克、義大利優異，主要乃是由於台灣與中國大陸簽訂ECFA，建立兩岸重要貿易交流的關係，因此改善台灣綜合貿易競爭力。

2. **「新興市場」綜合貿易競爭力評價最佳前五個貿易地區**：2013《IEAT調查報告》新興市場綜合貿易競爭力評價最佳的前五個貿易地區分別為：**(1)沙烏地阿拉伯（82.545分）**；**(2)阿聯大公國（82.057分）**；**(3)韓國（78.761分）**；**(4)卡達（78.562分）**；**(5)以色列（77.844分）**。在新興市場綜合貿易競爭力評價最佳的前五個貿易地區，有四個皆屬於中東地區。由於中

表15-1　2013 IEAT 50個貿易地區「綜合貿易競爭力」排名

排名	貿易地區	一力 (20%) 國家競爭力			四度 (80%) ❶貿易自由度			❷貿易便捷度			❸貿易難易度			❹貿易風險度			四度貿易實力		綜合貿易競爭力	2013推薦等級
		評分	百分位	排名	評分	百分位	排名	評分	百分位	排名	評分	百分位	排名	評分	百分位	排名	百分位	排名		
1	新加坡	82.958	98.076	3	3.768	99.000	1	3.910	99.000	1	3.914	99.000	1	3.627	95.674	2	97.836	2	97.884	A01
2	加拿大	82.086	97.291	6	3.682	95.999	2	3.689	91.716	4	3.638	90.738	2	3.712	99.000	1	95.403	1	95.781	A02
3	香港	82.254	97.442	5	3.457	88.188	4	3.802	95.433	2	3.331	81.592	6	3.575	93.685	3	90.572	3	91.946	A03
4	澳洲	83.516	98.577	2	3.560	91.759	3	3.487	85.057	6	3.485	86.196	3	3.572	93.548	4	90.210	4	91.884	A04
5	德國	81.780	97.016	7	3.438	87.512	6	3.704	92.206	3	3.346	82.046	5	3.469	89.592	8	88.359	8	90.090	A05
6	美國	83.986	99.000	1	3.233	80.387	14	3.479	84.813	7	3.405	83.801	4	3.552	92.777	5	86.121	5	88.697	A06
7	英國	80.118	95.521	8	3.438	87.542	5	3.466	84.371	9	3.183	77.170	10	3.489	90.334	7	86.329	7	88.168	A07
8	台灣	75.642	91.496	11	3.398	86.122	7	3.471	84.541	8	3.208	77.938	8	3.498	90.701	6	86.181	6	87.244	A08
9	紐西蘭	73.263	89.356	15	3.338	84.041	8	3.416	82.733	11	3.158	76.434	11	3.306	83.253	10	82.362	10	83.761	A09
10	法國	77.348	93.029	10	3.268	81.619	13	3.293	78.680	14	3.002	71.779	17	3.384	86.296	9	81.192	9	83.560	A10
11	沙烏地阿拉伯	67.742	84.390	23	3.217	79.855	15	3.563	87.560	5	3.244	78.986	7	3.278	82.191	11	82.084	11	82.545	A11
12	阿聯大公國	74.154	90.157	14	3.302	82.806	11	3.340	80.238	12	3.076	73.983	13	3.225	80.130	15	80.032	15	82.057	A12
13	日本	82.470	97.637	4	3.174	78.361	16	3.216	76.162	18	3.064	73.621	14	3.249	81.049	13	78.151	13	82.048	A13
14	韓國	78.270	93.859	9	2.983	71.714	25	3.421	82.898	10	2.882	68.205	28	3.123	76.178	16	74.987	16	78.761	B01
15	卡達	65.326	82.217	25	3.323	83.527	9	3.336	80.104	13	3.053	73.307	15	3.043	73.067	20	77.648	20	78.562	B02
16	以色列	60.427	77.811	34	3.167	78.119	17	3.198	75.543	17	2.973	70.911	19	3.271	81.918	12	77.853	12	77.844	B03
17	阿曼	58.527	76.102	39	3.270	81.669	12	3.202	75.688	15	3.193	77.465	9	3.081	74.570	17	77.358	17	77.107	B04
18	荷蘭	74.470	90.441	13	3.087	75.311	19	3.255	77.441	12	2.959	70.501	22	2.981	70.665	22	73.389	22	76.800	B05
19	南非	60.600	77.966	33	3.081	75.115	20	3.077	71.581	26	2.957	70.438	23	3.227	80.222	14	75.494	14	75.988	B06
20	馬來西亞	67.826	84.465	21	3.320	83.441	10	2.976	68.245	33	3.091	74.438	12	2.917	68.186	26	73.712	26	75.863	B07
21	巴西	63.493	80.568	28	3.056	74.225	22	2.989	68.681	32	2.857	67.444	32	3.080	74.527	18	72.205	18	73.877	B08
22	土耳其	62.156	79.366	31	2.925	69.697	32	3.234	76.752	16	2.962	70.589	21	2.972	70.322	24	71.461	24	73.042	B09
23	俄羅斯	60.297	77.694	35	2.891	68.497	35	3.201	75.642	21	2.833	66.751	34	3.063	73.845	19	71.536	19	72.768	B10
24	墨西哥	68.852	85.389	16	3.061	74.425	21	2.922	66.452	36	2.902	68.810	26	2.899	67.513	28	69.569	28	72.733	B11
25	捷克	66.940	83.669	24	2.974	71.383	28	3.073	71.426	27	2.942	69.978	25	2.864	66.132	31	69.968	31	72.708	B12
26	中國大陸	68.140	84.748	20	2.978	71.536	26	3.095	72.165	25	2.862	67.603	30	2.884	66.923	30	69.309	30	72.397	B13
27	約旦	59.155	76.667	36	2.959	70.854	30	3.030	72.601	16	3.025	69.844	30	2.973	70.355	23	71.203	23	72.296	B14
28	波蘭	68.485	85.059	19	2.828	66.294	40	2.840	66.953	33	3.007	71.694	21	3.025	69.844	30	68.993	21	72.206	B15

極力推薦 (A01–A08)　值得推薦 (B01–B15)

145

表15-1 2013 IEAT 50個貿易地區「綜合貿易競爭力」排名（續）

排名	貿易地區	一力(20%) 國家競爭力			❶ 貿易自由度			❷ 貿易便捷度			❸ 貿易難易度			❹ 貿易風險度			四度(80%) 貿易實力	綜合貿易競爭力	2013推薦等級	
		評分	百分位	排名	評分	百分位	排名	評分	百分位	排名	評分	百分位	排名	評分	百分位	排名	四度貿易實力	綜合貿易競爭力		
29	印度	56.868	74.610	40	3.000	72.294	24	3.217	76.181	17	2.974	70.945	18	2.887	67.057	29	71.036	71.751	B16	
30	西班牙	75.341	91.224	12	2.876	67.986	37	3.015	69.534	31	2.881	68.182	29	2.766	62.361	40	66.356	71.330	B17	
31	泰國	67.823	84.463	22	2.965	71.065	29	3.033	70.120	29	2.861	67.577	31	2.812	64.121	36	67.923	71.231	B18	
32	斯洛伐克	64.026	81.048	26	2.944	70.355	31	3.202	75.675	20	2.814	66.178	36	2.799	63.635	37	68.440	70.962	B19	
33	印尼	60.820	78.164	32	3.110	76.115	18	3.104	72.448	24	2.755	64.414	40	2.763	62.223	42	68.764	70.644	B20	
34	越南	56.701	74.460	41	3.005	72.463	23	2.926	66.612	34	2.942	70.004	24	2.827	64.717	32	68.213	69.462	B21	
35	智利	68.744	85.291	17	2.802	65.401	43	2.918	66.346	37	2.821	66.368	35	2.820	64.464	33	65.407	69.384	B22	值得推薦
36	菲律賓	55.285	73.186	42	2.896	68.670	34	3.070	71.335	28	2.805	65.910	37	2.813	64.172	35	67.215	68.409	B23	
37	義大利	68.658	85.214	18	2.912	69.248	33	2.912	66.136	39	2.722	63.423	42	2.654	58.006	46	63.817	68.096	B24	
38	匈牙利	63.501	80.576	27	2.816	65.890	41	2.884	65.202	41	2.791	65.480	38	2.790	63.278	38	64.777	67.937	B25	
39	哥倫比亞	58.595	76.163	38	2.870	67.761	38	2.916	66.285	38	2.731	63.693	41	2.814	64.195	34	65.608	67.719	B26	
40	秘魯	62.589	79.756	30	2.859	67.390	39	2.834	63.583	42	2.757	64.462	39	2.766	62.342	41	64.423	67.489	B27	
41	奈及利亞	37.939	57.585	48	2.976	71.445	27	2.771	61.488	44	2.901	68.782	27	2.962	69.947	25	68.530	66.341	B28	
42	科威特	58.865	76.406	37	2.806	65.548	42	2.926	66.597	35	2.670	61.881	44	2.730	60.963	43	63.603	66.163	B29	
43	安哥拉	29.506	50.000	50	2.888	68.390	36	2.907	65.990	40	2.965	70.689	20	2.912	67.996	27	68.117	64.494	C01	
44	巴林	62.598	79.764	29	2.714	62.354	46	2.736	60.343	46	2.530	57.686	48	2.614	56.462	48	59.189	63.304	C02	勉予推薦
45	阿根廷	54.293	72.294	43	2.711	62.233	47	2.799	62.430	43	2.631	60.716	46	2.674	58.800	45	60.843	63.134	C03	
46	埃及	48.493	67.077	44	2.629	59.404	49	2.666	58.028	48	2.684	62.291	43	2.784	63.039	39	60.834	62.083	C04	
47	緬甸	37.464	57.158	49	2.799	65.309	44	2.752	60.873	45	2.659	61.534	45	2.697	59.683	44	61.886	60.941	C05	
48	孟加拉	47.136	65.857	45	2.659	60.447	48	2.549	54.171	49	2.572	58.965	47	2.621	56.741	47	57.672	59.309	D01	暫不推薦
49	柬埔寨	42.017	61.253	47	2.741	63.297	45	2.422	50.000	50	2.472	55.967	49	2.447	50.000	50	54.884	56.158	D02	
50	巴基斯坦	45.203	64.119	46	2.359	50.000	50	2.729	60.121	47	2.272	50.000	50	2.561	54.430	49	53.575	55.684	D03	

資料來源：本研究整理

註：[1] 綜合貿易競爭力＝【國家競爭力×20%】＋【四度貿易實力×80%】。

[2] 四度貿易實力＝【貿易自由度×30%】＋【貿易便捷度×20%】＋【貿易難易度×15%】＋【貿易風險度×35%】。

表15-2　2013 IEAT全球重要暨新興市場「綜合貿易競爭力」排行與研究機構比較分析

貿易地區	❶ 貿易自由度 IEAT 2013	HF 2012	FClr 2012	❷ 貿易便捷度 IEAT 2013	WB-1 2012	WEF 2012	❸ 貿易難易度 IEAT 2013	WB-2 2013	❺ 貿易風險度 IEAT 2013	BERI 2012-II
新　加　坡	1	2	2	1	1	1	1	1	2	1
加　拿　大	2	6	5	4	14	9	2	17	1	8
香　　　港	4	1	1	2	2	2	6	2	3	50
澳　　　洲	3	3	5	6	18	17	3	10	4	20
德　　　國	6	26	31	3	4	13	5	20	8	5
美　　　國	14	10	18	7	9	23	4	4	5	12
英　　　國	5	14	12	9	10	11	10	7	7	23
台　　　灣	7	18	15	8	19	29	8	16	6	4
紐　西　蘭	8	4	3	11	31	5	11	3	10	50
法　　　國	13	67	47	14	12	20	17	34	9	20
沙烏地阿拉伯	15	74	65	5	37	27	7	22	11	17
阿聯大公國	11	35	11	12	17	19	13	26	15	50
日　　　本	16	22	20	18	8	18	14	24	13	15
韓　　　國	25	31	37	10	21	34	28	8	16	17
卡　　　達	9	25	17	13	33	32	15	40	20	50
以　色　列	17	48	52	22	155	28	19	38	12	50
阿　　　曼	12	47	20	19	62	25	9	47	17	50
荷　　　蘭	19	17	37	15	5	7	22	31	22	6
南　　　非	20	70	85	26	23	63	23	39	14	30
馬　來　西　亞	10	53	71	33	29	24	12	12	26	15
巴　　　西	22	99	105	32	45	84	32	130	18	37
土　耳　其	32	73	75	16	27	62	21	71	24	37
俄　羅　斯	35	144	95	21	95	112	34	112	19	25
墨　西　哥	21	54	97	36	47	65	26	48	28	46
捷　　　克	28	51	33	23	51	55	25	65	31	50
中　國　大　陸	26	138	107	27	26	58	30	91	30	14
約　　　旦	30	32	23	25	102	42	16	106	23	50
波　　　蘭	40	64	48	30	30	48	33	55	21	33
印　　　度	24	123	111	17	46	100	18	132	29	33

表15-2 2013 IEAT全球重要暨新興市場「綜合貿易競爭力」排行與研究機構比較分析（續）

貿易地區	❶貿易自由度			❷貿易便捷度			❸貿易難易度		❺貿易風險度	
	IEAT 2013	HF 2012	FCIr 2012	IEAT 2013	WB-1 2012	WEF 2012	IEAT 2013	WB-2 2013	IEAT 2013	BERI 2012-II
西班牙	37	36	34	31	20	31	29	44	40	27
泰國	29	60	87	29	38	57	31	18	36	29
斯洛伐克	31	30	58	20	44	41	36	46	37	26
印尼	18	115	76	24	59	58	40	128	42	30
越南	23	136	96	34	53	68	24	99	32	30
智利	43	7	10	37	39	14	35	37	33	22
菲律賓	34	107	61	28	52	72	37	138	35	27
義大利	33	92	83	39	24	50	42	73	46	33
匈牙利	41	49	64	41	40	47	38	54	38	33
哥倫比亞	38	45	97	38	64	91	41	45	34	37
秘魯	39	42	24	42	60	53	39	43	41	37
奈及利亞	27	116	120	44	121	123	27	131	25	50
科威特	42	71	19	35	70	68	44	82	43	50
安哥拉	36	160	140	40	138	127	20	172	27	50
巴林	46	12	7	46	48	30	48	42	48	50
阿根廷	47	158	127	43	49	98	46	124	45	41
埃及	49	100	99	48	57	90	43	109	39	47
緬甸	33	173	143	45	129	132	45	185	44	50
孟加拉	48	130	109	49	155	109	47	129	47	50
柬埔寨	45	102	58	50	101	102	49	133	50	50
巴基斯坦	50	122	111	47	71	112	50	107	49	49

資料來源：本研究整理

註： [1] HF 2012指美國傳統基金會公布之《2012年貿易自由度指數》之貿易自由度排名。
　　[2] FCIr 2012指加拿大弗沙爾學會及美國卡托研究所公布之《2012年世界經濟自由度》經濟自由度排名。
　　[3] WB-1 2012指世界銀行公布之《2012國際物流績效指標》。
　　[4] WEF 2012指世界經濟論壇公布之《全球貿易促進報告》貿易便捷度排名。
　　[5] WB-2 2013指世界銀行公布之《2013全球經商環境報告》投資環境排名。
　　[6] BERI 2012指美國商業環境風險評估公司公布的2012年第二次《Investment Environment Risk Assessment Report》投資環境排名。

表15-3 2013 IEAT重要暨新興市場「綜合貿易競爭力」排行

類別	排名	貿易地區	國家競爭力 評分	百分位	排名	❶貿易自由度 評分	百分位	排名	❷貿易便捷度 評分	百分位	排名	❸貿易難易度 評分	百分位	排名	❹貿易風險度 評分	百分位	排名	四度 貿易實力	綜合貿易競爭力
重要市場	1	新加坡	82.958	98.076	3	3.768	99.000	1	3.910	99.000	1	3.914	99.000	1	3.627	95.674	2	97.836	97.884
	2	加拿大	82.086	97.291	6	3.682	95.999	2	3.689	91.716	4	3.638	90.738	2	3.712	99.000	1	95.403	95.781
	3	香港	82.254	97.442	5	3.457	88.188	4	3.802	95.433	2	3.331	81.592	6	3.575	93.685	3	90.572	91.946
	4	澳洲	83.516	98.577	2	3.560	91.759	3	3.487	85.057	5	3.485	86.196	3	3.572	93.548	4	90.210	91.884
	5	德國	81.780	97.016	7	3.438	87.512	6	3.704	92.206	3	3.346	82.046	5	3.469	89.592	8	88.359	90.090
	6	美國	83.986	99.000	1	3.233	80.387	10	3.479	84.813	6	3.405	83.801	4	3.552	92.777	5	86.121	88.697
	7	英國	80.118	95.521	8	3.438	87.542	5	3.466	84.371	8	3.183	77.170	8	3.489	90.334	7	86.329	88.168
	8	台灣	75.642	91.496	10	3.398	86.122	7	3.471	84.541	7	3.208	77.938	7	3.498	90.701	6	86.181	87.244
	9	紐西蘭	73.263	89.356	13	3.338	84.041	8	3.416	82.733	9	3.158	76.434	9	3.306	83.253	10	82.362	83.761
	10	法國	77.348	93.029	9	3.268	81.619	9	3.293	78.680	10	3.002	71.779	11	3.384	86.296	9	81.192	83.560
	11	日本	82.470	97.637	4	3.174	78.361	11	3.216	76.162	12	3.064	73.621	10	3.249	81.049	11	78.151	82.048
	12	荷蘭	74.470	90.441	12	3.087	75.311	12	3.255	77.441	11	2.959	70.501	12	2.981	70.665	12	73.389	76.800
	13	捷克	66.940	83.669	15	2.974	71.383	13	3.167	74.551	14	2.942	69.978	13	2.864	66.132	13	69.968	72.708
	14	西班牙	75.341	91.224	11	2.876	67.986	16	3.015	69.534	16	2.881	68.182	14	2.766	62.361	15	66.356	71.330
	15	斯洛伐克	64.026	81.048	16	2.944	70.355	14	3.202	75.675	13	2.814	66.178	15	2.799	63.635	14	68.440	70.962
	16	義大利	68.658	85.214	14	2.912	69.248	15	2.912	66.136	15	2.722	63.423	16	2.654	58.006	16	63.817	68.096
	平均值		77.178	92.877	-	3.284	82.176	-	3.405	82.378	-	3.191	77.411	-	3.281	82.294	-	81.543	83.810
新興市場	1	沙烏地阿拉伯	67.742	84.390	9	3.217	79.855	5	3.563	87.560	1	3.244	78.986	1	3.278	82.191	1	82.084	82.545
	2	阿聯大公國	74.154	90.157	2	3.302	82.806	3	3.340	80.238	3	3.076	73.983	4	3.225	80.130	4	80.032	82.057
	3	韓國	78.270	93.859	1	2.983	71.714	13	3.421	82.898	2	2.882	68.205	15	3.123	76.178	5	74.987	78.761
	4	卡達	65.326	82.217	10	3.323	83.527	1	3.336	80.104	4	3.053	73.307	5	3.043	73.067	9	77.648	78.562
	5	以色列	60.427	77.811	18	3.167	78.119	6	3.198	75.543	9	2.973	70.911	8	3.271	81.918	2	77.853	77.844
	6	阿曼	58.527	76.102	23	3.270	81.669	4	3.202	75.688	7	3.193	77.465	2	3.081	74.570	6	77.358	77.107
	7	南非	60.600	77.966	17	3.081	75.115	8	3.077	71.581	12	2.957	70.438	11	3.227	80.222	3	75.494	75.988
	8	馬來西亞	67.826	84.465	7	3.320	83.441	2	2.976	68.245	18	3.091	74.438	3	2.917	68.186	14	73.712	75.863
	9	巴西	63.493	80.568	12	3.056	74.225	10	2.989	68.681	17	2.857	67.444	18	3.080	74.527	7	72.205	73.877
	10	土耳其	62.156	79.366	15	2.925	69.697	18	3.234	76.752	5	2.962	70.589	10	2.972	70.322	12	71.461	73.042

表15-3 2013 IEAT重要暨新興市場「綜合貿易競爭力」排行 （續）

類別	排名	貿易地區	國家競爭力 評分	百分位	排名	❶貿易自由度 評分	百分位	排名	❷貿易便捷度 評分	百分位	排名	❸貿易難易度 評分	百分位	排名	❹貿易風險度 評分	百分位	排名	四度貿易實力	綜合貿易競爭力
新興市場	11	俄羅斯	60.297	77.694	19	2.891	68.497	20	3.201	75.642	8	2.833	66.751	20	3.063	73.845	8	71.536	72.768
	12	墨西哥	68.852	85.389	3	3.061	74.425	9	2.922	66.452	21	2.902	68.810	13	2.899	67.513	16	69.569	72.733
	13	中國大陸	68.140	84.748	6	2.978	71.536	14	3.073	71.426	13	2.862	67.603	16	2.884	66.923	18	69.309	72.397
	14	約旦	59.155	76.667	20	2.959	70.854	17	3.095	72.165	11	3.030	72.601	6	2.973	70.355	11	71.203	72.296
	15	波蘭	68.485	85.059	5	2.828	66.294	24	3.025	69.844	16	2.840	66.953	19	3.007	71.694	10	68.993	72.206
	16	印度	56.868	74.610	24	3.000	72.294	12	3.217	76.181	6	2.974	70.945	7	2.887	67.057	17	71.036	71.751
	17	泰國	67.823	84.463	8	2.965	71.065	16	3.033	70.120	15	2.861	67.577	17	2.812	64.121	23	67.923	71.231
	18	印尼	60.820	78.164	16	3.110	76.115	7	3.104	72.448	10	2.755	64.414	25	2.763	62.223	27	68.764	70.644
	19	越南	56.701	74.460	25	3.005	72.463	11	2.926	66.612	19	2.942	70.004	12	2.827	64.717	19	68.213	69.462
	20	智利	68.744	85.291	4	2.802	65.401	27	2.918	66.346	22	2.821	66.368	21	2.820	64.464	20	65.407	69.384
	21	菲律賓	55.285	73.186	26	2.896	68.670	19	3.070	71.335	14	2.805	65.910	22	2.813	64.172	22	67.215	68.409
	22	匈牙利	63.501	80.576	11	2.816	65.890	25	2.884	65.202	25	2.791	65.480	23	2.790	63.278	24	64.777	67.937
	23	哥倫比亞	58.595	76.163	22	2.870	67.761	22	2.916	66.285	23	2.731	63.693	26	2.814	64.195	21	65.608	67.719
	24	秘魯	62.589	79.756	14	2.859	67.390	23	2.834	63.583	26	2.757	64.462	24	2.766	62.342	26	64.423	67.489
	25	奈及利亞	37.939	57.585	32	2.976	71.445	15	2.771	61.488	28	2.901	68.782	14	2.962	69.947	13	68.530	66.341
	26	科威特	58.865	76.406	21	2.806	65.548	26	2.926	66.597	20	2.670	61.881	28	2.730	60.963	28	63.603	66.163
	27	安哥拉	29.506	50.000	34	2.888	68.390	21	2.907	65.990	24	2.965	70.689	9	2.912	67.996	15	68.117	64.494
	28	巴林	62.598	79.764	13	2.714	62.354	30	2.736	60.343	30	2.530	57.686	32	2.614	56.462	32	59.189	63.304
	29	阿根廷	54.293	72.294	27	2.711	62.233	31	2.799	62.430	27	2.631	60.716	30	2.674	58.800	30	60.843	63.134
	30	埃及	48.493	67.077	28	2.629	59.404	33	2.666	58.028	32	2.684	62.291	27	2.784	63.039	25	60.834	62.083
	31	緬甸	37.464	57.158	33	2.799	65.309	28	2.752	60.873	29	2.659	61.534	29	2.697	59.683	29	61.886	60.941
	32	孟加拉	47.136	65.857	29	2.659	60.447	32	2.549	54.171	33	2.572	58.965	31	2.621	56.741	31	57.672	59.309
	33	柬埔寨	42.017	61.253	31	2.741	63.297	29	2.422	50.000	34	2.472	55.967	33	2.447	50.000	34	54.884	56.158
	34	巴基斯坦	45.203	64.119	30	2.359	50.000	34	2.729	60.121	31	2.272	50.000	34	2.561	54.430	33	53.575	55.684
		平均值	58.761	76.313	-	2.940	70.213	-	2.994	68.852	-	2.840	66.937	-	2.892	67.243	-	68.410	69.991

資料來源：本研究整理

東地區地質環境及氣候關係，需仰賴大量進口民生必需品，此外，中東石油蘊藏豐富，因此出口當地石油以賺取優渥收入，在貿易活動頻繁下，具有購買力強、關稅優惠及通關流程便捷等，使中東地區的綜合貿易競爭力在新興市場名列前茅。其中，阿聯大公國優越的地理位置可使商家觸及中東及其鄰國將近20億的消費者，其寬鬆的投資環境，使杜拜在中東地區擁有「商貿之城」的美譽，諸多優勢使得阿聯大公國穩固中東貿易樞紐地位。

　　2013《IEAT調查報告》中，在重要市場及新興市場綜合貿易競爭力評價上，重要市場優於新興市場，然而新興市場評價逐年靠近重要市場，實力逐漸茁壯。在新興市場部分的名次亦變動比重要市場大，其中，韓國在2013《IEAT調查報告》新興市場綜合貿易競爭力排名從2012年11名竄升至第3名，主因為韓國積極與各國簽訂FTA，根據韓國關稅廳（2013）資料顯示：「2012年為止，韓國成功簽署並生效之FTA達八個，包含美國、智利、秘魯、印度、土耳其、歐盟與東盟等締約國達45國」，加上致力推動貿易政策下，促使韓國綜合貿易競爭實力增強。韓國關稅廳（2013）資料亦顯示：「韓國2012年貿易總額再度突破一兆美元，達1.0677兆美元，並躍升為全球第八大貿易國」，韓國在進出口貿易力道強勁。

🎯 全球重要經濟組織綜合貿易競爭力排名

　　2013年《IEAT調查報告》所評估的50個貿易地區，分別歸類於「亞洲四小龍」、「十大貿易市場」、「七大工業國」、「新星四力」、「重點拓銷市場」、「新七大經濟體」、「飛鷹國家」、「新興經濟體11國」、「中印印韓四國」、「成長市場八國」、「新金磚六國」、「金磚四國」、「新興三地」、「新興市場七國」、「東協十國」、「金賺14國」、「展望五國」、「靈貓六國」、「ABC集團」、「新鑽11國」，由表15-4結果顯示，全球重要經濟組織綜合貿易競爭力排名，前五名分別為：(1)亞洲四小龍（88.959分）；(2)十大貿易夥伴（85.211分）；(3)七大工業國（85.206分）；(4)新星四力（75.509分）；(5)重點拓銷市場（74.884分）。以下茲針對各經濟組織綜合貿易競爭力排名之內涵進行說明：

1.亞洲四小龍（T4）：亞洲四小龍之綜合貿易競爭力排名，依序為新加坡

（97.884分）、香港（91.946分）、台灣（87.244分），韓國（78.761分）；其中，新加坡分別於貿易自由度、貿易便捷度、貿易難易度皆爲排名之首位。

2.台灣主要十大貿易夥伴（Top 10）：台灣主要貿易夥伴之綜合貿易競爭力評比中，排名依序爲新加坡（97.884分）、香港（91.946分）、澳洲（91.884分）、德國（90.090分）、美國（88.697分）、日本（82.048分）、沙烏地阿拉伯（82.545分）、韓國（78.761分）、馬來西亞（75.863分）以及中國大陸（72.397分）；其中，新加坡在貿易自由度、貿易便捷度、貿易難易度皆居於首位。

3.七大工業國（G7）：七大工業國之綜合貿易競爭力排名，依序爲加拿大（95.781分）、德國（90.090分）、美國（88.697分）、英國（88.168分）、法國（83.560分）、日本（82.048分）、義大利（68.096分）。

4.新星四力（CITI）：新星四力之綜合貿易競爭力排名，依序爲台灣（87.244分）、中國大陸（72.397分）、印度（71.751分）及印尼（70.644分）；台灣爲重要市場，其貿易風險度遠較中國大陸、印尼與印度爲佳。

5.重點拓銷市場（Focus 11）：根據國際貿易局（2011）公布之2011重點拓銷市場，將中東視爲一個市場，包含了十個國家。因此重點拓銷市場總計有20個國家，其綜合貿易競爭力評比中，排名依序爲日本（82.048分）、沙烏地阿拉伯（82.545分）、阿聯大公國（82.057分）、韓國（78.761分）、卡達（78.562分）、以色列（77.844分）、阿曼（77.107分）、南非（75.988分）、巴西（73.877分）、土耳其（73.042分）、俄羅斯（72.768分）、中國大陸（72.397分）、約旦（72.296分）、印度（71.751分）、印尼（70.644分）、越南（69.462分）以及科威特（66.163分）；其中，重點拓銷市場除日本外，其餘19個國家皆爲新興市場國家。

6.新七大經濟體（NG7）：新七大經濟體之綜合貿易競爭力評比中，排名依次爲美國（88.697分）、巴西（73.877分）、俄羅斯（72.768分）、墨西哥（72.733分）、中國大陸（72.397分）、印度（71.751分）、印尼（70.644

分）：美國在貿易自由度、貿易便捷度、貿易難易度及貿易風險度排名中，皆居新七大經濟體之首位。

7.飛鷹國家（EAGLES）：飛鷹國家之綜合貿易競爭力評比中，排名依序為台灣（87.244分）、韓國（78.761分）、巴西（73.877分）、土耳其（73.042分）、俄羅斯（72.768分）、墨西哥（72.733分）、中國大陸（72.397分）、印度（71.751分）、印尼（70.644分）、埃及（62.083分）；其中，僅有貿易四度皆擠進前十強之列的台灣列於重要市場，其餘尚屬新興市場。

8.新興經濟體11國（E11）：新興經濟體11國之綜合貿易競爭力評比中，排名依序為沙烏地阿拉伯（82.545分）、韓國（78.761分）、南非（75.988分）、巴西（73.877分）、土耳其（73.042分）、俄羅斯（72.768分）、墨西哥（72.733分）、中國大陸（72.397分）、印度（71.751分）、印尼（70.644分）、阿根廷（63.134分）；其中，沙烏地阿拉伯在貿易便捷度、貿易難易度及貿易風險度皆居新興經濟體11國之首位。

9.中印印韓四國（KIIC）：中印印韓四國之綜合貿易競爭力評比中，排名依序為韓國（78.761分）、中國大陸（72.397分）、印度（71.751分）及印尼（70.644分）；其中，韓國國家競爭力、貿易便捷度及貿易風險度皆排名四國之首，印度在貿易難易度為四國之首，印尼在貿易自由度為四國之首。

10.成長市場八國（Growth 8）：成長市場八國之綜合貿易競爭力評比中，排名依序為韓國（78.761分）、巴西（73.877分）、土耳其（73.042分）、俄羅斯（72.768分）、墨西哥（72.733分）、中國大陸（72.397分）、印度（71.751分）、印尼（70.644分）；其中，韓國國家競爭力、貿易便捷度及貿易風險度皆為成長市場八國之首。

11.新金磚六國（BRIICs）：新金磚六國之綜合貿易競爭力評比中，排名依序為南非（75.988分）、巴西（73.877分）、俄羅斯（72.768分）、中國大陸（72.397分）、印度（71.751分）、印尼（70.644分）；其中，南非在四度排名皆居新金磚六國之首位，印度在貿易難易度及貿易風險度皆居新金磚

六國之位居末座。

12.**金磚四國（BRICs）**：金磚四國之綜合貿易競爭力評比中，排名依序為巴西（73.877分）、俄羅斯（72.768分）、中國大陸（72.397分）及印度（71.751分）；其中，中國大陸在國家競爭力仍然位居金磚四國之首位。

13.**新興三地（MTV）**：新興三地之綜合貿易競爭力評比中，排名依序為沙烏地阿拉伯（82.545分）、阿聯大公國（82.057分）、卡達（78.562分）、以色列（77.844分）、阿曼（77.107分）、土耳其（73.042分）、約旦（72.296分）、越南（69.462分）、科威特（66.163分）、巴林（63.304分）以及巴基斯坦（55.684分）。

14.**新興市場七國（E7）**：新興市場七國之綜合貿易競爭力評比中，排名依序為巴西（73.877分）、土耳其（73.042分）、俄羅斯（72.768分）、墨西哥（72.733分）、中國大陸（72.397分）、印度（71.751分）、印尼（70.644分）；其中，巴西在貿易風險度為新興市場七國之首位，土耳其在貿易便捷度為新興市場七國之首位。然而，印尼在貿易難易度及貿易風險度為新興市場七國之末位。

15.**東協十國（ASEAN）**：東協十國之綜合貿易競爭力評比中，排名依序為新加坡（97.884分）、馬來西亞（75.863分）、泰國（71.231分）、印尼（70.644分）、越南（69.462分）、菲律賓（68.409分）以及柬埔寨（56.158分）；其中，僅有貿易自由度、貿易便捷度、貿易難易度皆居於首位的新加坡列於重要市場，其餘尚屬新興市場。

16.**金賺14國（RDEs）**：金賺14國之綜合貿易競爭力評比中，排名依序為馬來西亞（75.863分）、巴西（73.877分）、土耳其（73.042分）、俄羅斯（72.768分）、墨西哥（72.733分）、中國大陸（72.397分）、波蘭（72.206分）、印度（71.751分）、泰國（71.231分）、印尼（70.644分）、智利（69.384分）、匈牙利（67.937分）、阿根廷（63.134分）及埃及（62.083分）。

17.展望五國：展望五國之綜合貿易競爭力評比中，排名依序為南非（75.988分）、土耳其（73.042分）、印尼（70.644分）、越南（69.462分）以及阿根廷（63.134分）；其中，在展望五國中，南非在貿易風險度難度居展望五國之首位，阿根廷在一力四度皆為展望五國之最後一名。

18.靈貓六國（CIVETS）：靈貓六國之綜合貿易競爭力評比中，排名依序為南非（75.988分）、土耳其（73.042分）、印尼（70.644分）、越南（69.462分）與埃及（62.083分）；其中，南非在貿易風險度難度居靈貓六國之首。

19.ABC集團（ABC）：ABC集團之綜合貿易競爭力評比中，排名依序為南非（75.988分）、巴西（73.877分）、中國大陸（72.397分）、奈及利亞（66.341分）、安哥拉（64.494分）及埃及（62.083分）。

20.新鑽11國（N11）：新鑽11國之綜合貿易競爭力評比中，排名依序為韓國（78.761分）、土耳其（73.042分）、墨西哥（72.733分）、印尼（70.644分）、越南（69.462分）、菲律賓（68.409分）、奈及利亞（66.341分）、埃及（62.083分）、及巴基斯坦（53.575分）；其中，韓國在貿易便捷度及貿易風險度皆居新鑽11國之首位。

　　上述排名可知，全球重要經濟組織綜合貿易競爭力排名前5名經濟組織，新興市場經濟體較重要市場經濟體亮眼，可見新興市場經濟體貿易競爭實力逐漸增強，新加坡國立大學李光耀公共政策學院副教授顧清揚（2012）表示：「未來國際貿易主要依賴的經濟體不能再是歐美日，全球貿易成長將透過開發中國家，尤其是對新興市場的依賴」。

表15-4 2013 IEAT全球重要經濟組織「綜合貿易競爭力」排名

排名	經濟組織別		國家競爭力 評分	國家競爭力 百分位	國家競爭力 排名	❶ 貿易自由度 評分	❶ 貿易自由度 百分位	❶ 貿易自由度 排名	❷ 貿易便捷度 評分	❷ 貿易便捷度 百分位	❷ 貿易便捷度 排名	❸ 貿易難易度 評分	❸ 貿易難易度 百分位	❸ 貿易難易度 排名	❹ 貿易風險度 評分	❹ 貿易風險度 百分位	❹ 貿易風險度 排名	四度貿易實力	綜合貿易競爭力
1	亞洲四小龍	T4	79.781	95.218	1	3.401	86.256	1	3.651	90.468	1	3.334	81.684	1	3.456	89.060	1	87.394	**88.959**
2	十大貿易市場	Top10	77.894	93.521	3	3.313	83.175	2	3.463	84.280	2	3.262	79.549	2	3.325	83.980	3	83.134	**85.211**
3	七大工業國	G7	79.492	94.958	2	3.306	82.953	3	3.394	82.012	3	3.194	77.511	3	3.358	85.293	2	82.768	**85.206**
4	新星四力	CITI	65.367	82.254	6	3.121	76.517	4	3.216	76.149	4	2.950	70.225	4	3.008	71.726	6	73.823	**75.509**
5	重點拓銷市場	Focus12	64.516	81.489	8	3.056	74.250	6	3.179	74.914	6	2.942	69.978	5	3.036	72.794	4	73.233	**74.884**
6	新七大經濟體	NG7	66.065	82.882	4	3.047	73.926	7	3.141	73.663	9	2.941	69.967	6	3.018	72.124	5	72.649	**74.695**
7	飛鷹國家	EAGLES	64.303	81.297	9	3.003	72.403	11	3.130	73.305	10	2.892	68.499	10	2.995	71.233	7	71.588	**73.530**
8	新興經濟體11國	E11	63.775	80.822	10	3.001	72.337	13	3.145	73.823	7	2.896	68.627	9	2.986	70.891	8	71.572	**73.422**
9	中印印韓四國	KIIC	66.024	82.845	5	3.018	72.915	9	3.204	75.738	5	2.868	67.792	16	2.914	68.095	15	71.024	**73.388**
10	成長市場八國	Growth8	64.862	81.800	7	3.001	72.313	14	3.145	73.810	8	2.878	68.095	12	2.959	69.823	13	71.108	**73.247**
11	新金磚六國	BRIICS	61.703	78.958	14	3.019	72.964	8	3.110	72.660	13	2.873	67.933	14	2.984	70.800	9	71.391	**72.904**
12	金磚四國	BRICs	62.199	79.405	13	2.981	71.638	15	3.120	72.983	11	2.881	68.186	11	2.979	70.588	10	71.022	**72.698**
13	新興三地	MTV	60.987	78.314	15	3.004	72.445	10	3.117	72.884	12	2.904	68.856	8	2.961	69.921	12	71.111	**72.551**
14	新興市場七國	E7	62.947	80.077	11	3.003	72.398	12	3.106	72.512	14	2.878	68.080	13	2.935	68.916	14	70.554	**72.459**
15	東協十國	ASEAN	58.862	76.403	17	3.075	74.920	5	3.024	69.829	16	2.937	69.855	7	2.863	66.097	19	70.054	**71.324**
16	金賺14國	RDEs	62.842	79.983	12	2.935	70.037	18	3.003	69.128	17	2.847	67.170	18	2.882	66.857	18	68.312	**70.646**
17	展望五國	VISTA	58.914	76.450	16	2.966	71.125	16	3.028	69.964	15	2.850	67.232	17	2.893	67.257	17	68.955	**70.454**
18	靈貓六國	CIVETS	57.894	75.533	18	2.937	70.093	17	2.987	68.617	18	2.839	66.905	19	2.898	67.453	16	68.396	**69.823**
19	**ABC集團**	ABC	51.362	69.657	20	2.935	70.019	19	2.914	66.199	20	2.871	67.875	15	2.975	70.442	11	69.082	**69.197**
20	新鑽11國	N11	56.086	73.906	19	2.860	67.438	20	2.939	67.030	19	2.768	64.797	20	2.832	64.928	20	66.082	**67.647**

資料來源：本研究整理

第 **4** 篇

價值整合新謀略

台灣貿易業者全球布局新韜略

Opportunities
from Value Chain Integration

第 16 章

2013 IEAT台灣貿易業發展新趨勢

在全球經貿環境劇烈競爭、各國積極洽簽自由貿易協定下，台灣若置身於外，恐將被邊緣化，對貿易業者造成龐大壓力。馬英九總統（2012）表示：「對外貿易是台灣的生命線，政府除了拓展商機外，更掃除可能存在的貿易障礙，逐一洽簽自由貿易協定」，顯示台灣以貿易業作爲重要根基、作爲在國際競爭中的續命丹，加上政府承諾改善貿易環境，幫助業者創造商機，因此貿易業者應掌握發展新趨勢，積極布局搶占先機。本章將針對2013《IEAT調查報告》有關「政府推動貿易發展趨勢認同度」進行分析，其內容分述如下：

2013《IEAT調查報告》政府推動貿易發展趨勢認同度分析

2013《IEAT調查報告》有關「政府推動貿易發展趨勢認同度」是由23個問項構成，在2,286份有效問卷中，針對政府推動貿易發展趨勢認同度填答之問卷共計323份，採取1到5分之評價，「非常高」給予5分，「高」爲4分、「尚可」則爲3分、「低」爲2分、「非常低」評價爲1分。亦即評價分數越高代表認同程度越高。

根據表16-1顯示，台灣貿易業者對政府推動貿易發展趨勢之認同程度，**評價排名前5名分別爲：(1)政府對服務貿易發展的重視；(2)政府積極推動優質平價拓銷方案；(3)台灣服務貿易市場發展潛力；(4)政府推動區域貿易與投資自由化；(5)政府對低碳產業與低碳貿易支持程度**。綜合上述排名可知，前5名歸類於「服務貿易」、「發展品牌」、「區域貿易」三大構面中。根據前經濟部長施顏祥（2012）

表16-1 2013 IEAT調查「政府推動貿易發展趨勢認同度」分析

排名	政府推動貿易發展趨勢認同度（N=323）	❶ 非常低 次數	百分比	❷ 低 次數	百分比	❸ 尚可 次數	百分比	❹ 高 次數	百分比	❺ 非常高 次數	百分比	評價
1	政府對服務貿易發展的重視	0	0.00%	10	3.27%	68	22.22%	124	40.52%	104	33.99%	4.052
2	政府積極推動優質平價拓銷方案	0	0.00%	8	2.38%	98	29.17%	119	35.42%	111	33.04%	3.991
3	台灣服務貿易市場發展潛力	0	0.00%	8	2.60%	97	31.49%	105	34.09%	98	31.82%	3.951
4	政府推動區域貿易與投資自由化	0	0.00%	9	3.07%	107	36.52%	73	24.91%	104	35.49%	3.928
5	政府對低碳產業與低碳貿易支持程度	0	0.00%	66	21.71%	54	17.76%	95	31.25%	89	29.28%	3.681
6	台灣具有區域貿易市場整合潛力	3	1.01%	46	15.54%	87	29.39%	91	30.74%	69	23.31%	3.598
7	政府鼓勵貿易商採用雲端計算等資訊化	4	1.32%	41	13.53%	87	28.71%	136	44.88%	35	11.55%	3.518
8	政府鼓勵企業發展自有品牌	6	1.97%	58	19.02%	104	34.10%	65	21.31%	72	23.61%	3.456
9	政府鼓勵智慧財產權貿易積極度	7	2.35%	39	13.09%	104	34.90%	108	36.24%	40	13.42%	3.453
10	政府與他國洽簽區域貿易協定的積極度	6	1.97%	58	19.02%	82	26.89%	112	36.72%	47	15.41%	3.446
11	政府鼓勵貿易商跨業整合	8	2.88%	69	24.82%	75	26.98%	46	16.55%	80	28.78%	3.435
12	政府鼓勵消費者購買綠色產品積極度	3	0.99%	9	2.97%	157	51.82%	122	40.26%	12	3.96%	3.432
13	政府鼓勵貿易商融合文化創意元素	4	1.46%	79	28.83%	67	24.45%	43	15.69%	81	29.56%	3.431
14	政府對節能、減排、降耗產品支持程度	0	0.00%	12	3.95%	172	56.58%	99	32.57%	21	6.91%	3.424
15	政府鼓勵貿易商採用電子商務交易	0	0.00%	30	13.64%	92	41.82%	74	33.64%	24	10.91%	3.418
16	台灣本土企業具區域貿易關稅優惠	0	0.00%	13	4.41%	171	57.97%	87	29.49%	24	8.14%	3.414
17	政府採購過程重視綠色製程與綠色消費	0	0.00%	45	16.07%	114	40.71%	84	30.00%	37	13.21%	3.404
18	政府對進出口商品符合環保法規要求程度	0	0.00%	53	17.26%	123	40.07%	86	28.01%	45	14.66%	3.401
19	政府降低區域貿易關稅與取消貿易限制	4	1.32%	71	23.43%	94	31.02%	80	26.40%	54	17.82%	3.360
20	政府對本土品牌扶持程度	6	2.83%	30	14.15%	87	41.04%	65	30.66%	24	11.32%	3.335
21	政府對符合低碳製程產品鼓動程度	0	0.00%	13	4.21%	215	69.58%	54	17.48%	27	8.74%	3.307
22	政府鼓勵貿易商進行合併形成大型化	3	1.37%	48	21.92%	93	42.47%	51	23.29%	24	10.96%	3.205
23	政府鼓勵中小企業參與全球生產鏈	12	3.99%	128	42.52%	96	31.89%	44	14.62%	21	6.98%	2.781

資料來源：本研究整理

註：「次數」為每個個問項被評價的個別次數；「百分比」為次數佔該問項總次數的比重。

表示：「2010年經濟部主管之服務業，GDP年成長率3.2%，實質GDP共達2.89兆新台幣，但非政府部門的服務業中，占43%之多」，由此可見，服務業的發展潛力不容小覷，未來經濟部為幫助服務業成為推動經濟成長的主引擎，自2013年開始持續八年，投入300億新台幣，希冀將服務業GDP年成長率提升至5.14%，充分顯示政府推動服務業的決心，服務貿易之重要性備受矚目；另一方面，因全球經貿環境不確定性持續升高，區域貿易成形，其中又以東協為主體的區域貿易經濟體成長速度猛烈備受矚目，區域貿易的趨勢不容忽視；此外，為促進台灣品牌在新興市場的開拓腳步，2012年10月17日，國貿局與對外貿易發展協會聯手舉辦台灣精品年度創新方案，經濟部國貿局局長張俊福（2012）表示：「除持續前往印度、印尼、越南與中國大陸推廣台灣優質平價商品外，也將瞄準新興市場」，因新興市場中產階級消費潛力龐大，品質較好、價格亦不高的優質平價商品具有商機，政府帶領相關品牌引進新興市場，將有效幫助台灣業者提高自創品牌的意願。

🔘 2013《IEAT調查報告》台灣六大貿易發展新趨勢

2013《IEAT調查報告》「政府推動貿易發展趨勢認同度」分析，經由將23項問項整理分析，可歸納出六大構面評價，如下表16-2所示，**台灣貿易業者對政府推動六大貿易趨勢認同度**，排名依序為：**(1)服務貿易；(2)品牌台灣；(3)區域貿易；(4)綠色貿易；(5)貿易E化；(6)跨界貿易**，茲將此六大貿易發展新趨勢詳細分述如下：

表16-2　2013 IEAT調查「政府推動貿易發展趨勢認同度」六大構面評價

序號	政府推動貿易發展趨勢認同度（N=323）	❶ 非常低	❷ 低	❸ 尚可	❹ 高	❺ 非常高	評價
1-1	政府對服務貿易發展的重視	0.00%	3.27%	22.22%	40.52%	33.99%	4.052
1-2	台灣服務貿易市場發展潛力	0.00%	2.60%	31.49%	34.09%	31.82%	3.951
1-3	政府鼓勵智慧財產權貿易積極度	2.35%	13.09%	34.90%	36.24%	13.42%	3.453
1-4	政府鼓勵貿易商融合文化創意元素	1.46%	28.83%	24.45%	15.69%	29.56%	3.431
❶【服務貿易】趨勢認同度整體構面評價							3.722

表16-2 2013 IEAT調查「政府推動貿易發展趨勢認同度」六大構面評價（續）

序號	政府推動貿易發展趨勢認同度 （N=323）	❶ 非常低	❷ 低	❸ 尚可	❹ 高	❺ 非常高	評價
2-1	政府積極推動優質平價拓銷方案	0.00%	2.38%	29.17%	35.42%	33.04%	3.991
2-2	政府鼓勵對企業發展自有品牌	1.97%	19.02%	34.10%	21.31%	23.61%	3.456
2-3	政府對本土品牌扶持程度	2.83%	14.15%	41.04%	30.66%	11.32%	3.335
❷【品牌台灣】趨勢認同度整體構面評價							3.594
3-1	政府推動區域貿易與投資自由化	0.00%	3.07%	36.52%	24.91%	35.49%	3.928
3-2	台灣具有區域貿易市場整合潛力	1.01%	15.54%	29.39%	30.74%	23.31%	3.598
3-3	政府與他國洽簽區域貿易協定的積極度	1.97%	19.02%	26.89%	36.72%	15.41%	3.446
3-4	台灣本土企業具區域貿易關稅優惠	0.00%	4.41%	57.97%	29.49%	8.14%	3.414
3-5	政府降低區域貿易關稅與取消貿易限制	1.32%	23.43%	31.02%	26.40%	17.82%	3.360
❸【區域貿易】趨勢認同度整體構面評價							3.549
4-1	政府鼓勵貿易商採用雲端計算等資訊化	1.32%	13.53%	28.71%	44.88%	11.55%	3.518
4-2	政府鼓勵貿易商採用電子商務交易	0.00%	13.64%	41.82%	33.64%	10.91%	3.418
❹【貿易E化】趨勢認同度整體構面評價							3.468
5-1	政府對低碳產業與低碳貿易支持程度	0.00%	21.71%	17.76%	31.25%	29.28%	3.681
5-2	政府鼓勵消費者購買綠色產品積極度	0.99%	2.97%	51.82%	40.26%	3.96%	3.432
5-3	政府對節能、減排、降耗產品支持程度	0.00%	3.95%	56.58%	32.57%	6.91%	3.424
5-4	政府採購過程重視綠色製程與綠色消費	0.00%	16.07%	40.71%	30.00%	13.21%	3.404
5-5	政府對進出口商品符合環保法規要求程度	0.00%	17.26%	40.07%	28.01%	14.66%	3.401
5-6	政府對符合低碳製程產品鼓勵程度	0.00%	4.21%	69.58%	17.48%	8.74%	3.307
❺【綠色貿易】趨勢認同度整體構面評價							3.442
6-1	政府鼓勵貿易商跨業整合	2.88%	24.82%	26.98%	16.55%	28.78%	3.435
6-2	政府鼓勵貿易商進行合併形成大型化	1.37%	21.92%	42.47%	23.29%	10.96%	3.205
6-3	政府鼓勵中小企業參與全球生產鏈	3.99%	42.52%	31.89%	14.62%	6.98%	2.781
❻【跨界貿易】趨勢認同度整體構面評價							3.140

趨勢一：服務貿易

　　隨著全球化的步伐飛快，全球消費革命正加快進行，由新興市場中產階級的擴張扮演強大的推手，根據匯豐銀行（HSBC）（2012）指出：「預計2050年前，全球中產階級將突破30億人口大關，屆時新興市場占全球消費比例將可由現況成長增至六成」，顯示未來新興市場的經濟結構將越來越偏向服務業，這股趨勢將幫助西方已開發國家掀起另一波成長，服務業逐漸成為影響全球經濟表現的重要角色。此外，根據亞洲開發銀行（ADB）（2012）「2012亞洲發展展望更新報告」指出：「除了服務業在新興亞洲崛起，台灣的服務業勞動生產力已接近經濟合作暨發展組織（OECD）國家水準，並遠遠超越韓國，在亞洲開發中國家得到第3名之殊榮，僅落後香港及新加坡」，顯示出大部分亞洲國家服務業仍處與寧靜崛起階段，潛力尚未完全顯露，台灣在資通科技（ICT）排名亞洲第一，台灣貿易業者應該依靠優勢，進攻亞洲服務貿易市場商機。

　　為了幫助台灣服務業躍升國際舞台，經濟部商業司（2012）針對八項主要服務業及七項整合服務業提出「經濟部服務業發展藍圖」，挹注300億新台幣力求在未來八年內除協助調整產業結構外，並將服務業扶持為推動經濟成長的火車頭，期許在2020年服務業達到GDP年成長率5.14%，產值4.75兆新台幣，就業人數增加16.6萬人，可見政府早已為服務業向外拓展做出長遠的規劃。馬英九總統於2012年11月7日在國民黨中央常務委員會上表示：「現今台灣應雙軌並進，透過貿易活動拓展國際市場，並加強國內產業升級，尤其服務業的成長空間最大」，顯示出政府有意幫助企業推動服務業發展，提升產業的競爭優勢，因此，台灣貿易業者應掌握先機，積極拓展兩岸及華人市場服務業商機，運用行政院（2011）所建置「台灣服務貿易商情網」，帶領台灣服務貿易在國際市場上占有一席之地。

趨勢二：品牌台灣

　　美國品牌大師凱文・凱勒（Kevin Keller）認為，「品牌」是企業所擁有最珍貴的資產，隨著全球經貿環境不景氣造成的衝擊，企業領導者無不積極找出企業成長的康莊大道。台灣企業大多擅長薄利多銷，目前仍多在代工製造端徘徊，雖資

源投入較多，但獲利卻不成比例，利潤低且容易遭其他原因侵蝕，企業面對此經營困境。無不紛紛從「微笑曲線」最底端往高附加價值的兩端轉型，設立品牌深入經營似乎成為轉型的主要方向。如果沒有品牌，企業銷售的只是「產品」而不是「商品」，品牌才能完整體現企業品質、技術、行銷等實力的成果。另根據宏碁集團創辦人施振榮先生（2009）認為：「企業經營品牌極具戰略考量，進可攻、退可守」，顯示出品牌創立既可提高附加價值，亦可不用擔心國外企業抽單或斷絕關係而陷入困境，若台灣貿易業者盡早培養品牌意識，建立具有影響力的「台灣品牌」，方能達成「品牌台灣」的新經濟奇蹟。

在經濟部國貿局大力推動下，自2006年開始推動「品牌台灣發展計畫」，回顧六年的光陰，奠定台灣企業建立紮實品牌根基，在持續創新思維的前提下，積極協助企業規劃貼近市場需求的措施，以因應全球瞬息萬變的經貿環境。為了塑造「多元品牌、百花齊放」的榮景，國貿局與外貿協會率領眾多台灣品牌前往世界各地宣傳。外貿協會於2012年11月3日在印度新德里的Select City Walk購物中心設立「台灣精品主題館」，強化台灣精品在世界的品牌知名度，秉持著「平價奢華、高貴不貴、物超所值」的超值形象，讓國外消費者直接接觸商品。此外，外貿協會於2012年11月7日再度帶領知名台灣品牌進軍中國大陸通路，藉由消費者推廣活動，創造1.71億新台幣的驚人商機，由此可知，政府積極推廣品牌台灣之成效已逐漸擴散至企業之間，台灣貿易業者應抓緊機會轉型布局品牌，配合政府的規劃及輔導，成功提高台灣品牌在國際的形象與地位。

趨勢三：區域貿易

全球經濟情勢發展受歐債危機影響，造成市場需求萎靡，進而影響到全球貿易活動。世界各國為提高貿易自由化程度，大部分透過多邊或區域間貿易協定來達成，以期減少全球經濟環境帶來的衝擊。中華經濟研究院台灣WTO中心於2012年6月8日舉辦「入會十年與黃金十年：經貿自由化，布局全球」的國際研討會，瑞士世界貿易學院（World Trade Institute，WTI）Thomas Cottier院長表示：「目前因杜哈回合停擺不前，各國紛紛轉向洽簽優惠貿易協定（Preferential Trade Agreement；

PTA），自由貿易協定（FTA）及區域貿易協定（RTA）的數目變多且變複雜。」根據亞洲開發銀行（Asian Development Bank：ADB）的《亞洲經濟一體化監測》報告（2013）統計：「過去十年間，由於貿易和旅遊的蓬勃發展，亞洲各國的自由貿易協定數量增加三倍之多，從2002年的70個增至2013年1月的257個。」顯示各國在面對經濟衝擊之際，為提升貿易自由程度，利用洽簽FTA方式來振興貿易活動，從而看出洽簽FTA已成為提升貿易自由程度的重要趨勢。

近年政府積極加入區域貿易協定的行列。工研院知識經濟與競爭力研究中心主任杜紫宸於全球財富趨勢論壇（2013）表示：「台灣應積極參與區域經濟與全球經濟，區域間國家可以以合作分工化解競爭局勢」，由此可知，因區域間的合作關係，國家間的貿易交流將顯得更有效率，不僅可提高自身競爭力，更可追求更緊密關係。除此之外，2013年後一系列區域貿易協定談判如TPP、TIFA、RCEP等將啟動，若能掌握箇中機遇，對台灣貿易業者的重要性自是不言而喻。

趨勢四：綠色貿易

近年來全球氣候異常及各種環境問題頻仍，導致各國意識到氣候暖化等環境與生態危機的逼近，解決之道更是眾說紛紜。歐盟執委會（European Commission）顧問Gyula Hegyi（2012）指出：「為解決極端氣候造成的問題，歐盟提出『歐盟2020策略』，主要針對未來保護全球氣候提出實際目標」，期盼再生能源使用率、能源排放量皆達到合理標準。除此之外，根據聯合國環境規劃署（UNEP）（2012）指出：「希望能透過政府採購力量，提高對環境及社會有益之商品與服務消費，以促使全球推動綠色經濟」，由此道出，各國為因應全球暖化及氣候變遷，皆努力發展綠色環保，藉此延伸出綠色經濟，改變過去經濟模式。

此外，積極推動綠色貿易更是近年備受重視的項目之一。根據馬英九總統（2012）表示：「未來要讓綠色產業成為帶動就業與成長新亮點，並且將鼓勵民間擴大對綠能產業、綠色建築、綠色生產研發與投資，使台灣成為『低碳綠能島』」。正值綠色商機興起之際，台灣貿易業者應確實掌握綠色貿易新趨勢，重新檢視自身產品是否與節能環保政策相符，以便搭上全球綠色貿易概念順風車。倫敦大學學院能源研究

院教授Paul Ekins（2012）指出：「企業製造與生產技術的改變，會是產業能否轉向綠色發展的主要轉捩點」，他認為生產者跳脫能源、原料等創造利潤的思維，以推動綠色工業革命，將會是未來永續經營的重要命脈。

趨勢五：貿易E化

華碩雲端企業雲事業處長黃世民（2012）表示：「最快2013下半年，華碩將在全球新設三座資料中心，以趕上企業未來雲端服務之強勁需求」，可見企業紛紛一改過去以紙張作為雙方的貿易工具，逐步使用雲端與電子商務，有效節省企業營運成本，帶動企業生產與競爭力增值效果。國際市場研究機構（Gartner）（2012）表示：「預估全球雲端服務市場規模2013年產值可達430億美元」，驚人的雲端商機背後顯示出雲端運用未來將備受重視，貿易業者應深入探究。自台灣IBM公司與關貿網路合作打造亞洲第一個貿易雲平台以來，提供逾45,000家企業服務，幫助貿易業者建置靈活有效率的雲端平台，開啟雲端貿易之新頁。

歐洲復興開發銀行（EBRD）發行的《貿易通匯》（2013）指出：「台灣企業在全球資通訊業極具影響力，並強調台灣可望成為全球最主要的雲端運算基地」，同時，全球最大公有雲平台亞馬遜（Amazon WebSerice）也與台灣電信業者接洽在台合作模式。綜上所述，台灣雲端服務的未來潛力無限，備受世界肯定。經濟部次長卓士昭（2012）表示：「政府將在五年內投入240億新台幣，全力推動雲端運算產業，期盼2015年之前達成雲端服務應用體驗突破1,000萬人次」，雲端服務儼然成為未來政府施政目標，幫助企業朝整合協作邁進，此外，台灣貿易業者應主動結合雲端概念，使國際貿易上的電子交易更安全且精準迅速到位，才不至於在雲端世界中被淘汰。

趨勢六：跨界貿易

在全球化經貿時代下，透過與異業合作，新產品、新服務、新商業模式經由優勢互補應運而生。從專注本業演進到跨界發展，藉由跨界交流，能為企業帶來成長活水，擴大經營範疇突破成長限制，貿易業者亦可循此概念發展跨界貿易，在現今

激烈競爭下開闢一條生存之道。日本東京大學教授今村奈良臣提出「第六產業」的概念，起源於振興農村經濟，以「1×2×3」一二三級產業整合，創造驚人綜效與價值，此與產業跨界合作的理念不謀而合，並打破舊有的產業界線，運用跨界創新概念，共同追求產業變化的趨勢，謀求產業典範之成功移轉。

經濟部於2012年10月24日所舉辦的「國家產業創新獎」，已進入第二個年頭，為輔導台灣產業創新轉型，提升企業在國際的競爭力，今年特別增設「團隊類」，用意即鼓勵企業跨界合作，經濟部次長杜紫軍（2012）表示：「面對全球化競爭的挑戰加劇，『科技創新』已不足以支撐企業成長動力，更需要透過『跨界交流』，幫助企業激盪創意的火花」，由此可知，台灣貿易業者面對艱困環境之挑戰，若想再次驅動產業成長動能、擴大產業經濟效益，跨界合作將是成功的不二法門。另前副總統蕭萬長先生於2012年11月8日在產業高峰論壇上表示：「產業間的跨領域整合，將是台灣下一階段的重要發展方向」，有鑑於此，台灣貿易業者更應運用自身優勢，掌握跨界貿易趨勢之先機，重新定位自身在全球供應鏈的位置，整合各界資源進而發揮綜效，在國際貿易中占有一席之地。

2013 IEAT成長新興九國發展新商機評析

古語云：「人之衰退，吾之機遇」，依據經驗，每一次全球經濟衰退，恰巧就是新興市場異軍突起的最好時機，當全世界都將焦點放在如何面對美國財政懸崖以及歐債問題蔓延之時，少數表現亮眼的新興國家趁勢而起，吸引全球的目光並前往投資。國貿局局長張俊福2012年11月3日表示：「經濟部將聚焦新興市場的拓銷，相信有助帶動台灣整體出口動能」，可看出政府為振興出口，鎖定新興市場做為目標，促成出口市場多元化，預計商機可突破1.1億美元。本研究延續2012《IEAT調查報告》提出的「成長新興九國」（Growth & Emerging 9：GE9），針對貿易商機做深入探究與剖析，其內容分敘如下：

🔛 成長新興九國【一】：中國大陸貿易商機剖析

根據中國人民大學人口學教授顧寶昌（2012）表示：「一胎化政策影響的情況，如果持續下去，將會沒有勞工、沒有人照顧老人、沒有納稅人」，進而道出，中國大陸世代斷層嚴重影響人口結構，在生育少的情況之下，老人缺乏照顧，且又因獨生子女的家庭結構組成下，養寵物也成為中國大陸家庭的新模式，因而衍生商機，諸如銀髮商機及寵物商機等。茲將中國大陸貿易商機分述如下：

商機一：寵物經濟產業

中國大陸經濟快速發展、社會老齡化加快，且在一胎化政策下，獨生子女家庭普遍，飼養寵物已成為大部分家庭的生活方式。根據《台灣經貿網》2012年9月5日

的報導：「在2001年至2011年間，中國大陸寵物數量成長近500%，北京、上海、廣州、重慶及武漢已成為中國大陸五大寵物城市，數量達到一億隻，寵物消費市場可望達到人民幣500億元」。由此可知，中國大陸在政府實施生育政策後，促使社會結構呈「倒三角形」發展，且經濟條件日漸改善，飼養寵物帶來龐大商機。據香港《文匯報》（2012）報導：「中國大陸目前擁有寵物的家庭數目達1,000萬戶，寵物用品市場發展潛力雄厚」。企業可觀察社會型態的轉變，搭上寵物經濟熱潮。

商機二：電動車經濟產業

拓墣產業研究所資深經理鄭雯隆（2012）指出：「中國大陸政府極力促成電動車產業鏈的成形，當前上游鋰電池正負極材料及中游控制模組到下游整車組裝廠，已經具有雛形」。在中國大陸政府的協助之下，電動車經濟產業鏈已發展至一定水準，相關產業鏈企業應及早進場卡位，且避免與國外廠商在技術及產能上的競爭，方能把握良機，順利開拓市場版圖。中國大陸電動車生產商比亞迪股份有限公司代表林密（2012）指出：「中國大陸為目前全球第一大汽車市場，出租車已達到120萬輛，龐大的公共交通系統已形成巨大的電動車市場」。由此可知，中國大陸在發展電動車經濟產業，潛力無限。

商機三：銀髮經濟產業

中國大陸經濟成長迅速，民眾收入提高，對醫療、保健暨銀髮產業的需求不斷增加，因而促進銀髮經濟產業發展。根據2012台灣醫療、保健暨銀髮產業與中國大陸廠商對接洽談會負責人張企申表示：「中國大陸60歲以上人口已經超過一億人，未來將以3%的速度成長，銀髮產業發展潛力大」。由此道出，中國大陸逐年走向老齡化社會，並且以每年約300萬老年人的速度增加。2012年6月14日，外貿協會秘書長趙永全表示：「中國大陸老年人口逐年上升，貿協將在中國大陸推廣更多的醫療器材及照護」，並認為台灣擁有優質且先進的醫療照護產業，預計將為台灣每年增加100億元商機。道出中國大陸老年人口增加，但銀髮族群所需要的醫療器材及相關產品，仍有缺口，企業將可利用台灣產品優勢，提供優質產品及服務，發展新商機。

成長新興九國【二】：巴西貿易商機剖析

　　巴西獲得2014年及2016年的世界盃足球賽與奧運會的主辦權，根據巴西運動部（2012）指出，巴西政府預計以200億美元籌辦2014年世界盃足球賽，將興建交通設施及建置ICT軟硬體等，此外，更規劃144億美元籌辦2016年里約奧運，可知巴西藉著舉辦全球體育盛事，而可能衍生許多商機，諸如體育用品及行動網路設備等。而日本電子大廠Panasonic（2012）宣布投資巴西家電市場，是首次投資亞洲以外地區來生產家電產品。茲將巴西商機分述如下：

商機一：體育用品產業

　　世界最大經濟體之一的巴西，擁有超過18,000家各種運動俱樂部，伴隨著強大的經濟體及龐大的運動俱樂部等優勢，已讓巴西成為一個舉足輕重的體育市場。巴西將在2014年、2016年分別舉辦世界盃足球賽及夏季奧運，這兩大全球運動賽事的舉辦，會將巴西推向世界舞台，成為全球焦點。根據《工商時報》（2012）報導：「巴西對高級的運動用品，及結合電子科技的運動用品訓練器材的需求量大增，對台灣廠商有利」，由此可知，巴西對運動用品的要求程度相當高，台灣體育用品業者應善用本身優勢，將台灣體育用品帶入巴西市場，且在國際間打響名號。

商機二：家電產業

　　金磚四國之一的巴西，擁有寬廣地域優勢，且蘊含豐富的礦產資源，其中包含鐵礦及其他有色金屬，礦產儲量均相當豐富。根據《僑委新聞》（2012）報導：「家電產業商機大，巴西的人均GDP已經超過一萬美元，在金磚四國中居於前列，消費能力較高。」2012年6月26日，威普諮詢公司（Value Partners）全球合夥人單小虎指出：「看到巴西市場的機遇，同時也得考慮巴西市場帶來的風險。」一語道出，欲在巴西市場發展的企業，應多觀察市場動向，別只看到市場所帶來的好處，就忽略其他可能產生的經營風險。

商機三：4G設備產業

在越來越講究速度效率的時代，網路頻寬漸漸從3G邁向4G時代。2012年8月28日，根據《路透社》（Reuters）報導：「巴西當地的電信業者已經著手為2014年世界盃足球賽事，鋪設最新的行動網路」。根據Global Semiconductor Association（GSA）統計（2012），截至2012年7月份，全球已經有99個國家和地區的327家企業著力於4G商用網路布署或從事相關試驗及研究，主要分布在巴西、印度、日本、波蘭等國家，可見巴西不僅因全球國際體育賽事舉辦而建設4G網路設備，當地政府也極力與企業協力合作建設4G網路設備。

🔘 成長新興九國【三】：俄羅斯貿易商機剖析

身為金磚四國的俄羅斯，擁有廣大的領土、龐大的人口等，市場潛力無窮。根據俄羅斯工商局汽車行業戰略創新委員會主席安德烈・邦科夫（2012）宣布：「2013年可能制定新的電動汽車進口關稅，將先實施一年」，由此可知，俄羅斯在新電動汽車進口關稅政策下，衍生出汽車零組件及綠能產品等商機。根據2013年俄羅斯莫斯科國際食品展之市場分析指出，食品多年來一直是俄羅斯大宗進口商品，占進口總額四分之一，俄羅斯非常依賴進口商品，藉由舉辦食品博覽會招來世界各地食品廠商，因而衍生許多商機。茲將俄羅斯商機分述如下：

商機一：綠能產業

在「資源有限，慾望無窮」的角度下，地球所提供的自然資源，總有一天會耗盡，因此，綠色環保議題暖流吹向全球，為再生能源產業披上綠色面紗。俄羅斯於2012年11月8日至10日在莫斯科國際會展中心舉辦「GREEN ENERGY 2012俄羅斯國際綠色能源展覽會」，大力邀請各界綠能產業機構及專業人士參與，同時也為俄羅斯的綠能產業帶來新的機遇。2012年8月13日，根據《國際新能源網》報導：「俄羅斯將大力發展太陽能、風能及生物燃氣發電，且正制定批發市場上購買可再生能源的法條」。由此可知，俄羅斯正努力建立相關配套措施，以利綠能產業的發展。

商機二：汽車零組件產業

俄羅斯在總統普京正式簽署加入世界貿易組織（WTO）後，爲俄羅斯開啓世界貿易大門，進口關稅大幅調降，也促進貿易發展。根據《國際商情》（2012）報導指出：「俄羅斯因加入世界貿易組織後，致力發展汽車製造業，對台灣汽車零組件廠商而言，極具市場潛力，未來將放寬調降關稅及相關規定」。在2012年9月14日，據《精實新聞》報導：「俄羅斯入會開啓門戶，日本汽車零組件廠商躍躍欲試」。一語道出，在俄羅斯加入世界貿易組織後，日本汽車零組件廠商爭相進入投資，欲將俄羅斯當作跳板，將產品輸入歐洲各國；因此，台灣企業應積極搶進，掌握商機進入布局。

商機三：食品產業

隨著經濟環境條件不斷改善之下，俄羅斯已經成爲東歐地區的消費大國，食品業日益繁榮。根據2012俄羅斯莫斯科國際食品展覽會，展出種類包含雜貨類、罐頭食品、便利食品、飲料及乳製品等，並提供企業與買家進行貿易洽談，企業可利用此平台，發布新的產品，開拓市場商機。2012年9月21日，外貿協會籌組14家台灣食品廠商參加「俄羅斯莫斯科國際食品展覽會」，吸引俄羅斯與世界各國近500家買主，進行貿易洽談，現場接單金額達190萬美元，後續衍生商機將達426萬美元，可知台灣食品在俄羅斯市場頗具潛力，企業應把握並深耕經營。

🌐 成長新興九國【四】：印度貿易商機剖析

早自2001年的「金磚四國」（BRIC）到2012年的「高成長國家八國」（The Growth Map），印度始終受人矚目，發展潛力不僅引起高盛集團（Goldman Sachs）首席經濟學家Jim O`Neill的注意，亦成爲全球廠商的兵家必爭之地。印度龐大的商機下隱藏著基礎建設不足的隱憂，據印度新能源與可再生能源部（2012）表示：「即使身處印度首都，停電也是家常便飯，因爲供電設備老舊，每天停電七、八次是家常便飯」，由此可知，電力不足爲印度當局目前急需解決的問題；但危機

總能帶來商機，太陽能發電配合印度充足的日照將可立即解決當地的缺電問題，這也代表印度的太陽能發電產業將具有龐大的商機，此外，12.1億的人口所衍生出的醫療商機與禮品產業商機亦不容小覷。綜上所述，茲將印度市場商機敘述如下：

商機一：醫療產業

依據印度政府普查顯示，截至2011年，印度總人口數已經高達12.1億人，另根據美國加州州立大學長堤商學院（California State University, Long Beach）教授孫滌2012年指出：「印度人口目前的總合生育率（Total Fertility Rate；TFR）為2.5，中位年齡在25歲左右，最晚於2035年，印度將成為世界第一大人口國」。龐大的人口衍生出龐大的醫療商機，根據世界銀行統計數據指出，隨著人均GDP自2000年的450.42美元一路上升至2011年的1,488.52美元，人均醫療支出亦同比上升，由2000年的20.68美元上升至2010年的54.25美元，隨著GDP的增長，人民醫療保健的費用亦隨之上升。根據中國醫藥保健品進出口商會2012年9月指出：「2013年印度的醫療市場規模預計將達50億美元，為世界醫療技術領域持續成長的市場之一」，由此可知，印度廣大的人口加上人民所得的提高，已為印度的醫療產業打下基礎。

商機二：禮品產業

印度人常稱：「一年有365天，而印度節日就有365個以上」，雖說是誇大的用語，但也因此使印度有「節日之國」（Land of Festival）的稱號。隨著印度經濟的崛起加上送禮文化的興起，禮品已成為印度一項前景看好的產業。印度禮品產業主要分為售予企業做為商業贈品使用的B2B市場，以及直接售予顧客做為年節贈禮使用的B2C市場兩種類別，正如同*Gifts & Accessories Magazine*主管Rakesh Desai（2011）表示：「金融、資訊科技、醫藥、娛樂和傳媒等產業，都是肯砸重金採購贈品的產業，而印度零售市場規模全球排名第5，加上世界第二的人口數，創造龐大的B2C禮品市場商機」。

商機三：太陽能產業

2012年7月30日，印度北部發生大規模停電事故，將近三億居民受到影響，

其中，首都新德里亦位於停電區域內，更顯得缺電問題的嚴重性，正如Peterson Institute for International Economics於2012年8月2日所發表的《*Can India's Power Problems Be Solved?*》「印度急需解決長期缺電問題」，此外，印度煤礦區Andhra Pradesh及Telangana等獨立設省抗爭愈趨激烈，以致煤礦產量銳減，印度對於太陽能發電的需求越強烈，正如同太陽能投資基金Eoxis執行長Laurence Mulliez（2012）表示：「印度是太陽能產業的新標的，市場潛力極大」。印度政府雖於2012年對太陽能板模組及電池祭出進口限制，但根據經濟部推動綠色貿易專案辦公室於2012年6月20日「印度太陽光電市場商機說明會暨貿易洽談會」發布的訊息表示：「印度太陽電池產能和品質不足，仍然需要海外產品支援」，可知印度的太陽能產業對外國廠商而言商機龐大，值得爭取。

⚙ 成長新興九國【五】：南非貿易商機剖析

經濟部投資業務處處長邱一徹（2012）表示：「南非經濟發展及市場潛力在非洲地區居於領先地位，金融市場發展健全，財經政策得到世界各國相當高評價」，又依據瑞士洛桑管理學院（International Institute for Management Development；IMD）2012年5月30日公布《2012全球競爭力報告》指出：「南非排名由去年全球第52上升至第50」，顯示南非為一個極具潛力與活力的新興市場。隨著南非的快速發展，其國內對於汽車以及能源的需求日益上升，唯近年來南非發電用煤出現短缺的現象，因此，太陽能已逐漸成為南非政府重視的能源。而在南非社會方面，雖然過去的種族隔離政策已隨著南非的發展而廢止，但種族間的對立仍對南非的治安造成影響，因此，當地的治安問題為貿易業者於當地進行商貿活動時須考量的風險之一。茲針對南非之產業現況與社會環境整理出三項商機如下：

商機一：汽車產業

南非為非洲基礎設施最完善、現代化程度最高的國家，對於汽車擁有相當程度的需求，根據南非汽車製造業全國協會（National Association of Automobile Manufacturers of South Africa；Naamsa）（2012）公布數據顯示：「2011年全年，

南非的汽車銷售量為56.99萬輛」。除民間有需求外，南非政府亦將於2013年施行新的〈汽車生產計劃〉（Automotive Production Development Program；APDA），以取代自1995年以來所施行的〈汽車工業發展計畫〉（Motor Industry Development Program；MIDP），該APDA的施行目標為於2020年將南非汽車產量提升至每年120萬輛，依據南非經濟學家Shireen Darmalingam於2012年4月間表示：「APDA將可輔助南非汽車產業穩定發展至2020年」，此外，南非貿工部部長Rob Davies（2012）表示：「南非汽車產業的未來發展相當樂觀」，因此南非的汽車產業發展，在民間的需求以及政府政策兩相拉動下，預期將可創造龐大的商機。

商機二：太陽能產業

南非是非洲的電力大國，占有全非洲三分之二的發電量，其中燃煤發電便占了近90%，但自2008年以來，南非這個非洲的發電大國卻開始出現缺電的現象，及至2012年，缺電現象更趨嚴重，南非國有電力公司Eskom於2012年8月發布警告：「電力供應嚴重吃緊，主要原因是Mpumalanga省發電用煤礦儲量大幅減少，到了2040年，Mpumalanga省13座火力發電廠當中，恐僅有五座發電廠可擁有充足的煤」。根據南非政府2012年1月5日所發表的聲明：「南非政府意識到煤炭儲量有限，為了保證南非能源的永續利用，發展太陽能發電勢在必行」，顯見南非政府對於發展太陽能的意向，此外，南非政府同樣於2012年1月5日所發表的聲明中表示：「南非Northern Cape省年均太陽能輻射值在全球名列前茅，非常適合建設太陽能發電廠」，由此可知，南非在自然資源緊迫以及自然環境條件上，都為發展太陽能賦予良好的天時與地利，加上政府政策支持的人和配合下，將為南非的太陽能產業創造美好的前景。

商機三：安全科技產業

2006年6月，中國大陸駐南非大使劉貴今接受媒體訪問時曾說到：「南非是一個多種族、多文化、多元性的國家，南非歷史上長期實行種族隔離政策，整體而言，複雜的環境造成南非治安狀況較差」，因此，南非當地對於保護人身財產安全

的安全科技產品有龐大的需求，正如同中國大陸會展網於2012年所刊登之「2012南非國際工業安全防護展覽會」資訊所提：「南非當地治安敗壞，使當地日益重視個人身家財產安全以及日益攀升之犯罪等因素，而促成安全科技市場成長潛力大」。此外，根據台灣南非安全科技展參展團團長張世朋於2012年6月20表示：「台灣的安全科技產品以新科技、高品質、優良售後服務、產業整體包裝方式，贏得廣大市場，預期未來會有更多後續訂單，放眼南非與鄰國市場，安全科技商機應是無限大」，顯示出台灣安全科技產品在南非市場具有與世界各廠一較高低的實力，應把握此一商機。

成長新興九國【六】：印尼貿易商機剖析

印尼市場廣大，發展快速，使其成為2012《IEAT 調查報告》所評選之「新興成長九國」（GE9）之一。印尼為著名的島國，亦因國土分散使其基礎建設不易，然而，不完備的基礎建設將影響一國的經濟發展，是故，為加強其國內的基礎建設與島間的通訊，印尼對於基礎建設相關機械以及通訊產品的需求逐漸加大。此外，隨著經濟的持續發展，印尼已開始由企業的工廠逐步轉換為企業的市場，其中成衣產業在印尼的發展便是典型的一例，逐漸展露消費潛力，茲就印尼商機分析如下：

商機一：通訊產業

根據經濟部全球台商服務網所載，印尼全國土地面積為1,919,317平方公里，由17,000多個島嶼所組成的島國，各島嶼分布範圍廣，全境幅員共跨三個時區；正如同千湖之國「芬蘭」因境內湖泊眾多以致交通及通訊不便而發展出移動通訊品牌NOKIA一般，廣大的幅員加上四散的島嶼使印尼固網架設不易，因此，印尼對於移動通訊產品的需求相當龐大，如同hTC印尼總經理Djunadi Satrio於2012年9月20日所指：「印尼島嶼多、固網建設不易，行動上網裝置將成主流」。根據麥肯錫全球研究機構（McKinsey Global Institute）在2012年9月19所發布的《*The Archipelago Economy: Unleashing Indonesia's potential*》報告指出：「2030年印尼可望超越德國

及英國,成爲全球第七大經濟體」,可見龐大的經濟潛力與地理條件限制所衍生出的需求,將促使印尼通訊產業快速發展。

商機二:電機電子產業

印尼總統Susilo於2011年5月27日公布「2011-2025年總體經濟計劃」(MP3EI),希望於15年內將印尼打造爲世界前十大經濟體,並於2025年GDP達成45,000億美元的目標。有鑑於此,印尼政府積極推動太陽能電廠、礦產開採、大型鋼鐵廠、高速公路及鋪設寬頻網路等基礎建設投資,這些投資所需的機械設備連帶拉動電機電子商品的需求;此外,印尼的汽車零配件市場爲東協國家中最主要市場,其汽車產量高達2,000萬輛、機車4,500萬輛,爲東協最大的汽車生產國,龐大的汽車生產量形成龐大的車用電機電子商品需求。在政府投資及民間企業的需求下,印尼的電機電子產品商機看俏,加上印尼政府在2011年8月宣布汽車零組件及電子產品及零組件等16項製造業實施退還進口關稅的措施,電機電子業於印尼的商機無窮。

商機三:成衣產業

根據麥肯錫全球研究機構(McKinsey Global Institute)(2012)在《*The Archipelago Economy: Unleashing Indonesia's Potential*》報告中指出:「印尼60%的GDP來自於消費,預估2030年年淨收入超過3,600美元的消費階級,將達9,000萬人,於G20國家中僅次於中國大陸」,隨著印尼消費能力提升,印尼已由過去的成衣生產基地,逐漸轉變爲成衣銷售市場,根據台灣紡拓會(2012)指出:「印尼當地的紡織成衣業者看到內需消費市場成形,積極提高產能利用率及轉型升級,除持續接單代工生產國外品牌外,亦逐步與百貨通路合作開發自有品牌,行銷印尼內需市場」。根據印尼紡織協會(Indonesian Textile Association:API)主席Ade Sudrajat(2012)表示:「今年印尼紡織品與成衣國內銷售額爲76億美元,同比增長5%」,顯見,龐大的中產消費階級及逐日成長的消費能力,印尼的成衣市場商機已逐日茁壯。

成長新興九國【七】：越南貿易商機剖析

由於中國大陸經濟成長趨緩影響，不少知名企業紛紛轉向條件更好的新興市場，而越南便成為不少企業青睞的目標。根據匯豐銀行（HSBC）與英國牛津經濟顧問公司（Oxford Economics）（2013）所發布《環球貿易展望》內容表示：「因中國大陸轉移至高附加價值產業，將帶給越南及孟加拉等勞動成本低國家極大商機，越南將躋身世界出口成長三大國家之列」，除咖啡豆出口持續成長外，對發展勞動密集的紡織業無疑是一大商機。同時在越南崛起的中產階級，也因收入增加對民生消費需求提高，食品業未來潛力十足。茲分析越南三大商機，其內容如下：

商機一：食品業

根據越南中央統計局（2012）數據顯示，截至2011年，越南人口數量已超越9,150萬人，龐大的人口紅利將替越南帶來驚人的內需商機，俗語說：「民以食為天」，沒錢過好日子，也要先填飽肚子，就是此簡單想法，許多知名餐飲品牌瞄準此商機前往越南布局。2012年9月12日，味丹行政總裁楊坤祥表示：「味丹於越南發展逾20餘年，驚人的人口數量造就出龐大的內需市場」，其表示開發時間雖長，但食品業商機在越南仍是相當耀眼，除此之外，統一與味丹等在越南也有一定程度布局，越南是統一企業在東南亞投資金額最大的據點，味丹在越南建設食品加工廠，就地取材運用當地材料製成產品，不只足夠供應內銷，還可外銷至國外，在越南市場相當受到歡迎；河內市超市協會主席Vu Vinh Phu（2012）表示：「消費者目前花費在食品費用達日常收支的70%」，綜上說明，可看出食品業在越南仍維持強勁的成長力度，台灣貿易業者應把握時機布局。

商機二：咖啡業

隨著中國大陸經濟崛起，民眾收入增加、生活方式改變，中國大陸飲用咖啡人口逐年增加，排除酒類與茶類，中國大陸人民應酬與休閒有了新的選擇，根據中國大陸海關統計（2012）顯示，至2011年底，中國大陸進口咖啡量高達4萬3,000噸，創下3.65億美元的價值，2012年上半年度越南打破紀錄，對中國大陸出口達1

萬5,000噸,越南出口量占東協國家對中國大陸出口總量的96.2%,除此之外,2012年8月30日,國際咖啡組織(IOC)公告:「越南首次超越巴西成為全球最大咖啡出口國」,表示2012年前8個月不僅出口量成長31.9%,出口總金額更較去年同期成長26.3%。種種因素讓越南咖啡業的前景一片光明,除了咖啡出口量重回世界第一,再加上中國大陸每年咖啡消耗量年成長10至15%,雙重引擎帶領越南的咖啡業向前邁進。

商機三:紡織業

由於中國大陸勞動力成本日益增高,棉花、羊毛等原物料也飆漲,企業利潤不斷受到侵蝕,屬於勞動密集型的中國大陸紡織業踏出外移步伐,將生產基地遷徙至越南,就因人力成本只需中國大陸的三分之二,廠房租金也相當於原先的三分之一,不少國際運動品牌不約而同地將目光聚焦於越南而積極投入當地設廠。2012年9月17日,根據越南工貿部表示:「2012年前八個月總出口紡織服裝97.2億美元,較去年同期成長7%」,不只成績亮眼,越南自身的服裝協會也建議當地政府減免紡織企業三至六個月增值稅與出口退稅商品比例提高,無疑都是刺激紡織出口的成長動能,加上越南政府積極參與TPP(The Trans-Pacific Partnership)諮商,未來若簽署成功,將可擴大市場範圍,有助提升紡織業競爭力,輸出成品至美國市場。台灣貿易業者須籌畫布局越南,占有一席之地,未來將可享TPP帶來之商機。

🎯 成長新興九國【八】:土耳其貿易商機剖析

從1960年代開始,土耳其積極爭取加入歐盟,期望能改善民眾生活,卻始終沒有傳出捷報,但總理艾爾段(Erdogan)自2002年上台後,奮力提振經濟,帶領土耳其邁向地區強國之列,無論是鄰近東歐、中亞與中東等地區,土耳其是唯一在出口與製造業表現亮眼的國家,根據土耳其央行(2013)公布:「土耳其2013年2月製造業信心指數連續第二個月反彈,升至107.5」,顯示土耳其製造業持續穩定發展,尤其鋼鐵更成為2012年土耳其最大出口產品,此外,也因處多元文化交融處,激盪出東西文化薈萃的活力,使旅遊業發展極具商機。茲分析土耳其三大商機如下:

商機一：橡膠業

　　橡膠業受到土耳其相關政府與協會的支持，產業規模成長快速。自2010年開始，土耳其已成爲歐洲第三大塑膠加工國，無論是橡膠原物料的生產、消費領域應用與國際貿易進出口，土耳其皆能快速回應各地需求，成爲各領域的領先者。2012年9月24日，日本第二大輪胎廠住友橡膠（SRI）宣布：「斥資約5.2億美元於土耳其建立兩座輪胎新廠」，顯示其看好土耳其地理優勢，未來將瞄準中東、北非等新興市場與歐洲市場的輪胎需求。台灣身爲全球第五大橡膠加工機械生產國，加工機械兼具品質與價格競爭力，若雙方業者能密切合作，聯手發揮強強優勢，便能贏得世界各地顧客的青睞。

商機二：鋼鐵業

　　鋼鐵業爲現代中不可或缺的生產性原料，帶動下游工業的力道強勁，又有「重工業之母」美稱，因此對經濟正起飛的國家極爲重要。根據土耳其鋼鐵出口商協會（CIB）（2012）公布：「今年8月份土耳其外銷出口鋼鐵產品170萬噸，較同期相比成長23.9%，出口產值達12.8億美元」，顯示出鋼鐵業雖在大多數國家邁入成熟期，但在土耳其仍維持著強大的競爭力，其成長速度是有目共睹的，替土耳其奪得歐洲第二大鋼鐵生產國頭銜，並開始瞄準東非國家，看中非洲未來的鋼鐵消費潛力；此外，鄰近的中東國家基礎建設需求增加，對鋼材的需求也大幅成長，部分鋼鐵產品需要完全進口，由此可見，土耳其占盡地利之便，雙方企業若能共同合作，將可聚焦此類發展中國家，掌握鋼鐵業商機。

商機三：旅遊業

　　土耳其又被稱爲「風暴中的綠洲」，因位處歐亞大陸交界處、文明匯聚之地，擁有豐厚歷史文化底蘊，經營旅遊業相當具有優勢，在金融海嘯爆發後，土耳其消費相對低廉以及鄰近歐洲的優勢很快就被歐洲旅客注意上，讓土耳其旅遊業開始逆勢成長，自然風景與體驗旅遊的組合，替土耳其旅遊業賺進源源不絕的觀光財富，2012年3月15日，土耳其文化旅遊部公布《全年訪客人數統計報告》，表示2011年旅遊人數突破3,140萬人大關，與2011年相比成長了將近10%，同年8月，文化旅遊

部長谷乃伊（Ertugru Gunay）表示：「土耳其旅遊收入呈現150%的成長，內含250億美元的商機」，未來旅遊業將走向多元化發展，進一步發展豪華、商務與健康旅遊，土耳其政府對旅遊市場發展充滿信心，若台灣相關業者提供服務業，能與當地政府保持密切合作，將有機會共享商機。

🔑 成長新興九國【九】：墨西哥貿易商機剖析

根據2012上半年拉美和加勒比經濟委員會的預測，墨西哥出口成長在拉美出口國家中居領先地位，甚至有機會取代巴西成為全球第六大經濟體，因其勞動成本相對低廉吸引全球企業前往布局，再憑藉與美加、歐盟等簽訂FTA，低關稅甚至零關稅助墨西哥出口貿易更具優勢，以及地理位置便於將產品銷往美國、巴西等龐大市場，因此如汽車與家電等產業前景看好。此外因汽車業發展有成，政府更將優勢延伸至航太產業，期許2017年打造完整航太組裝線。茲分析墨西哥三大商機如下：

商機一：汽車業

墨西哥為全球第四大汽車出口國，根據墨西哥促進投資機構（ProMexico）總裁Carlos Guzman於2012年8月29日接受彭博社（Bloomberg）訪問表示：「國際知名車廠已將墨西哥視為重要布局出口基地之一，未來三年內汽車年產出可望增加100萬輛，相較同期增幅高達38%」，顯示出國際大廠對墨西哥前景之看好，如Mazda、Nissan、Audi與Volkswagen紛紛宣布於此地擴增新廠提高產能，未來將有助墨西哥問鼎全球前三大汽車出口國的寶座，更有機會超越巴西奪回拉美最大經濟體頭銜。因能源價格居高不下、人力成本低廉等因素，使得「墨西哥製造」逐漸趕上「中國製造」，建議台灣相關業者及早卡位，趁勢進軍拉丁美洲等新興市場，如巴西對墨西哥製造的進口汽車比例日漸提高，更可抓緊此契機，積極搶攻墨西哥汽車工業，並將台墨聯手產品銷往全球。

商機二：航太業

航太產業始終是先進工業國家的天下，但墨西哥因有政府政策輔導、轉型升

級，短短十年內從無到有，成功打造墨西哥的鋼鐵翅膀，期許未來能引進全生產線，製造出純「墨西哥」製造的各式民航機翱翔天際。2012年8月3日，墨西哥克雷塔羅（Gueretaro）州經濟發展廳長Gregoio Velazquez表示：「航太業出口產品占墨西國全國工業出口的36%，2012下半年該州將持續推動四個全新航太業投資計畫，總計將能創造1億5,000萬美元商機」，顯示出航太業在墨西哥受到政府的重視，不僅比亞洲快速滿足美洲市場，驚人的產值更是撐起墨西哥經濟的一大後盾。因墨西哥航太業專精於設計研究及代工組裝，優秀生產效率與低廉運輸成本促使全球企業無不爭相與其合作，台灣業者若能進一步洽談建立夥伴關係，不僅能享有墨西哥與全球44國自由貿易協定之便利，更藉由（North American Free Trade Agreement，NAFTA）成功跨入美洲市場。

商機三：家電業

墨西哥是中南美洲僅次於巴西的第二大國，名列全球第14大經濟體，但美國高盛證券（Goldman Sachs）（2012）大膽預估，到2025年墨西哥將成為第11大經濟體，經濟快速崛起培養出強勁的內需市場，高盛資產管理公司董事長（Jim O'Neill）（2012）認為：「墨西哥擁有上億人口紅利與鄰近產油優勢，經濟規模不容小覷」，除此之外，Sharp、LG、GE等家電廠商皆將家電生產基地設在墨西哥，大幅降低了貿易成本，瞄準的就是零關稅輸往美國的龐大市場，以及墨西哥本身的內需市場。知名企業如鴻海、宏碁、仁寶因分散風險原則前往墨西哥設廠，其餘台灣家電企業遭遇中國大陸工資上漲侵蝕利潤，經營難度日益增高，若能借道墨西哥，前進北美、南美等龐大內需市場，找到對的方向永續經營，便有機會成為當地有競爭力的家電品牌。

第 18 章

2013 IEAT邊境市場八國 發展潛力探析

美國劇作家Arthur Miller曾說：「當根本的幻想消失時，一個時代就可以宣告結束」，當大家期許金融海嘯後經濟復甦，卻逢歐債危機這場暴風雨，全球經貿環境呈現日趨嚴峻的形勢，促使經貿主體受影響而轉變。全球從依賴進出口帶動經濟成長轉向拓展內需市場為主，擁有龐大內需的市場成為全球矚目的焦點。然而，除了擁有龐大消費潛力的新興市場外，尚未充分開發的「邊境市場」（Frontier Market）國家所得水準上升，發展潛力亦指日可待。美林證券分析師Michael Hartnett（2008）將**「邊境市場」定義為市場規模小、外資挹注少及經濟發展成熟度低於「新興市場」之國家**。根據「新興市場教父」墨比爾斯（Mark Mobius）（2011）指出：「2001至2010年間，世界經濟成長最快的十個經濟體，其中九席為邊境市場，例如烏克蘭、奈及利亞、緬甸等」，顯示「邊境市場」經濟正處於快速發展，潛力不容小覷。

🔧 「邊境市場八國」評選

有鑑於「邊境市場」的興起，《2013年IEAT調查報告》特地篩選出最具潛力的邊境市場，藉此提供業者作為布局全球運籌帷幄參考。有關八大邊境市場國家的產生，首先整理相關機構組織提出之邊境市場報告，參照機構包括：(1)摩根大通（JPMorgan Chase & Co；JPM）；(2)美林證券（Merrill Lynch）；(3)標準普爾（Standard & Poor's；S&P）；(4)富時指數公司（FTSE）；(5)摩根士丹利（Morgan Stanley；MS）；(6)《天下雜誌》；(7)富蘭克林坦伯頓（Franklin Templeton）；(8)

經濟部國貿局，並將邊境市場報告中提及之國家列出，如表18-1所示。接著統計在上述機構組織報告中出現超過三次以上的國家地區，並將屬於本年度研究的50個貿易地區國家作爲邊境市場國家的評選標準，評選結果共有十國，然而由於「孟加拉」及「巴基斯坦」因綜合貿易競爭力評選爲「暫不推薦」貿易地區，因此不列入評選，最後選出的邊境市場共有八國，分別爲(1)阿根廷；(2)巴林；(3)斯洛伐克；(4)約旦；(5)科威特；(6)阿曼；(7)緬甸；(8)奈及利亞。表18-3爲邊境市場八國國家人口結構、經濟成長、資源蘊含量等次級資料，提供貿易業者作爲參考依據。

☉ 「邊境市場八國」經貿環境剖析

《孫子兵法・九地篇》：「兵之情主速，乘人之不及，由不虞之道，攻其所不戒也」，正當全球局勢掀起投資新興市場熱潮，邊境市場以後起之秀的姿態發揮成長潛力，貿易業者應搶先攻城掠地以掌握邊境市場先機。由於邊境市場國家處於起步發展中，因此商機不明確，然而透過了解邊境市場優勢，將能幫助貿易業者洞燭先機，茲將邊境市場八國優勢分述如下：

1.【緬甸】

緬甸原爲英國殖民地，獨立於1948年並成立聯邦政府，緬甸軍政府於1997年因對翁山蘇姬的軟禁及對人權的打壓，促使歐美對緬甸展開經濟制裁，完全禁止進口來自緬甸的商品，致使主打美國市場的外銷廠商撤離緬甸，引發外資外移。直到2010年後，緬甸軍政府釋放被軟禁達15年的翁山蘇姬，並於2011年11月13日頒布新憲法，歐美遂逐步解除對緬甸的經濟制裁，亦逐步吸引外資回流緬甸市場。

優勢一 》人力優而廉

根據美國中央情報局（Central Intelligence Agency：CIA）於2012年7月所公布的人口統計資料：「緬甸人口數約5,458.465萬人，世界排名第24名」，顯示人力資源相當豐富，並擁有勞動成本低廉的環境；香港製衣同業協進會會長鍾國斌（2012）表示：「越南勞動成本增加至200美元，相對於緬甸的勞動成本約爲100美元，工資低廉、素質穩定，勞動成本確實有明顯優勢」。緬甸教育程度優於其他東

表18-1 邊境貿易市場組織一覽表

序號	經濟組織	提出機構	時間	國家數量	列入國家
1	新世代市場	摩根大通	2011	7	白俄羅斯、加彭、伊拉克、奈及利亞、巴基斯坦、斯里蘭卡、越南。
2	邊境市場指數	美林證券	2008	8	阿拉伯聯合大公國、科威特、奈及利亞、摩洛哥、克羅埃西亞、巴基斯坦、哈薩克、越南。
3	新領域市場	標準普爾	2011	37	阿根廷、巴林、孟加拉、波札那、保加利亞、哥倫比亞、象牙海岸、克羅埃西亞、賽普勒斯、厄瓜多、愛沙尼亞、迦納、牙買加、哈薩克、肯尼、科威特、拉脫維亞、黎巴嫩、立陶宛、模里西斯、納米比亞、奈及利亞、阿曼、巴基斯坦、巴拿馬、卡達、羅馬尼亞、斯洛伐克、斯洛維尼亞、斯里蘭卡、千里達及托巴哥、突尼西亞、烏克蘭、阿拉伯聯合大公國、越南、尚比亞。
4	邊境50指數	富時指數公司	2012	25	阿根廷、巴林、孟加拉、波札那、保加利亞、象牙海岸、克羅埃西亞、賽普勒斯、愛沙尼亞、約旦、肯亞、立陶宛、馬其頓、馬拉威、奈及利亞、阿曼、卡達、羅馬尼亞、塞爾維亞、斯洛伐克、斯洛維尼亞、斯里蘭卡、卡、突尼西亞、越南。
5	MSCI新興市場	摩根士丹利	2006	25	阿根廷、巴西、智利、中國大陸、哥倫比亞、捷克、埃及、匈牙利、印度、印尼、以色列、約旦、馬來西亞、墨西哥、摩洛哥、巴基斯坦、秘魯、菲律賓、波蘭、俄羅斯、南非、南韓、台灣、泰國、土耳其。
6	閃躍投資新契機的18國	天下雜誌	2011	18	安哥拉、象牙海岸、莫三比克、迦納、香港、盧安達、肯亞、奈及利亞、索比亞、波札那、巴拿馬、秘魯、斯里蘭卡、孟加拉、卡達、哈薩克。
7	2001至2010年成長最快十大經濟體	富蘭克林坦伯頓	2011	10	中國大陸、緬甸、安哥拉、奈及利亞、衣索比亞、哈薩克、查德、莫三比克、柬埔寨、盧安達。
8	貿易尖兵（2007至2010年）	經濟部國貿局	2011	18	薩爾瓦多、瓜地馬拉、黎巴嫩、緬甸、貝爾格勒、澳門、巴基斯坦、阿爾及利亞、古巴、斯里蘭卡、明斯克、伊拉克、衣索比亞、利比亞、蘇丹、波士尼亞、羅斯托夫。

資料來源：本研究整理

表18-2 2013 IEAT「邊境市場八國」次級資料

國家/地區		年齡中位數（歲）	總人口數（萬人）	2013年GDP預測（%）	外人投資（FDI）（億美元）	進口貿易（億美元）	出口貿易（億美元）	進出口貿易（億美元）	石油儲量（億桶）	天然氣儲量（億立方米）	勞動力（萬人口）	2008~2010 GDP成長率			2008~2010 平均GDP成長率（%）
		[1]	[1]	[2]	[3]	[4]	[4]	[4]	[1]	[1]	[1]	2008 [5]	2009 [5]	2010 [5]	[5]
1	阿根廷	30.7	4,219	4.0	70.55	565.00	681.33	1,130.04	25.1	3,788	1,676	6.8	0.9	9.2	5.63
2	巴林	31.1	124	2.8	1.56	98.00	149.71	247.71	1.2	920	67	6.3	3.1	4.5	4.63
3	斯洛伐克	38.0	548	3.1	5.53	650.29	646.64	1,296.93	0.1	142	271	5.9	-4.9	4.2	1.73
4	約旦	22.4	650	3.0	17.01	155.64	70.28	225.92	0.0	60	177	7.6	2.3	3.1	4.33
5	科威特	28.6	264	1.8	0.81	224.46	671.18	895.64	1,040.0	17,980	224	5.0	-5.2	2.0	0.60
6	阿曼	24.4	309	4.0	11.42	199.73	366.01	565.74	55.0	8,495	97	12.8	1.1	4.2	6.03
7	緬甸	27.2	5,458	5.9	9.10	48.07	87.49	135.56	0.5	2,832	3,253	10.2	10.4	10.4	10.33
8	奈及利亞	17.9	15,220	6.6	60.49	442.35	840.00	1,282.35	372.0	52,920	5,216	2.3	-8.3	2.8	-1.07

資料來源： [1] 美國中央情報局（CIA）：年齡中位數、人口數、石油儲量、天然氣儲量、勞動力。
[2] 國際貨幣基金會（IMF）：預測2013年GDP。
[3] 世界銀行（WB）：外人投資（FDI）。
[4] 世界貿易組織（WTO）：進口貿易、出口貿易。
[5] 聯合國統計司（UN）：2008~2010GDP成長率。

南亞國家，平均每位國民教育程度八年，國民識字率達90％，相對泰國、印度、越南及印尼等素質不高、無法提供工商業發展所需的人力資源的國家而言，未來緬甸將可成為提供低廉且較高素質勞工的主要來源，台灣貿易業者可利用緬甸廉價勞動力的優勢降低產品的生產成本。

優勢二 》中印東樞紐點

緬甸擁有戰略性樞紐位置，地處中國大陸、印度及東協三大新興經濟體的中心位置，向北連接中國大陸，向東連接東協諸國，向西連接印度及印度洋周邊地區，台灣貿易業者可藉此一優勢，做為進入東亞、南亞及東南亞地區貿易活動的跳板，縮減進入中國大陸、印度及東協三大市場的縱深，發揮緬甸戰略位置的最大優勢。如同馬來西亞聯昌國際東盟研究機構（CARI）首席執行員彭潤年於2012年9月24日表示：「緬甸將會是亞洲的新絲綢之路，介於中國大陸與印度兩大亞洲新興經濟國家之間，未來將成為最有潛力的投資地區」。

優勢三 》未墾資源豐富

根據外貿協會市場研究處范光陽博士（2012）表示：「緬甸的原油蘊藏量約31億桶、天然氣約24兆立方英尺、紅寶石和玉石在全世界的產量占90％以上，而柚木產量占全世界60％」。緬甸因長年的經濟制裁，以致境內豐富的原油、天然氣、礦產資源、林木、漁業等天然資源尚未大規模開採，蘊藏量依舊驚人。但也因經歷長年的經濟制裁，緬甸開發技術落後，因此有需要與國外企業合作，而台商可藉此機會與緬甸合作開發資源，為雙方經貿往來奠定基礎。

緬甸過去受歐美經濟制裁，導致外資出走。直到緬甸的政經逐漸開放後，歐美才逐步解除對緬甸的經濟制裁，使國外企業能有更多機會。緬甸擁有充沛勞動力、豐富自然資源及戰略位置的優勢，吸引外資進入投資及貿易。中華經濟研究院台灣WTO中心副研究員徐遵慈及輔佐研究員葉俊廷（2012）撰文表示：「隨著緬甸政府逐步採取較開放性的國際經貿政策後，越來越多台商也展開緬甸市場的策略布局」。

2.【巴林】

巴林為阿拉伯世界唯一由島嶼所組成的國家，國教為伊斯蘭教，經濟主要依賴

石油開採，根據巴林央行（2012）統計表示：「2011年石油產品出口占出口總額的78％，進口則占進口總額的61％」。石油為巴林最主要的進出口商品。美國傳統基金會（Heritage Foundation）與《華爾街日報》（2012）發布的《2012世界經濟自由度》報告中指出：「在評選的179個國家當中，巴林位居全球第12名」，顯示巴林政府對經濟干涉少，政府落實經濟開放政策，成為海灣地區銀行和金融中心。

優勢一 》鄰近中東市場

巴林為波斯灣西南部島國，位於鄰近卡達與沙烏地阿拉伯之間，其中，經由巴林—沙烏地阿拉伯跨海大橋，從巴林到沙烏地阿拉伯只要20分鐘車程，使巴林成為中東市場的交通樞紐地；根據中國大陸國際貿易促進委員會副會長于平（2011）表示：「巴林與歐美等國皆簽訂自由貿易協定，其地理位置的優勢及經濟條件適合企業做為通往世界各地的大門」，由此可知，巴林不僅擁有良好的貿易條件，其優勢位置將成為企業搶占市場的灘頭堡。

優勢二 》積極自由貿易

經濟開放自由的巴林，不僅是WTO會員國及海合會（Minister of State for Financial Affairs）的成員國，亦與美國、新加坡間簽署自由貿易協定，未來也將積極朝向自由貿易前進，根據海合會經濟事務長Obaid Humaid Al Tayer（2012）於金融與經濟事務合作委員會表示：「預計海灣六國（沙烏地阿拉伯、阿拉伯聯合大公國、科威特、卡達、阿曼及巴林）於2015年全面實行關稅同盟，六國進口商品稅額一律調成5％」，顯示波斯灣將邁向區域經濟整合，貿易業者透過巴林進行貿易活動，將能享有許多關稅優惠。

優勢三 》鋁製品業發達

海灣國家為世界重要產鋁地區，主因來自於能源成本低，巴林也不例外，鋁製業的興盛造就世界第四大鋁產業商（前3名依序為澳大利亞繼力拓集團、俄羅斯鋁業及美國鋁業），巴林鋁業（Aluminium Bahrai，Alba）位於巴林，根據海灣鋁業協會（Gulf Aluminium Council）（2012）有關海合會六國年產鋁量報告中表示：「海灣六國現有五座鋁廠年產能約360萬噸，其中巴林鋁業年產能為88萬噸，僅次於產能第一的杜拜鋁業（Dubai Aluminium）100.2萬噸」。

巴林整體經貿環境開放，加上位置優勢成為通往中東市場的橋樑，吸引許多跨國企業前往布局，在貿易上，2011年台灣與巴林雙邊貿易總額達5.7億美元，其中，台灣從巴林出口總額達4,666萬美元，比2010年成長36％，顯示前往巴林從事貿易活動逐漸增加。巴林除了擁有自由的經商環境、優越的地理位置外，更與美國、新加坡等簽訂協議，擁有許多優惠關稅。

3.【約旦】

位於中東國家的約旦，北臨敘利亞，東倚伊拉克，東南瀕沙烏地阿拉伯，西與以色列和巴勒斯坦相接。約旦屬發展中國家，經濟基礎薄弱，資源較貧乏，依賴進口，國家主要經濟支柱為僑匯、外援和旅遊。至1999年阿卜杜拉二世國王執政後，以發展經濟和提高人民生活水準作為施政重點，不斷深化經濟改革，使約旦經濟有所好轉。於1999年加入世界貿易組織（World Trade Organization；WTO），持續推進貿易自由化政策，積極改善投資環境，以尋求外援和降低債務。依據約旦統計部門（2011）發布，2011年約旦出口額為79.8億美元、進口金額為183.47億美元，相較2010年分別增加13.4％、17.6％。以上顯示，約旦已開啟經貿大門，廣納國際資金的注入。茲將約旦優勢詳述如下：

優勢一 》入境位置卓越

約旦位於地中海東部與南部區域，為通往各地區的重要入境點，擁有便利的交通樞紐系統，與國際市場相依。對於中東和北非市場，尤其是伊拉克和阿拉伯海灣市場，在安全貿易投資上，約旦占有舉足輕重的角色。因此，世界各國為擴大市場，使約旦成為首選地。

優勢二 》工業引資豐沛

約旦政府致力於改善經貿環境，不斷制訂與完善投資法規，積極吸引外資注入，尤其鼓勵外商在約旦工業區投資開工廠，並且積極與周邊國家簽署自由貿易協定，擴大貿易範圍和影響。截至2012年，約旦與世界多達100餘個國家和地區有貿易往來。至2012年8月，約旦各行業新創立公司達5,430家，投資資本高達2.38億美元。另根據約旦投資局代理執行長Awni Rushoud（2012）表示：「2012年約旦吸引的投

資金額將超越20億美元，其中48％來自國外投資，而2012年約旦吸引的投資金額較2011年成長60％」，均顯示約旦政府招商引資十分積極且有卓越成績。

優勢三 》多元產業培育

約旦市場不大，但因地處中東要衝地帶以及擁有強大的外交實力，而成為轉口中東至各大市場的樞紐國家。約旦政府為鼓勵外國投資，對八種行業進行投資鼓勵和減免等優惠政策，其中包含工業、農業、飯店、醫療產業、海路及鐵路運輸、休閒及娛樂場地、會議及展覽中心以及由內閣批准的行業。截至2012年，約旦的經貿環境已引起世界各國的紡織、服裝、家電等行業的關注，諸多企業已率先搶進約旦市場。有鑑於此，約旦政府對於產業的輔導，是使約旦經濟復甦的極大功臣。

2012年10月中旬，約旦與加拿大所簽署之自由貿易協定（FTA）正式生效，使約旦銷往加國的產品零關稅，增進雙邊貿易及投資。此外，隨著近年來相關重要的政治經濟活動在約旦舉行，使約旦國際地位不斷提升。由此可知，伴隨著優渥的地理條件、招商引資積極、重視產業發展之優勢，使約旦的經濟快速發展，前景不容小覷。

4.【斯洛伐克共和國】

斯洛伐克共和國為中歐的內陸國家，東臨烏克蘭、西北臨捷克、南臨匈牙利、北臨波蘭。因地處中東歐樞紐位置，是西歐進入東歐的門戶，吸引世界各國於此經商交流，尤其以汽車、電子及金屬製品等產業為經濟支柱。世界銀行（WB）2011年發布之《全球經商環境報告》（*Doing Business*）指出：「在評比的183個國家中，斯洛伐克名列第41位，較2010年評比進步1名，其中以『財產登記』和『融資取得』等兩項表現較好，全球排名分別為第9及第15名」。顯示斯洛伐克擁有廣闊的經濟前景。茲將斯洛伐克優勢詳述如下：

優勢一 》稅賦種類簡化

斯洛伐克政府十分重視外資的引進，依據地理位置、生產要素以及歐盟的相關規定，制定相關吸引外資政策，其中包括簡化稅種、降低稅率、稅收減免、就業補貼、免除投資設備進口關稅、改善經營環境等。依據環球透視（Global Insight）數

據顯示：「斯洛伐克2011年外人直接投資（FDI）淨額爲15億美元，比同期成長5.52％，占斯洛伐克GDP比重約1.5％」，而經濟合作暨發展組織（OECD）（2012）亦表示：「斯洛伐克於2013年之GDP將成長3％，出口、進口貿易分別將成長6.3％、4.9％」。由此可知，斯洛伐克推出之投資優惠政策，成效十分卓越。

優勢二 》農業環境富饒

　　斯洛伐克農業主要包含種植業、養殖業和食品加工業三部分。前兩項占全國GDP的比重爲4.7％，食品加工業的比重爲1.27％；農業部門就業人數占總就業人數的4.57％，食品加工業就業人數占總就業人數的2.97％。而斯洛伐克農業的生產經營模式以合作社爲主，十分重視畜牧業發展、對農產品的加工、建立現代化農業體制、對農業生產和農民收入的扶持等，可見，斯洛伐克政府對於農業發展之期盼。而斯洛伐克主要出口農產品爲麥芽、澱粉、牛奶及乳製品、蔬菜等，主要出口夥伴爲鄰近的歐盟國家捷克、波蘭和匈牙利。

優勢三 》鐵路公路完善

　　斯洛伐克擁有絕佳的地理優勢，不僅來往歐盟各國便捷，通往未來極具市場潛力的中東歐、俄羅斯、烏克蘭等地也極爲方便。斯洛伐克主要的交通運輸是公路及鐵路運輸，根據《2011年斯洛伐克統計年鑑》報告表示：「公路總長17,937公里，年客運量總計3.23億人次，年貨運量總計3,692萬噸；而鐵路總長3,623公里，年客運量總計4,667萬人次，年貨運量總計3,760萬噸。水運、空運也漸漸發展起來」。

　　在全球經濟復甦緩慢、歐債危機環伺的情形下，如何達到吸引外來投資、促進出口、提升經濟情況、改善財政收支、降低失業率等，是斯洛伐克政府未來施政的重點。而標準普爾（Standard & Poor's；S&P）更於2011年上調斯洛伐克評級，從穩定（stable）調高至積極（positive），可知，斯洛伐克不僅具有強勢成長潛力，政府管理公共財政的能力也十分卓越。

5.【阿根廷】

　　阿根廷爲探戈舞之發源地，國土面積爲世界第八大國家，經濟主要依靠出口農牧業產品以及工業產品。根據中國經濟網（2012）統計表示：「2012上半年阿根

廷主要出口農牧業產品與工業產品占比分別為34％和33％」，另外在貿易活動方面，根據2012年7月，阿根廷國家統計局（Instituto Nacional de Estadísticay Censos；INDEC）統計數據顯示：「2012年1月到6月，阿根廷貿易順差達到73.36億美元，高於2011年同期的58億美元，成長26％」，上述可知，阿根廷貿易活動發達，出口量持續比進口量多，阿根廷在坐擁強大的農業優勢下，加上自身天然資源豐富而被視為世界重要的經濟體，茲就阿根廷國家優勢敘述如下：

優勢一 》畜牧產業興盛

阿根廷為南美洲國土面積第二大的國家，擁有肥沃土壤、豐盛草原及舒適氣候，因具有如此良好的環境條件，使畜牧業十分興盛，故阿根廷素有「世界穀倉」及「世界肉庫」之美譽，其中國土有55％皆為牧場。根據外貿協會（2012）表示：「阿根廷為世界羊毛產品主要生產國，2011年排名第3，緊接在澳洲、南非之後，另外，阿根廷在牛肉、羊肉、馬肉及豬肉等商品分別占全球出口量之8％、1.5％、25％、0.1％」。在現今糧食危機議題熱絡下，貿易業者可看準阿根廷當地興盛之畜牧業進行轉口貿易，藉以創造未來商機。

優勢二 》蘊藏豐富鋰礦

根據美國地質調查局（United States Geological Survey；USGS）（2012）表示：「阿根廷已探明鋰儲量有260萬噸、智利則擁有750萬噸」，兩國擁有豐富鋰礦，而阿根廷積極與智利合作鋰礦開發，阿根廷礦業部長Jorge Mayol表示（2011）：「阿根廷與智利將考慮共同開發鋰礦，不僅侷限於鋰礦的開採，未來也可能合作生產鋰礦副產品，例如鋰電池產品，藉以提高產業的附加價值」。由於鋰礦用途極為廣泛，加上全球強調環保、綠能，各國競相開發電動汽車，將會大幅提高鋰電池的需求，貿易業者可因應趨勢挖掘商機。

優勢三 》南美貿易橋樑

阿根廷氣候溫暖宜人、全年適合旅遊，天災極少，加上豐富的歐洲風情，為觀光旅遊業奠下良好基礎，境內鐵路網絡縱橫，更有兩條越過安地列斯山脈的鐵路，2012年更是斥資35億美元，將打造阿空加瓜兩洋通道（Concagua Bi-Oceanic Center）一條長達52公里隧道，由阿根廷盧漢庫約(Lujan de Cuyo)連結至智利洛杉

地斯（Los Andes），兩地交通時間可由12小時縮短爲2.5小時，屆時必會提升阿根廷對鄰近國家進出口便捷程度，加上阿根廷地理位置上的優勢，臨近多個國家，例如巴西、巴拉圭、烏拉圭、智利等，貿易業者亦可將阿根廷視爲發展南美洲貿易之跳板，以創造更大商機。

2011年阿根廷經濟成長亮眼，與越南（Vietnam）、印尼（Indonesia）、南非（South Africa）、土耳其（Turkey）並列「展望五國」（VISTA），天然資源得天獨厚，穩健的財政制度加上國民強勁的消費力，讓阿根廷在金融海嘯重創後經濟快速步入軌道，與其他新興國家相比，阿根廷政治、社會局勢穩定；與其他拉丁美洲國家相比，教育程度高，人才濟濟，雖然政府介入市場實行進出口管制，包括美國、歐盟等40多個國家都提出了貿易申訴，但駐阿根廷台北商務文化辦事處經濟組（Argentina Buenos Aires）組長曹四洋（2012）表示：「若商品在阿根廷市場占有率夠大，可考慮在當地組裝，藉以避開進口限制並享受政府提供的優惠」，台灣手機大廠宏達電就是一例，宏達電前往阿根廷火地島設置智慧型手機組裝廠，以符合政府「一對一進出口等額」政策，產品於當地組裝，享有政府設立之免稅待遇來減少成本。

6. 【科威特】

科威特位於西南亞阿拉伯半島的東北部、波斯灣西北部，東北部與伊朗遙對，北部鄰近伊拉克，因與沙烏地阿拉伯臨近，共同擁有5,700平方公里的土地，石油財富由兩國均分，使科威特成爲第四大產油國，根據經濟部國際貿易局統計（2011）：「石油產品出口944億7,000萬美元，進口224億1,000萬美元」，也因地理上的優勢，使科威特蘊含豐富的資源，再加上經商環境優良，世界銀行（WB）2013年發布之《全球經商環境報告》（*Doing Business*）指出：「在評比185個國家中，科威特爲第82位，其中以『申請建築許可』和『電力取得』等兩項表現較好」。由此顯示出科威特擁有廣闊的經濟前景。茲將科威特之優勢詳述如下：

優勢一 》石油儲量豐富

中華人民共和國外交部（2012）表示：「科威特已探明石油儲量有149億噸，

是世界總儲量的10％，位居世界第5名。而天然氣儲量共爲1.78萬億立方英呎，位居世界排名第19位，石油與天然氣是科威特的經濟支柱，在國家經濟中占有重要地位」。美國標準普爾（Standard & Poor's）公司2013年2月22日報告表示，「科威特目前石油儲量約爲1,040億桶，每日生產原油能力約275萬桶，若境內在無新油田的情況下，還可供開採90年」。該國不僅擁有豐富石油、天然氣，再加上科威特沿著波斯灣290公里的海岸線，魚、蝦海產資源豐富。顯示，科威特的天然資源在國際市場上具有很大的影響力，使之成爲很重要的核心位置。

優勢二 》公路體系發達

基礎設施完備，全國公路體系非常發達，多條高速公路可通往全國，其中81％是高速公路，並且擁有多數通往中東、歐洲以及亞洲的航班，可說是世界上最大飛機起降地。港口以舒威爾港及舒艾巴港爲主，使成爲政治、經濟、文化中心和重要的港口，更重要的是，科威特也是波斯灣海上貿易的國際通道。此外，2011年盛大展開的「科威特國際運輸物流展」，著重提供先進服務和基礎設施，尤其以航運及物流業爲首，更與供應商、服務商進行商業貿易平台。科威特擁有良好的物流環境，運輸便捷將有利貿易業者於當地進行商貿活動。

優勢三 》海灣港口無稅

科威特港務局（2012）表示：「爲吸引更多國家的船隻停經科威特港，科威特取消對外國商船的一切附加徵稅，成爲海灣地區唯一的無稅港」。科威特駐廣州總領事館總領事Abdulwahab Alsager也表示（2012）：「2010年到2015年是科威特政府制定的『五年發展規劃』時期，國際企業將享有十年免給付所得稅、其他的稅務優惠政策以及免除部分海關費用」。由此可知，科威特政府提供諸多利多方案，期盼能優化科威特經濟貿易環境，成爲未來國際貿易樞紐。

科威特在各方面都有良好的優勢，但貿易方面稍嫌不足，距離克服官僚體系的缺失還有很長的路要走，但經過金融風暴事件後，開始發展五年期計畫，再加上爲逐步降低依賴出口石油與天然氣資源，正積極投資基礎建設，推動經濟多樣化，將建設爲地區性金融中心及貿易樞紐。《國際商情雙周刊》（*International Trade*）第355期（2012）中顯示：「科威特制度完善，政府對國民所提供的補助頗爲豐厚，

因此民間消費力強勁。同時，科威特政府的用心經營，成為中東及北非最佳的轉口中心」。由此可知，對於科威特未來經濟的預測可說是審慎樂觀，也是未來台商可爭取的潛在市場。

7.【奈及利亞】

奈及利亞為非洲第一大產油國，石油出口為其經濟支柱，當地使用的官方語言為英語。根據Knight Frank以及花旗銀行（Citi Bank）（2012）發表的《2012年財富報告》（*2012 Wealth Report*）中提到：「奈及利亞將在2050年躍居全球第六大經濟體，同時，也預估2012年至2050年奈及利亞將會是成長速度最快的經濟體」。此外，「新興市場教父」墨比爾斯（Mark Mobius）（2012）亦表示：「奈及利亞因為擁有全非洲最多的勞動人口以及豐沛的石油及天然氣資源，足以支撐其未來成長動力」。

優勢一 》原油輸出強勁

奈及利亞擁有得天獨厚的優勢，自然資源豐富以及土地肥沃。除此之外，奈及利亞也擁有其他礦物資源如石油、天然氣等，奈及利亞亦發展其他產業，像是農業、畜牧業、礦業及能源業等，但主要出口產品仍以石油為最大宗。根據奈及利亞國家石油公司（NNPC）總經理雅庫布（Andrew Yakubu）表示：「受到尼日河三角洲地區安全問題有所改善的正面激勵，原油日產量自原先的240萬桶增加到歷史新高的270萬桶」，由此可知，奈及利亞的石油輸出數量龐大。根據2012年10月4日，世界銀行（WB）發布《非洲的脈搏》（*Africa's Pulse*）報告內容指出：「奈及利亞是目前最大區域的石油生產國，其石油產量可以再提供開採41年」，由此可知，奈及利亞的石油產業前景備受國際機構看好。

優勢二 》勞動潛力驚人

奈及利亞總人口為1.6億人，是全非洲人口數多的國家，同時也是世界人口數第七高的國家。根據富達新興市場基金經理人尼克普萊斯（Nick Price）（2012）表示：「資金可望持續流向新興市場，並看好中國大陸、奈及利亞龐大消費商機」。由此可知，奈及利亞的貿易市場廣大，擁有無限的市場商機，是非洲最有潛力的市

場之一。此外，根據世界各國數據指標檔案（index mundi）網站（2012）指出：「截至2011年底，奈及利亞所擁有的勞動人口數占世界排名的前10名」。綜上所述，奈及利亞的勞動力人口充沛，而且工資低廉，貿易業者到此地區進行貿易也能夠降低人力成本，將剩餘的資金用在刀口上，進而創造更大的經濟效益。

優勢三 》吸引外資關注

奈及利亞政府體認到外資對於經濟體的重要性，希望促進外資對國家的經濟和社會的發展，因此擬定相關措施希冀藉此提高外資投資意願。奈及利亞政府給予外資在註冊、用地、稅收和資本流動等優惠政策以及鼓勵措施。根據美國商務部（2011）的預測：「奈及利亞的投資回報率高達30％，相較於其他發展中國家的平均水準更高於16％至18％」，因此可知奈及利亞政府對投資者提供了一個極具潛力的投資環境。此外，世界銀行（WB）駐奈及利亞代表瑪麗奈麗（Marie Nelly）（2012）表示：「雖然奈及利亞自身基礎設施還不盡完善，但奈及利亞仍是最具吸引力的投資目的之一」，奈及利亞的投資環境受到世界矚目。

由於奈及利亞擁有龐大的石油收入，可以支撐國家的財政發展，且能夠在外匯存底以及外債等方面維持正常。另外，奈及利亞政府持續開放外資進駐以及鼓勵民間投資，因此奈及利亞的未來仍充滿廣大商機。奈及利亞現在面臨的最大問題是施政效率不佳，導致貿易業者在當地投資承受著極大的風險，迫使投資者裹足不前，連帶著也影響到奈及利亞的發展。因此，政府須制訂穩定且開明政策，使奈及利亞的未來能更具競爭力。

8.【阿曼】

阿曼是阿拉伯半島最古老的國家之一，亦是下一個矚目焦點。根據世界經濟論壇（WEF）2012年發布「2012年促進貿易指數」排名顯示：「在全球132個國家和地區當中，阿曼名列第25名，比2011年上升四個名次」，這顯示，阿曼經貿環境不斷改善，以吸引更多外資。另外，根據台灣財政部關務署統計（2012）指出：「截至2011年底止，台灣對阿曼出口值約達14.4億元，與去年同期相比，成長約6.5億元」。具有豐富天然資源、地理等優勢之阿曼，將會成為下一個新亮點。茲針對阿

曼之國家優勢論述如下：

優勢一 》貿易關稅優惠

2003年成立的「海灣關稅同盟」，是由阿聯大公國、科威特、卡達、巴林等鄰近海灣國家所組成，讓進口手續簡化，並享有關稅減免優惠，以大幅提升各國之間的貿易量、便捷度及所帶來的成本優勢，有利台灣貿易業者在阿曼投資設廠製造。根據阿曼財政部門（2012）統計指出：「政府投資約達18億美元，與2011年同期相比，成長約31％」，由此可知，阿曼政府釋出許多優惠政策，吸引外資投資。此外，亦透過關稅同盟引進更多先進技術，持續優化產業結構，進而帶動當地消費市場。再者，藉由關稅聯盟優勢，確保當地市場的貨品供應具有價格競爭性，預計未來將持續擴大聯盟國家，以落實區域經濟整合優勢。

優勢二 》良好經貿環境

根據境外投資網（2012）表示：「由於阿曼政局穩定、社會治安良好、政府部門較清廉」，讓阿曼經貿環境奠下良好利基。除此之外，阿曼政府亦全力支持發展民營企業，加強投資建設，同時也建立投資聯絡窗口平台，以提高行政效率及國家競爭力。根據阿曼投資促進與出口發展公署署長Salim（2012）表示：「自從2009年以來，阿曼在全球促進貿易指數中已上升九個名次，未來將會持續改善投資建設，吸引更多外資關注」，透過持續開發各項基礎建設、修正外資法制，讓經貿環境更加便捷，以助於外資投資。

優勢三 》豐富原油資源

目前阿曼石油出口主要係以東亞國家為主，出口國涵蓋中國大陸、台灣、日本、南韓等，其政府收入來源亦以石油出口收入為主，根據阿曼石油和天然氣部門（2012）統計指出：「2012年8月份，阿曼原油出口量為2,940萬桶，與2011年同期相比，增加700萬桶，而原油產值亦占該國GDP約達89.18億美元，成長達25.4％」。另外，英國石油公司（British Petroleum）（2012）預測指出：「阿曼蘊藏尚未開採之100兆立方米天然氣資源，預計未來將投資開採」。屆時阿曼政府將以天然氣產業，做為下一個投資發展項目。

　　為此，阿曼政府除積極優化經商環境、發展經濟外，也不斷強化自身優勢，以吸引更多外資。阿曼具有豐富天然資源、完善經商環境與政策優勢外，目前經濟亦正值起步階段，未來台灣貿易業者前往投資時，可結合當地企業的自然資源，與自身專業技術等優勢，共同開發合作，藉彼此優勢之互補，尋求共贏，以強化競爭優勢。

第 19 章

2013 IEAT台灣貿易業者 價值鏈整合新思維

　　古語云：「兵馬未動，糧草先行」，在事情尚未惡化前，即必須提前著手準備工作。全球經貿環境競爭加劇，貿易商遭遇難以預測的環境變動，不注意就被追趕者超越，逐步侵蝕貿易業者的現有版圖，而淪為市場中的弱勢。若貿易商能及早應變，重新思考企業價值鏈之整合新思維，必能重振精神、調整方向、面對挑戰。根據前經濟部長施顏祥（2012）表示：「近年來競爭劇烈，產業趨向微利化，希望推動產業整合創新加值」，顯示出政府同樣鼓勵企業進行整合創新，才能打造新成長動能，提高附加價值，方能逐步走出困境。另根據A.T. Kearney諮詢公司大中華區總裁莊瑞豪於博鰲亞洲論壇（2013）表示：「中小企業價值鏈需重新定位」，由此可知，在經濟發展日益困難的今日，貿易業者遭遇各式威脅擠壓到自身發展，應強化自身在價值鏈上的能力，以實現永續發展的目標。

🔘 價值鏈整合模式分析

　　「價值鏈」概念由Michael Porter（1985）率先提出，其中的「價值」是指企業所提供之產品或服務，顧客願為其付出的代價。企業之所以能獲利，不外乎是為客戶創造更令其滿意的價值，Michael Porter認為企業必須發展獨有的競爭優勢，為其商品與服務提高附加價值，將能建構成差異化之基礎，而企業將產品與服務增值的過程，就是企業的「價值鏈」。而價值鏈又分為「主要活動」與「支援活動」兩大類，如下圖所示，主要活動包含進料後勤、生產作業、出貨後勤、行銷銷售以及服務，以上為「創造價值」的環節；而支援活動則包含廠商基礎設施、人力資源管

理、技術發展以及採購，支援活動用來輔助主要活動的增值環節。若能將價值鏈之概念廣泛運用，方能作為企業分析優勢來源的一大助力。

圖19-1　Michael Porter的價值鏈模型

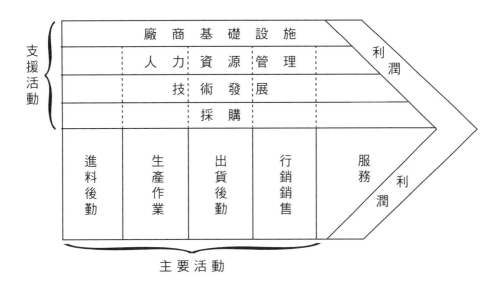

2013《IEAT調查報告》參考Michael Porter（1985）於《競爭優勢》一書中提出的「價值鏈模型」，探究企業將產品與服務傳遞至消費者手中加值的過程，將重點聚焦於每一環節的價值再驅動，使各階段都能實現創造價值極大化，以下發展出六大價值鏈整合模式，「與供應商整合模式」、「與通路商整合模式」、「與顧客需求整合模式」、「同業購併整合模式」、「多元跨界整合模式」、「策略聯盟整合模式」。貿易業者面對不可預測的環境變動，若能先從改善自身企業做起，方能維持在國際上的競爭力，免於落入成長失速的經營窘境。茲將貿易商之六大價值鏈整合模式整理分述如下：

模式一：與供應商整合

又稱為「向後整合」，是指貿易商與供應商夥伴之間採取的合作管理行動，對貿易商而言，藉由資訊科技的便利性，可強化供應商對市場的預測；此外，因優先取得原物料或零組件的供應，貿易商便能更有效率管理庫存及不間斷補給，除了同

時提高雙方在市場上的競爭優勢，在面對大環境不確定性因素上升時，也能有效地共同分擔風險成本，而因能有效調整生產流程的排定，讓彼此對市場掌握度更加緊密，還能在進貨成本上共同抵抗其他競爭者的威脅。綜合上述，與供應商整合能讓貿易商相較於過去擁有更低成本、更快反應及更高利潤的競爭優勢。

模式二：與通路商整合

又稱為「向前整合」，如貿易商與通路商合作開發銷售據點，微軟創辦人Bill Gates曾說：「誰能掌握通路，就可成為贏家」，點名說企業經營若能將經營層面延伸至通路面，就等同握有通往贏家道路的鑰匙一般，正因為銷售通路往往是面對顧客的第一線，若能清楚明白顧客需求，將能針對目標提供更高附加價值的產品，更有效率的命中目標以創造企業高獲利，同時自身產品曝光率也比同業競爭者更高，擴大產品在消費市場的能見度。若貿易商能聯手下游通路商共享市場利益，將能提高雙方競爭力，成功實現價值鏈整合所帶來的產品價值躍升之績效。

模式三：與顧客需求整合

需求鏈與供應鏈概念類似，不過需求鏈的核心在強調顧客的實際需求與滿意度，一切以滿足最終顧客為重點，相較於供應鏈管理的推式策略，顧客需求鏈主打拉式策略，企業意識到顧客潛在需求或是創造實質需求，及時將創意回饋給設計或生產部門，針對顧客需求的產品就此誕生。另一方面，對未來企業品牌形象的建立而言，若企業積極針對客戶需求調整方向，密切關注消費習慣，隨時收集終端市場的資料進而彙集成對企業有利之資訊，將能得到消費者極大的支持。未來貿易商若主動與顧客需求端整合，將能掌握建立服務品牌的契機，為自身開創出一條康莊大道。

模式四：同業購併整合

當面對環境的不景氣，「現金為王」（Cash is King）的戰略思維又浮上檯面。在企業資產相對便宜的情況下，握有足夠資本的企業便可對同業進行購併，如此一來，不僅減少市場上同業競爭壓力，也能重新審視企業內部資源，將雙方競爭優勢

與資源交融爲一體，爲下一次景氣復甦做好準備。台灣貿易業者若能藉由同業購併擴張事業版圖，進而拓展企業自身的經營範疇，及早從「價格戰」快速提升至「財務戰」，以購併整合爲手段，迅速形成規模經濟，成功領先產業中的競爭對手。但進行大幅購併時，也必須考量目標的體制健全程度，以免拖垮企業成長動能。

模式五：多元跨界整合

　　隨著大環境變動、產業間競爭日益加劇，跨界整合成了許多企業選擇的策略方向。「跨界整合」是指兩個以上不同產業領域的合作，將原本可能毫不相干的元素，有機會交摻融合創造出全新典範。和碩董事長童子賢（2012）表示：「秉持著跨界的原則，才能掌握新趨勢」，顯示產業典範正隨時間持續移轉，若巧妙利用跨界整合的概念，能掌握創新先機，帶動產業轉移新趨勢，創造企業全新價值。故在這持續變化的商業時代，台灣貿易業者應主動積極尋求跨界整合之機會，累積創新能力，與各界夥伴有良好的產業交流與優勢互補，以創造出具競爭力的新價值鏈流程。

模式六：策略聯盟整合

　　「同行不是冤家，異業可以爲師」，說明了策略聯盟的箇中奧妙。產業中之競爭者爲達成共同目標，會藉由交換各自專長與資源，成功達成分散風險、共享雙贏局面，進而發揮夥伴綜效。具體做法包括聯合生產、聯合行銷、產能互換、技術互換等，以求同盟夥伴得以在市場上取得更高效率優勢、強化現有策略地位及擴大既有策略地位等，攜手面對經營環境劇烈變化造成的風險問題。未來台灣貿易業者若能共組貿易業策略聯盟，藉此建立規模優勢，從彼此身上學習並吸收經驗，面對不景氣的全球經貿環境，將能更具競爭力。

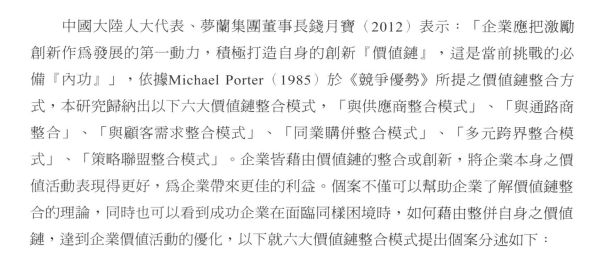

第20章

2013 IEAT貿易業
價值鏈整合個案分享

　　中國大陸人大代表、夢蘭集團董事長錢月寶（2012）表示：「企業應把激勵創新作為發展的第一動力，積極打造自身的創新『價值鏈』，這是當前挑戰的必備『內功』」，依據Michael Porter（1985）於《競爭優勢》所提之價值鏈整合方式，本研究歸納出以下六大價值鏈整合模式，「與供應商整合模式」、「與通路商整合」、「與顧客需求整合模式」、「同業購併整合模式」、「多元跨界整合模式」、「策略聯盟整合模式」。企業皆藉由價值鏈的整合或創新，將企業本身之價值活動表現得更好，為企業帶來更佳的利益。個案不僅可以幫助企業了解價值鏈整合的理論，同時也可以看到成功企業在面臨同樣困境時，如何藉由整併自身之價值鏈，達到企業價值活動的優化，以下就六大價值鏈整合模式提出個案分述如下：

🖋 個案一【與供應商整合】：金可國際

　　金可國際1981年由創辦人蔡國洲先生創立於彰化，1992年金可進入中國大陸投資，並於1996年藉由購併美國海昌（Hydron）於中國大陸之隱形眼鏡業務，取得生產隱形眼鏡之契機；2000年金可成立宇洲光學，正式跨入光學鏡片製造，更於2001年接掌台灣寶島眼鏡通路，取得眼鏡零售通路。金可國際在創辦人兼董事長蔡國洲的領軍下，由單純的光學眼鏡批發、經銷商，一躍發展為集光學眼鏡及隱形眼鏡之設計研發、產銷一體之全方位眼鏡集團。未來蔡國洲將持續秉持著「販賣眼鏡，驗配眼鏡能美化、保護、矯正人類的靈魂之窗，是一種半商半醫的清高行業」的信念，帶領金可國際朝向「亞洲最大光學眼鏡供應中心」的目標前進。

1. 價值鏈整合動機

金可國際的企業經營理念中，第一條為「誠實服務，提供顧客最高之滿意」，對金可而言，企業最重要的就是顧客。因此，「追求眼鏡品質提升與擴大服務各階層消費者」便成為金可持續朝向上游整併的原動力。金可國際之價值鏈整合動機茲分述如下：

❶ 動機一【提供顧客最佳產品】：金可國際董事長蔡國洲（2012）表示：「凡是與眼鏡有關的，就與我們有關」，為此，金可國際致力於鏡架研發設計及光學領域的研究與開發，更投入隱形眼鏡相關生產及製造，以向上的方式進行全方位的價值鏈整合，朝向全方位眼鏡經銷貿易商邁進。

❷ 動機二【追求產品品項齊全】：金可國際總經理蔡國源（2012）表示：「隱形眼鏡為少數大廠寡占，如果金可要在中國大陸市場切入，一定要有國際品牌的根基，再結合金可多年來於眼鏡業通路關係的掌握才能成功」，從事眼鏡經銷貿易的金可，為提供顧客更完善的產品以及服務，故選擇向上整合隱形眼鏡業務。

2. 價值鏈整合做法

金可國際董事長蔡國洲（2012）表示：「金可的成功經驗並非偶然，每一項進程都有策略思考隱含其中」，根據蔡國洲先生所言，金可每一階段的價值鏈整合，皆非臨時起意，更非有勇無謀，而是以金可的整體利益以及集團的未來戰略作為思考的出發點，茲將金可國際之價值鏈整合作法敘述如下：

❶ 做法一【跨入光學眼鏡製造】：1985年金可於彰化設立「金可眼鏡實業股份有限公司」，開啓金可生產及製造光學眼鏡架及太陽眼鏡之歷史。1992年金可分別於彰化縣秀水鄉及中國大陸江蘇設立光學鏡架廠，年產量分別可達100萬付及600萬付。此時的金可不僅為兩岸地區最大的光學眼鏡鏡架製造龍頭，更是集設計、模具、製造及組裝於一身的供應商。

❷ 做法二【整合光學鏡片開發】：2000年金可藉由成立宇洲光學，將自身之企業版圖擴及至光學樹脂鏡片的開發與生產，此外，金可更於2004年於香港成立光

學鏡片設計團隊，朝向光學鏡片之ODM製造發展，並希冀爲將來之光學鏡片OBM策略打下基礎。

❸ 做法三【投入隱形眼鏡生產】：1995年金可自美國海昌（Hydron）買下其於中國大陸之商標與技術移轉權，並至中國大陸江蘇丹陽設立生產線，廠區約20,000平方公尺，以生產隱形眼鏡爲主；此外，金可更於2003年投入隱形眼鏡保養護理液的生產，成功跨入隱形眼鏡生產產業。

3. 價值鏈整合績效

金可於2012年4月27日返台掛牌，金可國際集團董事長蔡國洲於掛牌當日表示：「金可2012年的成長幅度一定會超越2011年」，隨著金可在價值鏈上的整併及兩岸布局的成熟，金可的業績表現扶搖直上，以下茲將金可國際之價值鏈整合績效敘述如下：

❶ 績效一【集團營收蒸蒸日上】：隨著各項業務逐漸步上軌道，金可國際的業績近年來連年成長，自2008年起，金可的營收由16.35億台幣，一路成長至2011年的32.38億台幣，短短三年間成長幅度高達98%之多。而每股稅後純益（EPS）亦由2008年的4.05元成長至2011年的9.88元，可見金可於價值鏈整合上的成效。

❷ 績效二【隱形眼鏡稱霸中國】：金可國際採取雙品牌策略，以「海昌」（Hydron）及「海儷恩」（HORIEN）兩支品牌進軍中國大陸市場，截至2012年Q2，通路營收佔比分別爲批發（70%）、零售及外銷（30%）。其銷售通路遍及中國大陸，其中，「海昌」品牌隱形眼鏡平均市佔率約35%，爲中國大陸市場上的第一品牌，未來更將以「HORIEN」品牌外銷至歐洲及中東地區。

❸ 績效三【多項專利領先市場】：投入光學研究的金可國際，在光學鏡片的研發上不遺餘力，不僅與中國大陸東南大學共同合作成立「東大海昌研發中心」，更於2008年設立「海昌內部研發中心」，現已取得「角膜遮飾鏡新型使用專利」及「非球面鏡片設計」等專利，研發成果豐碩。

個案二【與供應商整合】：六和化工

　　六和化工成立於1971年，最初爲一家小型的化學原料貿易商，歷經40年的時間，積極轉型，轉變成現今擁有製造以及銷售的中、大型貿易商。業務範圍包含化學產品、工業材料、電子材料、建築材料、食品、塑膠、橡膠、化妝品等化學原物料之行銷產業，也含化學產品、工業材料、建築材料之生產、加工、向外銷售與倉儲出租業務等諸多領域類別。在眾多事業類別中，目前主要核心業務爲貿易、製造和倉儲。此外，六和化工更積極與客戶及國內外的生產廠商建立穩固夥伴關係，成爲目前台灣化學原物料供應的重要廠商之一。

1. 價值鏈整合動機

　　從最初的化學原料貿易商轉變成爲製造和銷售的六和化工，因爲「全球化的影響」以及「業務類別的限制」爲起始點，希冀透過價值鏈的整合，進而促使六和成功改變自己的經營型態，以便能在現今的環境下擁有競爭力，維持自己在市場中的地位。茲就上述兩大動機敘述如下：

　　❶ 動機一【因應全球化變遷】：受全球化影響，六和化工改變其經營策略使之能夠在此趨勢中擁有足夠的競爭力以持續成長。根據董事長李世文（2011）表示：「爲了存活，六和時時刻刻都在想辦法改變，力求突破」。由此顯示出，六和化工不斷力求變化，以適應全球化變遷。此外，由於全球化的效應導致下游的製造商跳過貿易商，直接將產品販售給下游客戶，此一現象稱爲「去中間化」，也使六和面臨轉型抉擇。

　　❷ 動機二【分散營運風險】：傳統貿易商只單純從事進出口業務，而現今的貿易商則不同以往，有極大的差異，六和化工除了爲貿易商之外，也涉足到產品製造以及銷售領域，在此一過程中，除了能夠讓六和更熟悉客戶需求，也能夠分散上游製造商提供貨物給下游客戶的風險。

2. 價值鏈整合做法

處在多變的市場環境中，企業應審慎思考該如何求新求變以穩定自己的地位，且根據六和化工董事長李世文（2011）表示：「六和化工從貿易商轉戰製造及銷售領域，此一轉變除了因客戶需求外，最大主因是順應全球產業發展，進而調整」。茲就六和化工整合供應商需求鏈的做法敘述如下：

❶ 做法一【結合上游廠商】：地球村逐漸形成，資訊傳遞迅速，促使許多設備廠商和原料供應商開始經營直銷業務，此一改變對貿易商產生極大衝擊。六和化工董事長李世文（2012）指出：「上游原料供應商通常選擇一次配送，極少提供分次運輸的服務，而選擇與六和化工合作，更能專注在本身的核心事業」。對六和化工而言，平日積極瞭解客戶需求，即使面臨這衝擊時刻，也能夠創下驚人佳績。

❷ 做法二【改變組織特性】：為了能夠針對市場變化而及時因應，六和化工努力打造一個極具彈性且高效率的組織，並依靠穩健、具前瞻性的經營哲學，提供從代理、銷售、代工、倉儲到物流的一條龍服務，希冀能更深入產業供應鏈。根據六和化工董事長李世文（2012）表示：「六和化工具備的彈性、速度以及創新，能讓上游原料廠商遠遠不及」，更證明了六和化工挺進上游供應商的整合動作具戰略意義。

❸ 做法三【自行投入製造】：六和化工起初協助歐美原料供應商在中國大陸尋找代工廠以降低其生產成本，並設立服務據點。董事長李世文（2012）表示：「企業必須信守承諾才能永續經營，如果經常遇到代工廠品質不良，或是無法如期交貨，將造成公司營運上的困擾，因此於1996年六和化工在中國大陸生產各種工業原料」。由於中國大陸化工原料製造商不符期待，因此在多方考量下，六和化工毅然決然投入工業原料生產以及銷售的領域，也開創了新的事業領域。

3. 價值鏈整合績效

六和化工從單純的進出口貿易商到現今與上游供應商整合，除了歸因於健全的供應鏈制度外，更由於能看準中國大陸市場發展的可能性，讓其能夠在這快速變遷的全球環境中，穩紮穩打獲取利潤，一躍成為國際級的貿易商。以下茲就六和化工

所產生的績效敘述如下：

❶ 績效一【貿易潛力看漲】：隨著兩岸經貿往來頻繁，六和化工積極進入中國大陸市場，以持續擴大營業規模，進而提升營業收入。中華徵信所（2011）所發表的「貿易業300大」排名中，六和化工排名第17名，而在企業經營績效綜合指標排名第9，由此可知，六和化工在貿易業中有其競爭優勢，歸因於對全球貿易發展能運籌帷幄且擁有遠見，使其成為橫跨兩岸的最大化工產品貿易業者。

❷ 績效二【競爭力的延續】：為了能與上游原料供應商有所區隔，六和化工強化技術支援以及售後服務，藉此滿足客戶多樣性的需求。董事長李世文（2012）表示：「歐美原料供應商習慣一次大量銷售原料且須以現金交易，此種條件難以為大多數客戶所接受且過於嚴苛」。因此，六和化工改變其服務讓自己保有強大的競爭力，不僅使得六和化工在2011年營收淨額高達60.5億元新台幣，也能深植於客戶心中，為其企業形象加分。

❸ 績效三【財務結構穩健】：六和化工本身完善的供應鏈及先進技術，在業界擁有良好聲譽，吸引日本公司與其合作，創立歐和國際股份有限公司，因而替其擴大利潤，使得六和營收逐年增加，於2010年的535億元增加為2011年的605億元，由此顯示，完善的供應鏈搭配技術能力，二者結合對公司發展的重要性。

🔩 個案三【與通路商整合】：弘帆

弘帆股份有限公司於1985年3月由董事長朱鵬飛創立於台北市內湖區，主要為銷售髮飾類、梳鏡類、其他雜貨類及外銷歐美市場之公司。初期是進出口貿易公司，向歐美國際知名大廠下單後，再透過中國大陸製造廠商銷售至通路商。為跨大獲利動能，毅然進入零售通路業，於2010年10月在中國大陸天津百貨公司開設第一家「綺麗生活館」，正式跨入零售通路事業，藉由取得中國大陸成本優勢及上下游垂直整合的管理，發展中高階市場，掌握市場各階層需求，最後從貿易商轉型往通路商發展。董事長朱鵬飛於2012年8月27日表示：「中國大陸市場太大了，通路零售將是弘帆未來的主力，估計2012年營收將有二位數以上的成長」，顯示弘帆公司

未來將透過整合通路商提高利潤，進軍中國大陸用品市場。

1. 價值鏈整合動機

原本以進出口為主的弘帆股份有限公司以「市場商機龐大」、「消費型態改變」、「掌握商場契機」三大動機為出發點，逐漸走向通路商型態，茲敘述如下：

❶ 動機一【市場商機龐大】：弘帆董事長朱鵬飛於2011年11月6日表示：「有鑑於中國大陸市場商機龐大，藉由20多年雄厚的裝扮用品採購經驗、強大的資金實力、引領國際時尚趨勢、高素質的人才儲備、設計研發的超凡能力、產品品質保證等優勢，弘帆於2006年積極跨入大中華內銷業務」。由此可知，弘帆藉由以往的經驗及中國大陸通路商的成本優勢，而有發展自我品牌、拓展中國大陸的動機。

❷ 動機二【消費型態改變】：朱鵬飛董事長於2012年8月28日表示：「隨著中國大陸經濟急速發展，2011年社會消費品零售總額已達新台幣82.8兆元，較2010年成長17%，並且民眾消費觀念開始改變，消費結構也開始往中高階市場靠攏」。從上可知，中國大陸的消費力逐漸成長，未來消費者的產品購買力偏向於中高階市場，奠定弘帆公司透過通路商降低成本，進軍中國大陸市場的契機。

❸ 動機三【掌握商場契機】：董事長朱鵬飛（2012）指出：「目前中國大陸沒有大型的日系用品生活館，隨著中國大陸消費力成長，民眾偏好購買品質佳、價格較高的用品，這將成為弘帆營運大幅成長的主要動能」。綜上可知，弘帆公司希望能透過整合通路商，藉以降低成本優勢，以打入新市場為目標前進，使之能逐漸從貿易商轉型為通路商。

2. 價值鏈整合做法

弘帆公司在2010年後加快轉型腳步，透過上下游整合模式，創造低成本的優勢，茲就弘帆公司整合通路商的做法敘述如下：

❶ 做法一【創立自我品牌】：弘帆公司董事長於2011年11月5日表示：「有鑑於中國大陸市場商機龐大，於2006年開始積極跨入大中華內銷業務，陸續創立自有品牌AVIVA、Miss Q、Mini Q」。隨著弘帆通路據點日益增加，弘帆將有更亮眼的

表現。

❷ 做法二【搶攻市場地位】：弘帆董事長朱鵬飛於2012年10月24日表示：「除品質、交期獲得客戶信賴外，也利用中國大陸成本優勢作上下游垂直整合，並對下游加工廠作整合管理，強調利用整合通路商提升競爭力，公司以轉投資東莞普世公司，在廣東設立園區，有利於掌握成本與價格」。由此可知，弘帆公司轉投資中國大陸東莞普世國際貿易有限公司，從事經營批發、零售通路業，為弘帆公司多開一條通路市場。

❸ 做法三【積極拓展店面】：弘帆中國大陸的基層市場布局已經完成，公司觸角開始伸及中高階市場，董事長朱鵬飛於2012年8月24日表示：「公司2011年10月於中國大陸天津百貨公司內開設第一家綺麗生活館，模式皆為百貨公司店中店，到2012年8月為止共有八家，目前還有其他正在籌劃開幕的店面」。由此可知，藉由中國大陸成本上的優勢，與上下整合通路，成功進軍用品生活市場，弘帆將持續擴大店面，使之在中國大陸用品市場上占有一席之地。

3. 價值鏈整合績效

弘帆公司轉型自創品牌和通路商整合成功，精確的抓住市場商機，藉由通路商成本優勢擴大市場，以下茲就弘帆公司整合所產生的績效敘述如下：

❶ 績效一【市場營收增加】：成立綺麗生活館後，2012年上半年營業收入自結新台幣10.39億，獲利部分將優於2011年，每股稅後純益將可望上看3元。弘帆董事長朱鵬飛（2012）強調：「2013年產品將調漲，幅度約3%至5%，毛利可望提升，另外歐、美、日等新客戶也會增加多達十家，2013年營收獲利將十分可觀，獲利將二位數成長」。弘帆轉型為通路商的決策是對的，未來將更聚焦於中國大陸市場的擴展。

❷ 績效二【穩固市場地位】：董事長朱鵬飛2012年8月24日表示，「綺麗生活館以練好基本功為主，到2012年底前總店數能達12至15家，力拼50%店面達到損益平衡，2013年將會開始加速展店步驟，至各大地區布局，預計2014年達到各地區損益平衡，可望於2015年開始獲利」。由此可知，弘帆公司先擴展市占率，藉以提升

獲利率，成功建立在市場上優勢。

❸ 績效三【創造銷售贏家】：弘帆初期為歐美知名大廠指定的髮飾供應商，為最大的OEM生產企業，透過自我品牌的發展及通路商的轉型，使弘帆在銷售上廣度加深，如今在市面上各個地區，都可以看到弘帆的商品，包括Wal-Mart、Kmart、Primark、Target、ZARA、Forever21、家樂福、屈臣氏等，將使弘帆不再侷限於單純的貿易業者。

🔘 個案四【與通路商整合】：特力集團

特力集團於1978年成立，集團最早僅有五位員工，從進出口手工具產品起家，在董事長何湯雄帶領下，以30多年對外貿易實務經驗為基礎，除了將各類產品出口至世界各地知名賣場外，同時更積極跨入零售通路經營的行列。特力集團成功整合出口、零售通路兩大事業部門，目前在全球16個國家地區設有22個據點。1996年英國零售業巨擘翠豐集團（Kingfisher Group）與特力集團合資成立台灣B&Q特力屋，開啟特力在台灣居家產業零售通路的王國。特力集團為做到快速成長及永續經營，抓住機遇跨足居家零售通路，避免企業在全球貿易環境丕變下失去成長動能，未來特力集團秉持「以家為本」的理念，除貿易、零售外，並奮力跨足通路服務，開創台灣貿易零售業者之全新創舉。

1. 價值鏈整合動機

原為進口貿易起家的特力集團，因感受到國際貿易環境的不穩定，董事長何湯雄洞燭先機決心轉型，以「捍衛企業生存」、「各地零售經驗」、「貿易角色奠基」三大動機作為轉型的依據，茲敘述如下：

❶ 動機一【捍衛企業生存】：隨著網際網路的興起，新科技之日新月異，上下游業者相較於過去，可以直接跳過貿易業者自行接單，若企業只扮演中間貿易商之角色，未來的存在價值將日益下滑，因此，特力集團深知未來若不能走出單純貿易業，經營必定會倍加艱困，故跨足零售通路體系，開闢特力集團另一條生存之道。

❷ 動機二【各地零售經驗】：特力集團董事長何湯雄（2012）曾表示：「貿易，就是和全世界做生意」，說明特力過去積累的貿易業務，替其吸取不少國外零售經驗，透過每一次貿易的往來，學習零售業者的營運方式，並進而內化成自身知識，對特力集團有意整合通路體系無不是一大助力，更可幫助其有效打入零售通路產業。

❸ 動機三【貿易角色奠基】：憑藉特力集團逾20年的國際貿易實務經驗，以及對消費市場動態的敏銳度，讓特力迅速掌握全球消費趨勢。以跨足居家DIY零售市場為例，即是看中國大陸大型連鎖店成功搶下許多小型五金行市場份額，因此讓特力集團看上零售產業商機，一鼓作氣將國外成功經驗複製到台灣市場，敲響特力整合通路的第一聲響。

2. 價值鏈整合做法

茲就特力集團與通路商整合之作法分述如下：

❶ 做法一【大型居家百貨】：特力集團率先在台灣居家零售業樹立全新里程碑，進一步整合旗下各事業體資源，設立大型居家百貨購物中心DÉCOR HOUSE，有別於特力通路單一居家零售，現今除集團內自有品牌全數進駐外，更引進世界知名餐飲、家電、不同領域的代表品牌，希冀打造一站購足的居家百貨。

❷ 做法二【多樣品牌通路】：2011年7月，特力打造零售通路四合一計畫，順利將旗下特力屋、HOLA特力和樂、HOLA CASA和樂名品傢俱、FREER僑蒂絲的零售核心系統全數整合，企圖讓各品牌強強聯手彼此發揮綜效。除此之外，2012年10月，零售通路體系再度啟動多元布局，小型維修門市特力屋PLUS與健康餐飲訴求的鮮綠市集的加入，雙雙為集團成長注入強心針。

❸ 做法三【服務加乘通路】：特力除了大幅整合內部貿易與零售通路之外，集團進行市調發現顧客對裝潢售後服務大為不滿，因此秉持持續精進的精神，在各通路增設居家修繕、終生保固與設計師客製化等周邊服務，力求提供賓至如歸的服務，讓服務加乘將零售通路經營的完整性發揮至極限。

3. 價值鏈整合績效

在特力集團進行整合通路體系之舉後，董事長何湯雄（2011）表示：「特力將加速點燃貿易與零售通路兩大成長引擎，期許2014年集團營業額能達成雙倍成長，突破新台幣700億元」，顯示出特力對自身整合通路行為相當看好。茲就特力集團與通路商整合之作法分述如下：

❶ 績效一【發揮營運綜效】：自中國大陸引進的新產品「九陽豆漿機」，在台灣市場掀起熱銷，即是先由貿易部門引進取得代理權，再由零售部門利用通路積極開拓市場增加曝光度，開發潛在顧客群。這正是特力集團貿易、零售兩大事業整合資源後，發揮1加1大於2的綜效典範。

❷ 績效二【獲利穩健攀升】：自2012年正式完成重要零售和營運核心系統的修改與整合之後，特力2012年預估集團合併營收約330億元，雖較同期略減，但因零售通路業績火熱，未受消費需求疲軟影響，預期獲利可優於前一年。由此可知，雖貿易業務受景氣影響，但向通路整合之舉成功幫助企業度過景氣寒冬，也真正發揮價值鏈整合的優勢。

❸ 績效三【引爆整合能量】：儘管台灣零售通路市場已幾近飽和，但董事長何湯雄（2012）表示：「未來特力將展現強大爆發力，積極展開拓展計畫」，目前不以迅速展店為優先，積極整頓集團內部資源，未來將目標放在中國大陸二、三線都市的居家修繕商機，特力力求將價值鏈整合得更加完善，以圖企業未來永續經營的可能性。

⚙ 個案五【與顧客需求整合】：和椿科技

和椿科技於1980年由董事長張永昌創立於新竹科學園區，主要經營自動化系統業務、自動化傳動組件業務、電子零組件業務及安全裝置系統整合業務等，為橫跨電子、機械及結構工程的整合性設計、生產、銷售、安裝、服務的全方位公司。和椿科技設立初期係為代理機械設備傳動零組件為主的進口貿易公司，業務不斷擴張，最後從貿易代理商轉型往自創品牌發展，毅然決然切入研發設計及製造以求自

行開發自動化設備。1997年自創品牌Aurotek，開發出許多出色的組件與設備產品，並將行銷據點延伸至美國、中國大陸、日本及泰國，為國際市場提供產品與服務。和椿科技以顧客需求為出發點積極投入研發設計，亦讓和椿科技榮獲無數獎座，1998年至2005年和椿科技研發的產品榮獲台灣精品獎總數已達八件，顯示和椿科技研發能力雄厚，未來將致力於提供客戶一貫且完整的解決方案並創造機會站上國際舞台發光發熱。

1. 價值鏈整合動機

原本以進口代理傳動零組件為主的和椿科技因「代理獲利有限」、「滿足前端需求」、「掌握商場契機」三大動機為出發點，進而走向自創品牌，透過價值鏈整合以滿足客戶需求，茲就上述三大動機敘述如下：

❶ 動機一【代理獲利有限】：1980年新竹科學園區的創立，使得和椿董事長張永昌看見新商機，決然創辦代理國外精密零組件為主的公司，然而隨著越來越多競爭者的加入，不但使產品毛利逐漸下降，亦影響公司獲利情況，張永昌董事長（2003）表示：「工業材料彼此替代性高，屬於完全競爭的市場，加上市場自主性低，難以提升附加價值」，顯示，代理商在市場上受到侷限，唯有走出屬於自己的一條路才能抓住市場契機。

❷ 動機二【滿足前端需求】：在和椿科技為代理商角色時，經常有台灣客戶向和椿科技反應，希望國外設備廠商能提供台灣客戶客製化的生產設備，然而國外設備廠商對台灣工廠生產管理流程並不完全了解，加上和椿科技與國外廠商溝通後，因國外廠商在成本及營運因素的考量下，無法給予台灣客戶客製化的生產服務，促使和椿科技出現了不如自身投入生產製造以滿足台灣客戶需求的動機。

❸ 動機三【掌握商場契機】：和椿科技為了擺脫代理商獲利易受景氣波動影響且市場自主性低，因而開始思考其他經營模式，其中，發掘在機械設備領域上製造並銷售整機的附加價值最高，促成和椿科技開始積極大量投入研發設計。和椿科技訂定希望能從「受市場操控的代理商」往掌握商場契機、自行製造整機的目標前進，逐漸使得和椿科技從代理零件、協助組裝、自行組裝到自行開發整機。

2. 價值鏈整合做法

　　和椿科技董事長張永昌（2011）表示：「沒有不景氣，只有努不努力」，道出和椿科技持續努力成長，不因企業營運穩定而落入「煮蛙效應」。積極追求市場契機使得和椿科技在1994年後加快轉型腳步，開拓出自創品牌的嶄新之路，並整合顧客需求鏈以滿足顧客需求，茲就和椿科技整合顧客需求鏈的做法敘述如下：

　　❶ 做法一【提供量身訂做】：和椿科技董事長張永昌（2010）指出：「雖然台灣幾乎全部的基板製造廠商都是和椿科技的客戶，但每家的設備多少會有所不同，因爲和椿科技擁有設計團隊能爲客戶需求量身訂做或修改，創造出其他競爭者無法提供的服務」，由此可知，和椿科技從顧客角度爲出發點，拉近與顧客端的距離，並透過客製化掌握客戶需求來達到與其他同業的差異。

　　❷ 做法二【挖掘未來產品】：和椿科技的產品追求建構在具有未來性的科技技術上，如：在台灣911大地震後，和椿科技嗅到防震商機，而增加安全裝置系統整合業務，提供客戶擁有更安全的作業環境，顯示出和椿科技不單單只是訴求滿足顧客需求，亦投入研發追求技術領先來協助客戶解決方案，並創造出顧客需求，成爲市場上搶先掌握商機的領跑者。

　　❸ 做法三【積極投資研發】：爲了滿足及創造客戶需求，和椿科技致力於投入研發設計，從過去積極參與國家計劃和競賽來提升品牌知名度如：2002年榮獲經濟部「鼓勵中小企業開發新技術推動計劃」績優執行廠商，到研發出品質相當的機器設備並榮獲許多殊榮，如2010年榮獲工業精銳獎。由此顯示，和椿科技從過去到現在不斷積極培養研發能力，期許開發出除了滿足客戶需求並讓客戶滿意的產品，以鞏固品牌在市場的地位。

3. 價值鏈整合績效

　　和椿科技轉型自創品牌的成功，不光是因爲具有優異的技術及能力，更在於能精確的抓住市場潮流並拉近與客戶端的距離，藉由顧客的角度發展出包羅萬象的服務業務來滿足顧客需求，和椿科技除了是台灣之星，更成爲全球知名的品牌公司，以下茲就和椿科技所產生的績效敘述如下：

❶ 績效一【取得市場份額】：和椿科技的自創品牌Aurotek主要客戶群為筆記型電腦產業、通訊產業、資訊家電產業、半導體產業、光通訊產業及TFT-LCD產業等，其中，和椿科技研發的基板切割機（專用處理於高單價印刷電路板），市場占有率高達70%以上，客戶包括台積電、聯電、鴻海等台灣製造業公司。

❷ 績效二【榮獲獎座無數】：和椿科技獲獎無數，自1998年至2005年，其研發的產品總計八件榮獲台灣精品獎，其中四件榮獲國家品質形象獎，近期則是在2011年榮獲工業精銳獎，由此顯示，和椿科技具有一流的研發能力及優良的品質證明。

❸ 績效三【營收穩定成長】：因針對顧客需求發展出多元產品與服務，使得和椿科技受到單一市場循環性或季節性的影響不大，根據2011年和椿科技財報顯示，2007年至2011年營業收入皆在10億新台幣以上，除了2008年受到金融風暴些許的波及，營業收入約為9億新台幣，整體營收仍算具有不錯的表現。

個案六【與顧客需求整合】：厚利貿易

　　厚利貿易股份有限公司於1971年創立，創業初期從事油品買賣事業，於1979年成為貿易代理商，正式引進日本東方馬達的各項產品，並於1986年成為日本東方馬達在台的獨家總代理。然而，在1970年後期，台灣國內機械與自動化業處於轉型的階段，使厚利馬達欲在廣大的馬達市場中找尋新的利基點，從起初以技術輔助銷售的獨特經營模式開始，期許自身成為台灣國內產業升級的耕耘者，以滿足顧客需求為其主要的訴求重點。1987年起在中壢、台中、台南建立各地的營建所，提供給客戶更進一步的即時技術服務，2005年更與泰映科技股份有限公司（TROY）的營業技術體系合併，設立了「新竹營業所」，針對新竹以南的客群提供更直接的即時性服務。顯示厚利公司在重新思考調整自身的定位後，除秉持自身對客戶與產品的承諾外，更致力提升整體產業的競爭力，為台灣國內的馬達產業帶來極大的成長與收益。

1. 價值鏈整合動機

　　原先是單純貿易商的厚利貿易股份有限公司，以「另闢市場利基」、「產業技

術躍進」與「業內需求多變」三大動機為其主要出發點，隨著台灣產業環境轉型，為配合顧客需求的變化，及提升產業共同的技術，為顧客帶來最大的效益，茲就上述的三大動機敘述如下：

❶ 動機一【另闢市場利基】：在1970年代時，台灣國內的機械與自動化業處於轉型的階段，大多數客戶對中大馬力產品的概念僅止於東元馬達，而在「小型精密減速馬達」這類小馬力產品市場的顧客，則無通路可以購買這類產品。厚利公司在發掘此類顧客需求後，決定進入小型馬力產品市場。相較於中大馬力產品市場，厚利公司希望能夠另闢利基市場，以滿足此類客戶的需求，作為其為訴求重點，帶給國內消費者更優質的技術與服務。

❷ 動機二【產業技術躍進】：1980年代時期，在「精密小型馬達」的應用技術仍未完全成熟，使得顧客對於小型馬力產品的使用技術上仍覺得繁雜且困難，在厚利公司面對大量客戶需求下，認為提升國內產業整體的技術能力，使消費者獲得更多且更好的即時性技術與服務，才能面對全球高性能馬達汰舊換新熱潮。

❸ 動機三【業內需求多變】：2000年代初期，台灣國內馬達產業環境轉變，顧客對馬達產品的需求已開始走向多樣化的階段，因此，厚利公司開始重新思索自身的定位，希望能進一步擴大對消費者的服務，滿足變化多端的顧客需求。然而，全球的馬達製造，已逐漸開始重視技術服務的提升，厚利公司因此開始注重顧客需求與產業環境的調適，以便在變化快速的產業環境下，仍能建立自身的競爭優勢。

2. 價值鏈整合做法

厚利公司除致力帶動台灣國內產業共同成長，提升整體產業的標準外，也不斷擴大自身技術服務，使其在產業環境的轉變之下，仍能帶給客戶不同的專業化服務，以滿足各階段的顧客多樣化需求，進而增強公司在全球化下的競爭力，茲將厚利公司的價值鏈整合做法分述如下：

❶ 做法一【多元即時諮詢】：厚利公司致力於提供多樣化的即時性技術服務與高技術產品。1994年特別成立「電話技術諮詢中心」與「到廠工程師技術服務中心」兩個單位，滿足小型馬達市場中的顧客需求，2003年更進一步強化服務，提供

免費諮詢專線，其後陸續建立「事故處理」、「技術支援」以及「提供整體改善方案」等完整的技術服務體系，而此為現今國內同業仍難以提供的整體性服務，使得厚利公司得以鞏固市場中的地位。

❷ 做法二【驅動業內技術】：為帶動國內整體產業技術進步，並使全省各地的客戶，皆能即時得到專業的技術諮詢服務，1987年厚利公司先後在中壢、台中設立營業所，並於1988年舉辦的「馬達技術研討會」，希望能夠藉由定期舉辦的技術研討會，與小型不定期的「到廠技術研討會」，來提升國內產業在「小型精密馬達」應用上的技術能力。

❸ 做法三【分割企業核心】：為了因應全球化的快速變動，厚利公司轉型為擁有四大核心的「專業通路商」，分別為「通路」、「服務」、「品質」與「技術」，取代原先的「日本東方馬達台灣總代理」的身分，以滿足產業內顧客的多樣化需求，並以「傳動」、「系統」、「電子」與「設備」四大產品群，成功地取代原有的「馬達產品」，透過多樣化公司內的產品族群，協調顧客需求與產業環境的變化，同樣成功的掌握市場顧客的多樣化需求。

3. 價值鏈整合績效

厚利公司能成功開拓市場，主要在於對專業技術服務的品質要求，與對顧客需求的高重視程度，在2001年轉型為專業通路商後，亦逐漸向全球邁進。厚利公司的主要代理品牌TROY於2008年台北國際自動化工業大展中表示：「2000年代起，產業逐漸外移，多數設備外銷至中國大陸皆須中國大陸3C強制認證，此亦為搶得市場先機與取得商機的快速方法」。由此可知，厚利公司與已獲認證的TROY合作，藉由自身高品質的技術服務，進一步開拓更多樣化的市場需求，茲將厚利公司價值鏈整合績效敘述如下：

❶ 績效一【專業物流服務】：在2012年8月20日，《工商時報》報導指出：「為了擴大對台商的服務，2012年時厚利公司於廈門成立物流中心，在供應中國大陸的市場之餘，更進一步提供貿易商於台灣國內訂貨，並於中國大陸快速的發貨」。由此可知，厚利公司已成功的建立新利基，進一步建立完整的物流服務，在

成功縮短產品交期外，也仍持續的配合產業環境做變動。

❷ 績效二【業內技術升騰】：對於台灣國內小型馬達產業技術服務等知識的提升，厚利公司舉辦的各項免費技術研討會功不可沒，根據《中時電子報》（2012）表示：「自1980年代起，30年來厚利公司舉辦的定期技術研討會，對業界在精密小型馬達知識的提升擁有極大的貢獻，至今研討會場次已逾1,500場」。顯示出厚利公司對於台灣國內的產業整體技術提升，有著極大的功勞。

❸ 績效三【富足多樣需求】：依據厚利公司第110期《馬達電子報》（2012）中提出：「厚利公司無刷馬達中的BS系列產品，除擁有製造出高效率且具穩定性佳的新技術產品外，更因應全球暖化下的節能減碳議題，與經濟衝擊後消費者的需求改變下，提出『節能、減碳、厚利多』的無刷馬達」。由此顯示，新技術除滿足客戶省錢、省電且能兼顧環保的需求下，也同時點燃產品的新話題，且在滿足消費者多樣化的需求下，也為公司帶來更多的收益。

🔘 個案七【同業購併整合】：永豐餘集團

永豐餘集團由何傳於1924年在台灣創立，初期主要業務範圍為販售肥料、雜糧，然而，在1950年轉型為永豐餘造紙，以文化用紙為基礎，陸續布局工業用紙、紙容器及家庭用紙等，同時亦朝產業垂直整合為方向前進，擴大造紙業版圖。伴隨市場環境競爭激烈之際，使得企業利潤日益降低，因此，為加強企業競爭力，永豐餘確立朝高附加價值產品發展與向上游整合的轉型方針，陸續藉由購併Jupiter Group加強產品價值、購併中華紙漿開展原料來源，強化其造紙事業供應鏈，並轉型控股公司，活化價值鏈環節。未來希冀透過同業購併方式，達到綜效之益，以在競爭環境激烈之際，能以嶄新思維與面貌再次強化產業價值鏈。

1. 價值鏈整合動機

面對造紙產業競爭更趨激烈，與商業模式改變等，永豐餘因「原料價格波動」、「毛利日漸下滑」、「紙消耗量減少」三大動機之下，前期先購併Jupiter

Group，以優化工業紙事業供應鏈，後期再購併中華紙漿，藉由雙方企業資源雙管齊下，重新定位永豐餘在造紙產業經貿新格局下的新角色，以有效運用卓著的群聚效應，再次瞄準全球經貿市場脈動。以下就三大動機詳加敘述：

❶ **動機一【原料價格波動】**：根據《*Bloomberg*》（2012）報導指出：「受到國際紙漿價格波動劇烈影響，導致世界大型造紙企業大多掌握原料且自產自用，紙漿向外銷售比例也僅占紙漿產量約5%」，由此可知，在紙漿價格波動影響之際，可看出上游原料端之重要性，因此僅有掌握上游原料，方能使永豐餘掌握供應鏈利基。

❷ **動機二【毛利日漸下滑】**：永豐餘前董事長何壽川（2012）表示：「全球競爭下，傳統造紙業毛利率已降到個位數」。傳統紙業已難獲取利益，唯有提供顧客更多價值，才能拉高利潤，因此技術轉型及開發高附加價值產品有其急迫性。而中華紙漿在林業及紙漿製程有豐富經驗，於研發端可提供永豐餘技術轉型之助力；Jupiter Group在包裝設計及紙張印刷管理能力，於產品端可強化永豐餘工業紙產品設計。

❸ **動機三【紙消耗量減少】**：受到網路及電子閱讀影響下，紙消耗量減少，因此，除掌握上游原料，降低成本，以及開拓文化、工業及消費用紙之應用層面，拉抬利潤外，投資不同產業，結合紙業拓展產品組合的重要性與日俱增，而轉型控股公司，更易於併入新興高成長事業，透過搭配不同的新產業，以新技術帶動老產業加值，可望創造第二條成長曲線。

2. 價值鏈整合做法

根據永豐餘董事長邱秀瑩（2012）表示：「永豐餘選擇引進或購併的對象時，最先考量雙方技術之互補性」，由此可知，永豐餘購併之主要目的，係期望能善用雙方資源優勢以改善自身產業價值鏈及帶來綜效。永豐餘購併Jupiter Group以及中華紙漿後的三大做法敘述如下：

❶ **做法一【強化產品設計】**：永豐餘與Jupiter Group經過四年合作，雙方同意進行購併計畫，並成立新公司YFY Jupiter。同時，永豐餘將49位行銷部員工劃入YFY Jupiter，與原Jupiter Group員工進行團隊合作，業務範圍包括工業紙包裝設計與印刷管理，透過相互交流，達到激盪設計想法之效果。此外，YFY Jupiter亦提供

服務予永豐餘工業紙供應鏈，爲各環節帶來優化效果。

❷ 做法二【合併文紙事業】：永豐餘透過換股方式，購併中華紙漿。透過此次購併案，永豐餘將特殊紙與跟中華紙漿擅長的材料領域作結合，開發高附加價值產品。除此之外，雙方可運用企業資源優勢，加以掌握上游原物料配置，使創造雙贏的合併局勢，以求未來能開發出更多附加價值產品。

❸ 做法三【轉型控股公司】：永豐餘購併中華紙漿後，於文化用紙、工業用紙及消費品實業已擁有完整價值鏈，此外，永豐餘也早已扮演「投資控股」角色，聚焦科技、生技等產業，爲使旗下資產資源活化，發揮綜效，永豐餘於2012年確立轉型控股公司，並於2013年更名「永豐餘投資控股股份有限公司」。對此，永豐餘董事長邱秀瑩（2012）表示：「有助於引進策略聯盟夥伴、壯大規模」。

3. 價值鏈整合績效

永豐餘能持續成長的因素，同業購併取得之資源是其一，更重要的是永豐餘能夠適當運用自身能力與購併企業間之互補性，在生產鏈上透過相互合作降低成本，在產品開發上則結合企業能力，豐富產品之附加價值。永豐餘不僅擺脫傳統產業之印象，更用行動證明造紙業之無限可能。永豐餘購併產生之績效分析如下：

❶ 績效一【營收六年新高】：根據永豐餘財務報表（2012）指出：「2012上半年整體合併營收約達266.6億元，另外在造紙業務之毛利率部分，亦在2012年第二季成長約達18%，締造六年來新高」，主因爲永豐餘在產品附加價值端之成長，使產品組合優化，以及文化用紙中之特殊紙比重的成功拉升。希冀未來永豐餘能在Jupiter Group、中華紙漿彼此之優勢互補，尋求共贏，創造出產業新顛峰。

❷ 績效二【創新能力成長】：永豐餘透過購併方式之後，不斷強化研發創新，亦成功研發出生物製紙技術，以搶占環保市場大餅。根據永豐餘（2012）表示：「生物製漿是工業紙新原料，相對傳統化學原料較爲環保，應用於工業紙製程也可帶來降低成本的效果」。由此可知，永豐餘在購併案後所獲得的新資源與能力，爲其開發帶來助力。

❸ 績效三【製造產能擴增】：雖然永豐餘布局中國大陸已久，但在文化用紙

業僅在台灣設有文化用紙事業部，因此於2012年購併中華紙漿，取得其中國大陸生產據點，在中國大陸文化用紙產能獲得成長。亦根據永豐餘在營運說明會（2012）上表示：「加入中華紙漿產能後，永豐餘於中國大陸文化用紙增加115,000噸產能」，如此一來，永豐餘更能滿足中國大陸市場需求。

個案八【同業購併整合】：成霖集團

成霖企業股份有限公司於1979年成立，初期以貿易為主，並且以併購方式掌握行銷通路，得以成為全亞洲最大的水龍頭、衛浴配件製造商。然而，主要透過國際分工方式生產，分別於台灣、中國大陸設立水龍頭專業生產工廠，再結合併購麗舍生活國際及PJH，讓成霖具有更廣泛之通路，與自創品牌進軍歐美市場，將觸角延伸到歐美市場，構成全球完整的通路網。除此之外，成霖亦分別2008年與2007年榮獲台灣國際品牌前20大與台灣國際品牌「潛力之星」等殊榮，並在國際上累積出許多亮眼的實績。綜合上述，成霖集團透過併購方式，建構完善的整合服務與價值鏈，如同屋下之岩石支撐著，並帶來生生不息的成長動力。

1. 價值鏈整合動機

當前市場環境充滿不確定，成霖集團盼能以品牌領導者的姿態，運用併購方式以有效達到卓著群聚效應、完善的上下游供應鏈整合來降低成本與有效強化研發能力，更以價格與品質為前提扶植下，力求突破，再次創造嶄新的面貌。茲將其動機分析歸納成三項，分述如下：

❶ 動機一【製程技術優化】：在消費意識日益高漲的呼聲下，成霖集團開始思考如何讓產品帶來更多附加價值，同時也為了減少受到上下游波動的風險、滿足客戶對產品的要求，不斷透過上下游整合方式，讓製造技術日新月異，亦更加重視消費者對產品的訴求，轉向提升優良的產品品質，力求突破消費市場。有鑑於此，成霖希冀藉由製程技術優化為謀求發展與整合動機，再度打響國際知名度。

❷ 動機二【貼近顧客訴求】：正值全球市場需求快速變動之際，綜觀成霖集

團從原先的貿易、製造,逐漸向下整合通路發展,並與顧客進行溝通整合,將從原先的OEM深入到ODM、再藉由擴張至全球行銷據點特性,掌握當地市場需求脈絡,同時也能提升產品曝光率。有鑑於此,成霖透過通路據點深入瞭解顧客在終端消費市場的需求為何,盼能隨時反映市場訴求。

❸ 動機三【降低生產成本】:在市場競爭激烈下,成本、品質、創新等因素備受重視。成霖集團為提供通路品牌廠商價格平實、質地精良的商品,不斷針對研發技術、產品品質精益求精,並且秉持「科技始終來自於人性」精神,不斷創新突破,不僅深化品牌內涵,更提升產品附加價值,使成霖集團在市場競爭中擁有極大優勢。

2. 價值鏈整合做法

根據成霖董事長歐陽明(2012)指出:「成霖不斷積極併購、建立自有品牌、通路之外,預計未來將持續加強研發新產品,發展多重成長動力新引擎」。茲將成霖價值鏈整合做法歸納成三項,分述如下:

❶ 做法一【整併企業資源】:面對瞬息萬變的市場訊息下,成霖集團為因應產品研發所需,藉由併購Aquanar、AeB兩間生產水龍頭企業,強化資源互補之優勢,以加強產品研發、產品設計能力,並且希冀未來藉由結合優質的電子技術,致力發展智慧型環保節能性產品。

❷ 做法二【併購品牌通路】:伴隨成霖集團執行多品牌化策略,通路管理能力顯得格外關鍵。子曰:「三人行必有我師」,一語道出成霖集團透過併購PJH與麗舍公司,藉此運用兩家公司在歐美、中國大陸通路影響力迅速布局海外市場、從通路端獲取顧客對其品牌的印象。

❸ 做法三【併購競爭品牌】:順應消費市場需求多變化下,成霖集團布局海外多品牌策略應運而生,透過海外消費市場特性不同,進而併購當地德國品牌Lenz以落實自有品牌在地化策略。使成霖集團躍升國際舞台,不斷締造耀眼成績。有鑑於此,成霖集團透過子品牌方式不斷拓展海外市場、營收,並且持續深耕〈在地化品牌模式,藉此滿足〉當地消費者訴求。

3. 價值鏈整合績效

綜上所述，成霖集團不斷拓展海外市場、研發創新之下，締造諸多耀眼佳績。成霖集團董事長（2012）歐陽明表示：「成霖集團目前整體在美國的陶瓷衛浴市場銷售量部分，主要是以Gerber品牌擠進美國第3名」。未來將積極提升品牌市占率、拓展中國大陸市場與結合電子商務模式，以打造全新商業模式。茲將其績效歸納成三項，分述如下：

❶ 績效一【耀眼營收佳績】：近幾年透過垂直整合與併購國際品牌，市場前景逆勢看漲。根據鉅亨網（2012）統計指出：「截至2011年底止，在北美地區主要以Gerber、Danze兩品牌爲主，營收成長達45.48%；歐洲地區主要以PJH、Lenz兩品牌爲主，營收成長約達40.74%，總營收額高達新台幣185億元」。整體而言，雖受到歐債影響，導致總營收成長小幅衰退，但在多個品牌營運逐漸回溫下，盼能再創營收新顛峰。

❷ 績效二【拓展中國市場】：由於目前歐洲市場景氣尚未明朗，成霖集團將持續拓展中國大陸市場。成霖集團財務長丁文傑（2012）表示：「成霖集團目前主要生產基地在中國大陸，其主要品牌爲GOBO、麗舍，在上海、廣州已有約達200家旗艦店與經銷商，另外在2011年營業額也約人民幣5,000萬元」，預計未來四年內將GOBO擴展至上千店，前景看好。

個案九【多元跨界整合】：邰港科技

邰港科技成立於1977年，成立初期以經營海水觀賞魚出口貿易爲主，由台灣南部的墾丁、恆春一帶收購深海觀賞魚，將觀賞魚自南部運出之後再輸出至香港地區，而這段「自台灣外銷到香港」的貿易過程，也是「邰港」名稱的來由。隨後因國內興起養殖水族風潮及政府政策鼓勵，邰港科技投入國內水族寵物市場，在此一時期，邰港科技除進口美國、菲律賓等地的觀賞魚外，亦步入水族用品設備的販賣，開始代理國外水族用品，隨後又因市場需求成立了「觀賞魚雜誌社」，發行相關叢書與雜誌。1990年代中期，隨著大環境的轉變，邰港科技的經營陷入困境，但

其藉由跨界整合為企業本身創造新商機，亦使邰港科技一躍翻身成為舉世聞名的水族寵物公司。

1. 價值鏈整合動機

1996年以前，邰港僅僅只是一間水族貿易公司，對外出口台灣的觀賞魚，對內進口國外水族用品，但隨著時間的推移，國家政策、社會環境的改變，邰港科技雖然在水族業界已享有相當的成就，但面臨逐日進逼的企業成長瓶頸，邰港科技不得不在價值鏈上做出抉擇，而1996年亦成為邰港科技公司商業模式轉變的重要分水嶺，茲以邰港科技之多元跨界整合動機敘述如下：

❶ 動機一【環境法令改變】：1996年，邰港科技賴以起家的海水觀賞魚貿易出現經營困境，過去邰港科技取得海水觀賞魚的台灣墾丁、恆春一帶海域被政府劃入環境保護區域內，在無法輕易捕撈野生觀賞魚的情形下，邰港科技銷往香港的海水觀賞魚已不如以往般易取得，迫使邰港科技必須在逆境中開創新的出路。

❷ 動機二【競爭環境移轉】：邰港科技於1996年以前為國外水族用品之台灣代理商，但實際的經營主導權還是掌握在國外廠商手上，若是經營的有聲有色，國外廠商便會將代理權收回，轉而自行經營，影響邰港科技權利。此外，由於水族產業的進入門檻不高，以至市場競爭漸趨激烈，許多國內業者禁不住壓力紛紛大舉外移，連帶衝擊到邰港科技的貿易業務。促使邰港科技必須另闢新徑以穩固公司發展。

2. 價值鏈整合做法

面對以往貿易業務所遭遇的困境，邰港科技看似經營上出現重大危機，但正如同邰港科技董事長方祖熙（2005）表示：「很多人遇到這種狀況會想結束公司，可是我們一直是把它當作一個事業來看」。邰港科技在艱困的情形下奮力一搏朝向異業發展，不僅使邰港科技的經營出現一線生機，亦使公司商業模式成功轉型，以下以邰港科技之多元跨界整合做法敘述之：

❶ 做法一【跨入基因工程】：政府政令改變，邰港科技無法再藉由自台灣南部海域收購野生海水觀賞魚來出口，邰港遂跨入水族觀賞魚繁養產業，並於1996年投入

三億元成立「生物科技研究中心」，開始跨入生物科技的研究，進行基因改造魚的研發，以期許在觀賞魚取得無虞的同時，亦為販售的觀賞魚創造更大的附加價值。

❷ 做法二【投入生化科技】：螢光魚的研發，需要較長的研發周期及龐大的研發資金投入，對邰港而言，這無疑是一項極具風險的投資，因此，邰港科技亦切入進入門檻較低且可較快回收的水族生化科技產品研發。迄今，邰港已推出水生植物激素、水族生物用綜合維他命、免換水微生物製劑、機械貝培菌球等產品。

❸ 做法三【自產水族商品】：國外水族用品代理業務經營不易，經營風險與日俱增，如何確保邰港自身的穩健發展，成為邰港科技永續發展的下一步。因此，邰港科技選擇整併水族用品產業，自行生產水族用品並以自有品牌行銷全球，目前邰港科技旗下擁有的水族用品品牌有「AZOO」、「TK」、「水賞」以及「Fipy」等，各品牌間於產品的通路及定位上皆有所區隔，以滿足不同市場的需求。

3. 價值鏈整合績效

自1996年起，邰港科技自傳統的水族進出口貿易商轉變為全方位的水族用品產銷商，並成功轉型為生物科技公司，一連串的跨界整合活動，使邰港科技一躍成為世界知名的觀賞魚暨水族用品企業。茲以邰港科技之多元跨界整合績效敘述如下：

❶ 績效一【螢光魚群爭光】：邰港科技於2001年成功發表了全球第一條基因螢光魚起，至今仍舊為全世界基因螢光魚種類最多的企業，邰港科技所出產的基因螢光魚，甚至於2003年12月登上美國《TIME》雜誌封面，被選為世界年度最酷創新發明，為邰港科技跨入基因工程後的代表性產品。

❷ 績效二【代理通路遍布】：邰港科技以自有品牌展開全球行銷，水族產品通路布局完善，迄今已於全球50餘國設立代理商通路；而邰港科技亦同時取得全球最大零售商Wal-Mart的供應商資格，不僅為其產品鞏固銷售通路，同時創造達規模經濟的需求量。

❸ 績效三【企業營收攀升】：一隻小小的基因螢光魚，對邰港科技而言是毛利率60%的「致富寶石魚」，隨著基因螢光魚的推出，加上成功進軍歐美市場，邰港科技的營收連年攀升，推出前三年，每年的營收都可以維持在3.5億元新台幣上

下，為奮力進行多元跨界整合的邰港科技，打下亮麗的成績單。

個案十【多元跨界整合】：香港馮式集團（Fung Group）

馮氏集團之前身即為中外知名的「利豐集團」，集團設立於1906年，為創辦人李道明先生和馮柏燎先生於廣州創立，並以集團兩位創始人之姓氏諧音為名，「利豐集團」於2012年8月1日起才全面更名為「馮氏集團」。馮氏集團之主要核心業務包括貿易、物流、分銷及零售，創辦當時成為中國大陸第一家華資對外貿易的出口商。1949年，蔣介石敗走台灣，大批難民潮湧入香港，促使香港發展為以製造生產主導的勞工密集市場，間接造就馮氏集團成為香港最大的出口商之一。1979年後因中國大陸改革開放，提供馮氏集團建立區域業務網路的機會，奠定服務全球客戶的良好基礎，而自1995年起，馮氏集團藉由併購最大競爭者「英之傑」，開啟通往國際大型跨國商貿集團的道路。

1. 價值鏈整合動機

貿易商所賺取的，是仲介兩國買家與賣家間進行交易的仲介費，因此，進出口貿易的興盛以及供應鏈前端、後端的議價能力，都將左右貿易業者的業績表現。20世紀後半，香港貿易環境逐日惡化，各項原因促使馮氏集團不得不積極修改自身價值鏈模式，以下茲以馮氏集團價值鏈整合動機敘述之：

❶ 動機一【馮氏企業上下游壓縮】：20世紀後半葉，香港的進出口貿易商逐漸面臨來自上下游的議價壓力，使得香港貿易商的佣金逐日由15%降至3%，正如馮氏集團主席馮國經（2012）表示：「1976年，當我結束於哈佛商學院的教職生涯回到香港時，許多朋友警告我，像馮氏集團這樣的採購代理商將會於十年內全部消失」。由此可知，當時香港的商貿環境，非常不利於傳統貿易商生存。

❷ 動機二【香港出口競爭力下滑】：1980年代初期，世界經濟面臨衰退的窘境，香港以外的亞洲四小龍國家，紛紛加強自身的產品出口競爭力，使香港的出口環境四面楚歌，而香港的出口更於1982年起連三年出現前所未見的負成長，如馮氏

集團一般的單純貿易商，在香港面臨嚴苛的挑戰。

2. 價值鏈整合作法

有鑑於香港的商貿環境逐日不利於傳統貿易商進行貿易活動，因此馮氏集團積極進行價值鏈整併及創新，企業版圖除貿易外，尚跨足物流及零售產業，使橫跨不同產業的馮氏集團，創造出新的貿易商模式，茲以馮氏集團之價值鏈整合作法敘述如下：

❶ 做法一【構建虛擬製造】：為了降低貿易風險，馮氏集團跨界整合全球製造商，創造出獨樹一格的「虛擬工廠」模式，即馮氏集團負責接單，並根據客戶的需求，自全球15,000多家合格供應商中，選擇合適的供應商來形成供應鏈，幫助客戶完成商品。馮氏集團憑藉其優異的供應鏈管理，挑選最適的原料並送達製造成本最低的工廠，完成利用「虛擬工廠」製造高品質且低成本產品的供應鏈模式。

❷ 做法二【整併物流配送】：馮氏集團藉由整併英和物流，以達成第四方物流的效益，在不具實體車隊及船隊的情形下，馮氏集團可以透過整合各地、各型式之物流商、倉儲，以最便捷、最快速的方式，經由不同廠商，將貨品由甲國A地運輸至乙國B地，為貨品運輸提供最大的價值。

❸ 做法三【跨足終端零售】：鑑於國際貿易需求的不穩定，馮氏集團開始跨足零售業。為布局零售業務，馮氏集團不僅與美商Toys "R" Us, Inc於1986年合資成立玩具「反」斗城亞洲業務，更分別成立利亞零售、利邦控股及利時控股等子公司，其中利亞零售的主要業務為中國大陸及港澳地區之OK便利商店，而利邦控股及利時控股則負責服飾類銷售業務。

3. 價值鏈整合績效

中國大陸著名經濟學家吳敬璉（2003）表示：「通過供應鏈管理的創新，馮氏集團將自己從舊式進出口貿易公司改造提升為現代商業巨擘」，伴隨著不同階段馮氏集團的價值鏈整合活動，馮氏集團不僅已非過去純粹的貿易商，更成為舉世聞名的商貿巨人，以下茲以馮氏集團之價值鏈整合績效敘述之：

❶ 績效一【全球商貿翹楚】：馮氏集團透過跨界整合，使其版圖拓展遍及美洲、歐洲、非洲及亞洲；全球超過四十多個經濟體中擁有15,000多家供應商合作夥伴，促使馮氏集團成為全球最大的民生消費品採購貿易商，所創造價值使其市值高達140億美元以上。

❷ 績效二【營收表現優良】：根據《中國商界》雜誌2012年9月10日所述：「馮氏集團每天要處理近千張訂單」，每一張訂單即成為一間「虛擬工廠」，而這些「虛擬工廠」，幫助旗下沒有實體工廠的馮氏集團，在2011年創下營收200.3億美元的佳績。

❸ 績效三【零售業務發達】：自馮氏集團發展零售業務至今，旗下的利亞零售及利邦控股皆已於香港聯交所掛牌上市，其中利亞零售於中國大陸及港澳擁有550家OK便利商店及聖安娜餅屋；而利邦控股則於大中華區各大城市之高級商場與黃金地段擁有超過520個零售點。

🔅 個案十一【策略聯盟整合】：台明將

台明將企業股份有限公司創立於1943年，早期從事小面積的鏡片生產以及加工，後期則發展為玻璃經銷商，不僅限於銷售玻璃素材，並且提供玻璃切片之服務，客群橫跨玻璃業、衛浴業、禮品業等。台明將自1998年起連續九年取得宜家家居（IKEA）訂單，自2005年起透過與15家彰濱工業區的玻璃同業策略聯盟組成台灣玻璃團隊，藉由共同接單分工的方式，接取國際龐大的訂單，而後吸引許多玻璃產業加入，遂創立「台灣玻璃團隊」（Team Taiwan Glass；TTG）品牌。2006年設立台灣玻璃館，提供玻璃廠商以及消費者一個完整交流平台。台明將總經理林肇睢希冀未來「打造台灣之美，行銷國際建立台明將公司永續經營的主軸」，台明將透過融合玻璃產業及文化創意，致力於讓台灣玻璃登上國際舞台。

1. 價值鏈整合動機

台灣玻璃產業因成本考量之下漸漸出走中國大陸，台灣經濟成長陷入泥沼，加

上中國大陸市場以低價搶單的危機之下，台明將以「抓穩國際客戶」、「鞏固玻璃產業」的動機爲出發點，透過策略聯盟整合以創造新利基，茲就上述兩大動機敘述如下：

❶ **動機一【爭取國際訂單】**：1998年，台明將首次打敗瑞典玻璃業者，成功拿下IKEA玻璃家具訂單，由於IKEA龐大的訂單，加上IKEA採用全球開放競價方式，每年挑選廠商須符合高品質、速度快、彈性佳、成本低，因此每年負責IKEA訂單的廠商並不固定，爲了爭取IKEA穩定訂單，台明將意識到透過「群聚策略、集體作戰」的合作方式，將能提升競爭力以獲取國際大量訂單。

❷ **動機二【鞏固玻璃產業】**：透過中國大陸政府扶持，中國大陸玻璃產業崛起，台灣玻璃廠商在沒有成本優勢下，面臨中國大陸低價搶單危機，台明將總經理林肇睢（2011）表示：「個別廠商假若爲了接單而獨立擴大產能，一旦市場飽和，將導致設備閒置、營運成本上升等風險，反而使競爭力下降」，由上述可知，台明將意識到單獨擴產求成本最小化具有許多風險存在，激起台明將總經理林肇睢發展產業聚落的念頭。

2. 價值鏈整合做法

台明將總經理林肇睢（2012）表示：「企業經營模式若不跟隨產業需求、產業變動適時去調整，很容易造成企業萎縮」。因此，台明將採取策略聯盟的方式，創造企業群聚新面貌，茲就台明將策略聯盟的做法敘述如下：

❶ **做法一【成立產業聚落】**：台明將總經理林肇睢（2008）表示：「台灣玻璃要打的是團體戰」。早在1994年台明將即開始發展群聚，推動資源整合並專業分工。2005年正式於彰濱工業區成立玻璃聚落，截至2011年，台明將所成立的群聚由北到南分爲三個網絡，主要核心爲彰濱工業區，參加群聚的廠商規模已達2,000多家。

❷ **做法二【落實訂單分享】**：台明將總經理林肇睢自創「串珠理論」，意指每家的企業，如同佛珠上的珠子，企業可串聯合作協商以分享訂單利潤。台明將明確訂定「串珠理論」的六大原則即爲：原料支援、訂單互補、設備互通、無息借貸、彈性倉儲、專業服務，成爲台明將與玻璃群聚廠商共存的核心理念。此外，對

於群聚內廠商公平開放的態度，並將接收的訂單，優先分給群聚廠商，促使群聚成員逐漸建立對台明將信賴的關係。

❸ 做法三【協同創立品牌】：面臨玻璃產業競爭激烈，台明將爲擴大產業聚落效應，結合聚落間廠商聯手打造共同品牌「Team Taiwan Glass」（TTG），並於2006年建設「台灣玻璃館」，台明將總經理林肇睢指出（2007）：「玻璃館主要展示日常生活中會使用到的玻璃製品，每個月皆會更換展品」。由此可知，台明將創立自有品牌並希冀藉由台灣玻璃館，成爲商品資訊平台以打開品牌知名度，吸引潛在客戶以創造商機。

3. 價值鏈整合績效

台明將以團結合作創造奇蹟，藉由創立自有品牌Team Taiwan Glass（TTG）與產業聚落共同打造台灣玻璃館，協助許多廠商渡過金融風暴、經濟蕭條，並將傳統玻璃產業群聚化打造台灣成爲玻璃王國，讓台灣玻璃製品行銷國際。以下茲就台明將所產生的績效敘述如下：

❶ 績效一【生產效率提高】：台明將總經理李肇睢（2011）指出：「大單不怕趕，小單不怕煩」，隨著和IKEA長年合作經驗，台明將累積快速反映市場的能耐，大幅提高聚落間生產規劃能力，原本需要長達12週才能出貨的製程，縮短爲只要五週的時間便可順利出貨，顯示出台明將對於個別廠商生產效率與品質的掌握能力。

❷ 績效二【取得國際訂單】：IKEA訂單利潤豐富卻也帶有致命效應，採取全球開放競價方式，誰能夠提供最好的品質、最快的期限、和最低的價格者即可得標，台明將總經理林肇睢表示：「1998年開始接瑞典大廠宜家家居（IKEA）訂單，我們就降價25%」，由此可知台明將結合聚落間專業生產經驗與管理能力，縮減成本又維持高品質，自然而然也成爲台明將的競爭優勢，增加台明將與國際大廠牌合作機會。

❸ 績效三【獲取豐厚利潤】：雖然現今玻璃產業競爭激烈，國際玻璃廠商紛紛採取低價策略搶攻市場，但是台明將總經理林肇睢表示（2007）：「台灣玻璃產

業群聚成型，包括彰濱工業區以及周邊的業者，年營收高達200億台幣，顯示出台明將利用策略聯盟方式集結台灣玻璃產業，打造產業聚落，生產成本降低，聚落間不僅僅可以創造低價優勢，更可以共享豐厚利潤。

🎙️ 個案十二【策略聯盟整合】：喬山科技

　　從事健康科技事業的喬山，1975年由董事長羅崑泉創立，以「健康、價值、共用」作爲其經營理念，創造Johnson、Vision、Horizon、Matrix等自我品牌，並於全球各國針對不同的目標市場發展出不同的品牌策略；爲此，喬山於台灣、歐美、中國大陸等國家設立多個行銷公司，在當地市場使用當地人來獲取當地的市場特性及消費者需求。另外，喬山藉由其關鍵技術及研發能力，加上以不同單價做爲市場區隔，成功跨入全球市場，並持續累積品牌價值及技術朝向國際知名品牌之路。喬山已成爲亞洲第一且世界前三大的國際專業運動健身器材集團公司，成功開創台灣品牌的全球知名度。

1. 價值鏈整合動機

　　輔導台灣運動器材優質聯盟（S-Team）運作的財團法人中衛發展中心中區處長張啓人（2012）表示：「台灣運動器材產業多屬中、小企業，若無法聯合同業業者共同合作，將很難與國際大型廠商抗衡」。喬山以「拓展事業通路」、「無法展現實力」兩大動機爲出發點，並透過同產業共同合作讓台灣成爲全球高品級健身器材的研發製造中心，茲就上述的三大動機敘述如下：

　　❶ 動機一【拓展產品缺口】：喬山董事長羅崑泉（2009）表示：「台灣社區健身房具有同時購買多元器材的現象，例如跑步機加按摩椅等多元器材」，但喬山主要專精於健身器材之製造，並無發展按摩椅事業之專業技術。因此喬山希望透過掌握按摩椅之專業技術能力，補強自身產品線缺口，以穩固喬山於運動健身器材產業的地位。

　　❷ 動機二【缺乏統一機制】：台灣健身器材產業業者擁有各自專業關鍵零組

件及創新技術，但台灣的健身器材產業迄今仍無零組件大廠以及共用的檢驗標準機制、產業標準規格訂定等規範，使台灣健身器材產業無法與擁有完整機制的歐美廠商抗衡，以致喬山較無法以優秀的關鍵零組件及高科技創新產品在國際上展現專業技術能力，來建立良好品牌形象。

2. 價值鏈整合做法

　　喬山試圖與其他健身器材業業者進行技術結盟、聯合銷售及產能互換，吸收同盟者彼此的優勢來強化自身不足，能夠於全球市場上更具有競爭力，進而拓展市場規模，以「結盟松下補產品」、「帶領S-Team拚升級」及「聯手日商創雙贏」為三大做法，茲敘述如下：

　　❶ 做法一【結盟松下補產品】：喬山於2009年與製作按摩椅有40年歷史的松下（Panasonic）公司結盟合作，成為松下於台灣的通路代理商，同時結合松下按摩椅的專業技術與喬山健身的專業健康理念。此外，喬山積極展開百貨公司設櫃作業，並於自身直營門市和經銷商聯合銷售松下的按摩椅以及喬山的健康器材。喬山藉由與松下的合作完備自身產品線並整合通路，建立領先同業的市場。

　　❷ 做法二【帶領S-Team拚升級】：為了在國際間建立台灣運動器材產業的品牌形象，以及塑造台灣優秀的技術及實力，喬山董事長羅崑泉擔任會長，與其他13家台灣運動器材公司與零組件廠商聯合組成S-Team，彌補台灣迄今沒有零組件大廠的劣勢，並積極與同盟者聯合至海外參展，將台灣最新研發的高科技運動器材拓展至國際間，進而讓台灣品牌獲得全球注目，建立優良品牌形象。

　　❸ 做法三【聯手日商創雙贏】：喬山健身器材科技過去以運動器材為主要產品，為了拓展市場規模和多元化產品，喬山宣布：「與日本第一大健康器材公司『富士醫療器』（Fujiiryoki）合作，深入發展高階按摩椅及高級健康器材」。喬山希冀藉由富士醫療器ODM喬山的中高階按摩椅，以日本技術及品質，搶占中國大陸及台灣頂級客群。此外，喬山則承接富士醫療器中低階按摩椅的ODM訂單，由富士醫療器回銷日本，雙方聯合生產、術業專攻創造雙贏。

3. 價值鏈整合績效

台灣區體育用品公會總幹事溫麗雪（2012）指出：「台灣S-Team在德國慕尼黑展中，以巨型又時尚設計的品牌LOGO呈現品牌形象，成功吸引許多國際買家對台灣運動器材感到興趣」，進而大幅提升台灣整體產業的競爭力，讓喬山於全球市場朝自我品牌、掌握優質技術之路發展，並使喬山銷售額逐年成長。以下茲就喬山科技所產生的績效敘述如下：

❶ 績效一【國際訂單漸增】：喬山於2012年成立S-Team之後，與S-Team成員聯合參加海外展覽，藉由展覽展示台灣健身器材產業的高科技產品，逐漸受到國際間的注目。喬山表示：「截至2012年10月止，已與歐洲前兩大健身公司『Health City』和『Fitness First』及泰國最大零售商及百貨龍頭『Central Retail Corporation』簽訂健身器材供應合約」。喬山逐漸受到國際運動連鎖店的青睞，獲得比往年更多的國際訂單，品牌名次也隨著成長。

❷ 績效二【營收成長年增】：喬山與日本第一大健康器材公司「富士醫療器」技術結盟後，使喬山的銷售額逐漸成長。喬山旗下健康事業部總經理董淑惠於2012年5月14日預估：「按摩椅於台灣銷售量達2,000台，若加上日本及大陸市場，總銷售量可達6,000至7,000台」。董淑惠（2012）更強調：「喬山於2009年按摩椅營收約已達500萬美元，更於2011年逐年呈倍數成長」。喬山董事長羅崑泉（2013）表示：「2011年至2012年喬山在全球健身器材市場占有率由9%升至12%，且商用健身器由5%成長至7%，並將於2013年全力拓展中國大陸按摩椅之內需市場」，顯示喬山健身器材科技於具有強烈企圖心及國際競爭力。

❸ 績效三【結盟效應擴增】：喬山集團副總兼財務長魏文琦2012年5月8日表示：「商用市場是未來三年的主要動能」。歷經松下、富士醫療器及S-Team等策略聯盟整合後，喬山不僅產品線完整且具有垂直整合能力，吸引許多商業集團爭相洽詢，目前除大型連鎖健身中心外，包括四季（Four seasons）及萬豪（Marriott）在內的大型國際連鎖酒店業者亦拋出結盟意願，顯示出喬山商品在商用市場上具有相當競爭力，而此股動能亦使目前位居全球運動器材業第三名的喬山，在未來可望坐三望二搶一。

第 **5** 篇

貿易振興新諍言

2013 IEAT報告策略性建議

Opportunities
from Value Chain Integration

第21章

2013 IEAT調查報告結論彙總

2013《IEAT調查報告》賡續2012《IEAT調查報告》以「國家競爭力」、「貿易自由度」、「貿易便捷度」、「貿易難易度」、「貿易風險度」的「一力四度」核心評估模式，針對16個「重要市場」及34個「新興市場」等50個貿易地區進行結構式問卷調查，有關2013《IEAT調查報告》主要研究結論分述如下：

結論一：「樣本基本特性」分析

2013《IEAT調查報告》針對台灣貿易業者進行結構式問卷調查，並經由「雙30」（註：(1)在同一個貿易地區回卷數必須達到30份以上；(2)在台北市進出口商業同業公會21個行業小組所屬產業別中，每一產業別的回卷數必須達到30份以上）的條件下，最終列入評估的貿易地區計有50個，相較於2012年新增四個，而總計有效回卷數為2,286份，較2012年增加170份。有關2,286份有效回卷數的貿易業者基本經營特性，包括：(1)取得市場優勢的關鍵能力；(2)貿易經營主要困擾問題；(3)貿易拓展需政府協助需求，茲將上述三項樣本基本特性排行前10名彙整如下表所示。

表21-1　2013 IEAT調查樣本「基本特性重點」剖析

排名	❶取得市場優勢關鍵能力	❷貿易經營主要困擾問題	❸貿易拓展需政府協助需求
1	顧客維繫力強	同業競爭加劇	提供市場資訊
2	貿易產品力優	缺乏貿易專才	鼓勵異業聯盟
3	品質競爭力	匯率波動頻繁	整合聯盟伙伴

表21-1 2013 IEAT調查樣本「基本特性重點」剖析（續）

排名	❶取得市場優勢關鍵能力	❷貿易經營主要困擾問題	❸貿易拓展需政府協助需求
4	價格具競爭力	客戶付款能力	整合同業平台
5	售後服務優	國際環保規範	取得資金融通
6	公司財務穩健	知識產權保護	國外貿易商情
7	企業信用良好	全球削價競爭	專業能力培訓
8	物流配送優	原物料價格漲	提升商務能力
9	供應鏈管理強	資金融通困難	提供會展資訊
10	貨源搜尋廣	貿易資訊取得	調解貿易糾紛

🔖 結論二：「最適貿易地區評價」分析

2013《IEAT調查報告》特別針對台灣貿易業者進行「最適貿易地區」之評價，此為今年新增主題，最適貿易地區包含12大問項（見表21-2），茲將排名之結果說明如下：**(1)主要進出口貿易地區**：中國大陸、美國及香港排名前3，而前10名中出現印度、印尼等新興市場，顯示主要進出口貿易地區已由「重要市場」逐漸轉移至「新興市場」。**(2)主要競爭貿易對手**：中國大陸、韓國、香港排名前3，隨著中國大陸廠商的生產能力日漸增強，逐漸轉為出口導向，具備價格優勢，成為台灣廠商的競爭對手；此外，與台灣出口產品重疊性高達八成的韓國，隨著歐韓FTA、美韓FTA啟動，加上中日韓FTA的共識談判啟動，對台灣貿易業者造成巨大衝擊。**(3)最具發展潛力貿易地區**：中國大陸、印尼、印度排名前3，前10名中除美國屬於重要市場，其餘9名皆屬於新興市場，可見貿易業者對新興市場發展前景仍保持樂觀態度。**(4)最應洽簽自由貿易協定貿易地區**：前5名依序為美國、新加坡、日本、馬來西亞、澳洲，而韓國近幾年與多國簽署FTA，反觀台灣雖與中國大陸簽署ECFA，但仍未擴大後續ECFA項目，因此發展有限，業者並認為應積極與美國、新加坡、日本等貿易地區簽署FTA，以提升在全球的競爭力。**(5)最具價值鏈整合貿易地區**：前3名依序為中國大陸、美國、加拿大，其中，中國大陸因與台灣接近，且兩岸產業資源具有互補優勢，台灣具優越的管理制度、研發創新與商品設計能力，而中國大陸則有充沛勞動力與龐大內需消費市場，因而獲得價值鏈整合第1名。**(6)最具**

資源及原物料競爭優勢貿易地區：前5名依序為巴西、印尼、中國大陸、緬甸、約旦，隨著全球原物料不斷飆漲，擁有豐沛自然資源就成為巴西的一大發展優勢。**(7)最具勞動力及製造成本優勢貿易地區**：前5名依序為印度、墨西哥、中國大陸、印尼、越南，均屬於新興市場，且人力資源豐沛、勞動成本相對低廉，值得注意的是，根據聯合國暨貿易發展協會（2012）發布《2012年世界投資報告》指出：「隨著中國大陸勞動及原物料成本上漲，跨國公司紛紛選擇成本更低廉的國家布局，使得印尼、泰國、越南在最受歡迎東道國排名大幅提升」。**(8)最具內銷內貿優勢貿易地區**：前5名依序為中國大陸、印度、美國、印尼、德國，根據亞洲開發銀行（ADB）（2013）指出：「預計至2030年，中國大陸與印度兩個國家的中產階級人數將達24億，占全球中產階級人口 45％」，如此龐大的內需消費潛力不容忽視。**(9)最具研發創新優勢貿易地區**：前5名依序為美國、日本、德國、荷蘭、新加坡，美國與日本為全球最大的兩個技術創新和貿易強國，歷經貿易結構調整，具備優異的創新研發技術。**(10)最適發展服務貿易之貿易地區**：前5名依序為美國、德國、中國大陸、英國、法國，近年來，服務貿易在各國經濟發展的地位逐漸提升，美、德、英、法等國的服務貿易出口額占各自國家GDP的10％以上，未來服務貿易比重將持續成長，貿易業者應積極關注布局。**(11)最適發展文創貿易之貿易地區**：前5名依序為美國、德國、中國大陸、英國、法國，根據聯合國貿易暨發展委員會（UNCTAD）（2011）發表《2010年創意經濟報告》（*Creative Economy Report*）指出：「在全球創意財（creative goods）進出口總額中，設計項目即占了60％，可發現設計對文創產業發展的重要，而2002至2008年全球創意財輸出的前20大國家排名，中國大陸位居第1，美國及德國則分居2、3名」，而《文創薈萃：啟動第四波經濟力》（2011）一書亦指出：「文創產業已成為『第四波經濟』的成長動力」，文化創造不僅是一種生活型態，更是經濟產值的源頭，未來文化經濟（Cultural Economy）市場前景無限，貿易業者應思索如何將文化元素融入商品設計，以創造更大的商機。**(12)最適發展雲端貿易之貿易地區**：前5名依序為美國、新加坡、加拿大、英國、澳洲，前5名均屬於重要市場，資通訊基礎建設完備，成為發展雲端貿易的基石。

表21-2　2013 IEAT調查樣本認為「最適貿易地區評價」剖析

排名	主要進出口貿易地區	主要競爭貿易對手	最具發展潛力貿易地區	最應洽簽自由貿易協定之貿易地區	最具價值鏈整合之貿易地區	最具資源及原物料競爭優勢貿易地區
1	中國大陸	中國大陸	中國大陸	美國	中國大陸	巴西
2	美國	韓國	印尼	新加坡	美國	印尼
3	香港	香港	印度	日本	加拿大	中國大陸
4	德國	美國	巴西	馬來西亞	德國	緬甸
5	印度	日本	越南	澳洲	英國	約旦
6	新加坡	越南	美國	泰國	俄羅斯	印度
7	韓國	新加坡	土耳其	土耳其	澳洲	墨西哥
8	英國	馬來西亞	墨西哥	紐西蘭	印尼	菲律賓
9	日本	印尼	沙烏地阿拉伯	墨西哥	印度	土耳其
10	印尼	泰國	阿聯大公國	菲律賓	香港	南非

排名	最具勞動力及成本優勢貿易地區	最具內銷內貿優勢貿易地區	最具研發創新優勢貿易地區	最適發展服務貿易之貿易地區	最適發展文創貿易之貿易地區	最適發展雲端貿易之貿易地區
1	印度	中國大陸	美國	美國	美國	美國
2	墨西哥	印度	日本	德國	德國	新加坡
3	中國大陸	美國	德國	中國大陸	中國大陸	加拿大
4	印尼	印尼	荷蘭	英國	英國	英國
5	越南	德國	新加坡	法國	法國	澳洲
6	巴西	日本	韓國	日本	韓國	德國
7	菲律賓	澳洲	香港	新加坡	日本	荷蘭
8	泰國	加拿大	加拿大	荷蘭	俄羅斯	香港
9	俄羅斯	英國	英國	西班牙	義大利	台灣
10	柬埔寨	土耳其	法國	台灣	台灣	日本

資料來源：本研究整理

結論三：2009-2013「四度構面」評價變化

2009-2013《IEAT調查報告》針對「貿易自由度」、「貿易便捷度」、「貿易難易度」、「貿易風險度」之四度構面評價進行分析，除針對該年度整體貿易地區進行分析外，以下亦針對台灣進行分析，分別如表21-3、表21-4所示。

由表21-3可發現，2010《IEAT調查報告》較2009《IEAT調查報告》在四度構面均呈上升趨勢，2011《IEAT調查報告》與2012《IEAT調查報告》均呈現全面下降趨勢。而2013《IEAT調查報告》相較於2012《IEAT調查報告》在四度構面評價而言，貿易自由度（+0.015）與貿易風險度（+0.001）僅些微上升，而貿易便捷度（-0.028）與貿易難易度（-0.019）則呈現下滑。整體而言，仍可發現四度總評價還是下降，顯示歐債危機衝擊、貿易摩擦遽增、全球經濟復甦緩慢，使得台灣貿易業者對當前經貿環境略顯悲觀。

表21-3 2009-2013 IEAT調查「四度構面」評價變化分析

評估構面	2013	2012	2011	2010	2009
1-1數量限制	3.114	3.108	3.092	3.243	2.994
1-2價格限制	3.046	3.047	3.016	3.150	2.843
1-3法規限制	3.052	3.042	3.059	3.170	2.961
1-4政府限制	3.019	3.009	3.028	3.159	2.921
❶ 貿易自由度	3.058 ⬆	3.043 ⬇	3.049 ⬇	3.181 ⬆	2.930
2-1市場便捷	3.164	3.176	3.189	3.283	3.050
2-2邊境便捷	3.133	3.146	3.172	3.250	3.071
2-3基建便捷	3.067	3.076	3.117	3.163	2.990
2-4流程便捷	3.114	3.190	3.206	3.286	3.092
❷ 貿易便捷度	3.119 ⬇	3.147 ⬇	3.171 ⬇	3.245 ⬆	3.051
3-1許可成本	3.029	3.066	3.073	3.126	3.003
3-2資訊成本	2.914	2.935	2.944	3.065	2.811
3-3投資成本	2.943	2.961	2.986	3.122	2.876
3-4經商成本	2.944	2.974	3.026	3.148	2.881

表21-3　2009-2013 IEAT調查「四度構面」評價變化分析（續）

評估構面	2013	2012	2011	2010	2009
❸貿易難易度	2.958 ⬇	2.977 ⬇	3.007 ⬇	3.115 ⬆	2.893
4-1政治風險	3.066	3.040	3.099	3.119	2.998
4-2經濟風險	2.972	2.973	2.965	3.070	2.852
4-3政策風險	3.022	3.025	3.013	3.128	2.835
4-4支付風險	2.967	2.951	2.957	3.026	2.883
❹貿易風險度	3.007 ⬆	3.006 ⬇	3.008 ⬇	3.106 ⬆	2.892

　　表21-4為台灣在2011-2013《IEAT調查報告》四度構面評價之變化（台灣自2011年始列入調查地區），就2012-2013《IEAT調查報告》而言，台灣在「貿易自由度」評價由2012年的3.349分上升到2013年的3.398分；「貿易便捷度」評價從3.481分小幅下降到3.471分；「貿易難易度」則是從3.196分上升至3.208分；至於「貿易風險度」則是從3.491分上升至3.498分。四度中以「貿易自由度」提升0.049為最多。根據美國卡都研究機構（CATO Institute）公布《2012年世界經濟自由度報告》顯示：「台灣在144個列入調查經濟體中，排名第15名，較2011年提升15名，且是歷年來的最佳排名，其中在『國際貿易自由度』構面中，排名第27名，進步11名」，顯示台灣政府改善經貿環境已初步獲得成效。

表21-4　2011-2013 IEAT調查台灣「四度構面」評價變化分析

評估構面	2013 評價	2013 排名	2012 評價	2012 排名	2011 評價	2011 排名	2012-2013變化 評價	2012-2013變化 排名
1-1數量限制	3.523	6	3.480	8	3.378	11	⬆	⬆
1-2價格限制	3.414	11	3.376	10	3.269	15	⬆	⬇
1-3法規限制	3.380	6	3.344	9	3.306	9	⬆	⬆
1-4政府限制	3.343	4	3.271	7	3.259	9	⬆	⬆
❶貿易自由度	3.398	7	3.349	8	3.295	11	⬆	⬆
2-1市場便捷	3.555	7	3.507	9	3.428	12	⬆	⬆
2-2邊境便捷	3.431	6	3.459	10	3.406	13	⬇	⬆
2-3基建便捷	3.394	9	3.393	10	3.281	15	⬆	⬆

表21-4 2011-2013 IEAT調查台灣「四度構面」評價變化分析（續）

評估構面	2013		2012		2011		2012-2013變化	
	評價	排名	評價	排名	評價	排名	評價	排名
2-4流程便捷	3.447	9	3.531	9	3.435	12	⬇	—
❷ 貿易便捷度	3.471	8	3.481	8	3.396	12	⬇	—
3-1許可成本	3.214	9	3.202	14	3.207	14	⬆	⬆
3-2資訊成本	3.219	9	3.199	10	3.246	8	⬆	⬆
3-3投資成本	3.239	8	3.213	7	3.282	10	⬆	⬇
3-4經商成本	3.159	9	3.169	11	3.237	12	⬇	⬆
❸ 貿易難易度	3.208	8	3.196	9	3.252	10	⬆	⬆
4-1政治風險	3.571	7	3.527	5	3.596	9	⬆	⬇
4-2經濟風險	3.449	7	3.425	6	3.479	8	⬆	⬇
4-3政策風險	3.547	7	3.555	6	3.530	7	⬇	⬇
4-4支付風險	3.327	2	3.410	2	3.452	5	⬇	—
❹ 貿易風險度	3.498	6	3.491	6	3.529	8	⬆	—
綜合貿易競爭力	87.244	A08	85.166	A08	83.181	A09	⬆	—

資料來源：本研究整理

結論四：「評價最佳前十個貿易地區」分析

2013《IEAT調查報告》將一力四度及綜合貿易競爭力評價最佳前十個貿易地區進行彙整如表21-5所示。由下表歸納可發現，新加坡、加拿大、香港、澳洲、德國、英國這六個貿易地區，在一力四度評估構面及綜合貿易競爭力等六項排名上，均位居評價最佳前十之列。而美國在金融風暴衝擊下，經濟陷入困境，為保護當地企業，貿易保護主義再度抬頭，使其在「貿易自由度」未列前十，其餘五項排名皆位列前十。而台灣除在「國家競爭力」未列前十，其餘五項排名皆位列前十。然而，若就新興市場在一力四度評估構面及綜合貿易競爭力之評價，則有：(1)「貿易自由度」排名中，位於中東地區的卡達位列第9名及馬來西亞位列第10名；(2)「貿易便捷度」排名中，沙烏地阿拉伯位列第5名；(3)「貿易難易度」排名中，則有排名第7名的沙烏地阿拉伯與第9名的阿曼；(4)「貿易風險度」中，則無新興市場位列前10。

表21-5　2013 IEAT調查「評價最佳前十個貿易地區」排名

排名	❶ 國家競爭力	❷ 貿易自由度	❸ 貿易便捷度	❹ 貿易難易度	❺ 貿易風險度	綜合貿易競爭力
1	美　　國	新 加 坡	新 加 坡	新 加 坡	加 拿 大	新 加 坡
2	澳　　洲	加 拿 大	香　　港	加 拿 大	新 加 坡	加 拿 大
3	新 加 坡	澳　　洲	德　　國	澳　　洲	香　　港	香　　港
4	日　　本	香　　港	加 拿 大	美　　國	澳　　洲	澳　　洲
5	香　　港	英　　國	沙烏地阿拉伯	德　　國	美　　國	德　　國
6	加 拿 大	德　　國	澳　　洲	香　　港	台　　灣	美　　國
7	德　　國	台　　灣	美　　國	沙烏地阿拉伯	英　　國	英　　國
8	英　　國	紐 西 蘭	台　　灣	台　　灣	德　　國	台　　灣
9	韓　　國	卡　　達	英　　國	阿　　曼	法　　國	紐 西 蘭
10	法　　國	馬 來 西 亞	韓　　國	英　　國	紐 西 蘭	法　　國

資料來源：本研究整理

結論五：「評價倒數前10名貿易地區」分析

　　2013《IEAT調查報告》亦針對名列一力四度及綜合貿易競爭力評價倒數前十個貿易地區，彙整如表21-6所示。其中，巴基斯坦、柬埔寨、孟加拉、緬甸、阿根廷均列入一力四度及綜合貿易競爭力六項排名的評價倒數前10名貿易地區。而埃及在「貿易風險度」未列評價倒數10名，其他五項排名皆位列評價倒數前10；巴林在「國家競爭力」未列評價倒數10名，其他五項排名皆位列評價倒數前10，值得注意的是，義大利在「貿易難易度」排名倒數第9名，而在「貿易風險度」則排名倒數第5名。根據國際信用保險集團科法斯（Coface）（2012）公布國家貿易風險評級指出：「南歐經濟蕭條情況在義大利和西班牙日趨嚴重，因此將西班牙和義大利等級降為A4並列入負面觀察名單」，顯示義大利的貿易風險仍在提升。

表21-6　2013 IEAT調查「評價倒數前十個貿易地區」排名

排名	❶ 國家競爭力	❷ 貿易自由度	❸ 貿易便捷度	❹ 貿易難易度	❺ 貿易風險度	綜合貿易競爭力
1	安哥拉	巴基斯坦	柬埔寨	巴基斯坦	柬埔寨	巴基斯坦
2	緬甸	埃及	孟加拉	柬埔寨	巴基斯坦	柬埔寨
3	奈及利亞	孟加拉	埃及	巴林	巴林	孟加拉
4	柬埔寨	阿根廷	巴基斯坦	孟加拉	孟加拉	緬甸
5	巴基斯坦	巴林	巴林	阿根廷	義大利	埃及
6	孟加拉	柬埔寨	緬甸	緬甸	阿根廷	阿根廷
7	埃及	緬甸	奈及利亞	科威特	緬甸	巴林
8	阿根廷	智利	阿根廷	埃及	科威特	安哥拉
9	菲律賓	科威特	秘魯	義大利	印尼	科威特
10	越南	匈牙利	匈牙利	哥倫比亞	秘魯	奈及利亞

資料來源：本研究整理

結論六：「重要暨新興市場Top10」分析

　　表21-7為2013《IEAT調查報告》針對：(1)重要市場；(2)新興市場；(3)經濟組織等三項進行綜合貿易競爭力評價最佳前10名排名。就「重要市場」而言，新加坡、加拿大、香港、澳洲、德國名列前5名的貿易地區，其中，德國今年首次進入前五，德國多年出口貿易額穩居全球第一，不僅貿易體系健全，亦參與多邊經貿活動，擁有強勁的外貿競爭力。根據經濟部駐法蘭克福辦事處商務組（2013）指出：「2012年德國受歐債危機影響稍小，進口及出口額均較2011年成長，出口達1兆097.4億歐元，成長3.4％，進口貿易額達9,092億歐元，上升0.7％，順差創歷史第二高」。

　　而「新興市場」排名前5名的貿易地區分別為沙烏地阿拉伯、阿聯大公國、韓國、卡達、以色列，韓國排名首次進入第3，根據《天下雜誌》（2012）第508期刊登〈韓國 15年甩開台灣〉一文指出：「2002年，韓國談下第一個FTA伙伴智利後，至目前為止，已成為唯一一個完成與東協、歐盟、美國三大經濟體簽下FTA的亞洲

國家。2012年貿易額更是突破一兆美元，躍升全球第九大貿易國」，顯示韓國致力於FTA布局，大幅拉開與台灣貿易競爭力，而台灣在重要市場排名與2012年相同，依舊位列第8位；然就「經濟組織」而言，是以亞洲四小龍（T4）、2011年台灣十大貿易夥伴（Top10）及七大工業國（G7）這三個經濟區塊名列前3名。

表21-7　2013 IEAT「重要暨新興市場Top10」排名

排名	❶ 重要市場	❷ 新興市場	❸ 經濟組織
1	新加坡	沙烏地阿拉伯	亞洲四小龍T4
2	加拿大	阿聯大公國	十大貿易夥伴Top10
3	香　港	韓　　國	七大工業國G7
4	澳　洲	卡　達	新星四力CITI
5	德　國	以　色　列	重點拓銷市場Focus12
6	美　國	阿　曼	新七大經濟體NG7
7	英　國	南　非	飛鷹國家EAGLES
8	台　灣	馬　來　西　亞	新興經濟體11國E11
9	紐西蘭	巴　西	中印印韓四國KIIC
10	法　國	土　耳　其	成長市場八國Growth8

資料來源：本研究整理

結論七：「五大洲綜合貿易競爭力排名」分析

2013《IEAT調查報告》綜合貿易競爭力乃是由「一力四度」模式評估統計而得，其中「一力」代表「國家競爭力」，由各國次級資料而得，而「四度」（即貿易自由度、貿易便捷度、貿易難易度、貿易風險度）乃是針對貿易業者進行結構式問卷調查，因此特將「四度」與綜合貿易競爭力進行五大洲排名，如表21-8所示，大洋洲地區在四度構面評估與綜合貿易競爭力等五項排名均排名第1，而非洲地區在四度構面排名皆敬陪末座。若就五大洲的綜合貿易競爭力排行，依序為：（1）大洋洲地區；（2）歐洲地區；（3）美洲地區；（4）亞洲地區；（5）非洲地區，值得注意的是，歐洲地區由2012年的第3名上升至2013年的第2名，雖然歐債危機尚

未解決，但本年度新增調查的貿易地區「捷克」與「斯洛伐克」，兩國的政治與經濟環境相對穩定，投資風險較小，在國際經貿排名均屬前段，進而提升歐洲地區整體貿易競爭力。

表21-8　2013 IEAT調查「五大洲綜合貿易競爭力」排名

排名	❶ 貿易自由度	❷ 貿易便捷度	❸ 貿易難易度	❹ 貿易風險度	綜合貿易競爭力
1	大洋洲	大洋洲	大洋洲	大洋洲	大洋洲
2	亞　洲	歐　洲	美　洲	美　洲	歐　洲
3	美　洲	亞　洲	歐　洲	歐　洲	美　洲
4	歐　洲	美　洲	亞　洲	亞　洲	亞　洲
5	非　洲	非　洲	非　洲	非　洲	非　洲

資料來源：本研究整理

🔘 結論八：「綜合貿易競爭力推薦等級」分析

2013《IEAT調查報告》經「一力四度」模式構面評分及權重加權計算，最終得到「綜合貿易競爭力」評估指標，再經由百分位法轉換為推薦等級，如表21-9顯示，列入「極力推薦」的貿易地區有13個，佔26.00％，與2012《IEAT調查報告》同為13個；「值得推薦」貿易地區為29個，佔58.00％，較2012《IEAT調查報告》多四個貿易地區；「勉予推薦」貿易地區計五個，佔10.00％，較2012《IEAT調查報告》的六個貿易地區少，而「暫不推薦」的貿易地區則有三個，分別為孟加拉、柬埔寨、巴基斯坦，佔6.00％，較2012《IEAT調查報告》多了一個貿易地區。值得注意的是，「極力推薦」的13個貿易地區中，有11個屬於「重要市場」的經濟體，分別為新加坡、加拿大、香港、澳洲、德國、美國、英國、台灣、紐西蘭、法國及日本。而二個屬於「新興市場」的貿易地區與2012年相同，均為中東地區的沙烏地阿拉伯與阿聯大公國。

此外，表21-10為2009-2013《IEAT調查報告》貿易地區排名變化，可發現僅新加坡、沙烏地阿拉伯及印度三個貿易地區排名呈現上升趨勢，而美國則是呈現下降

趨勢。新加坡連續四年位居第一，根據世界經濟論壇（WEF）（2012）公布《促進貿易指數排名》指出：「新加坡整體排名第一，更在市場准入、海關管理、運輸與通訊基礎設施三項大指標中得分第一」，而根據世界銀行（WB）（2012）發布《2012加強連接，應對競爭：全球經濟中的貿易物流》，新加坡亦在列入評估物流績效的155個經濟體拿下第一位。新加坡為亞太金融中心，具備自由貿易環境與完善之市場機制，加上世界級的基礎設施，經商環境備受肯定。而沙烏地阿拉伯的自由貿易與低關稅政策，促使其貿易環境不斷優化，諸如從2008年4月公布自願在六年內降低或豁免180類貨品的進口關稅，2009年將開放外商參與其批發及零售業股權提高至75%，更致力降低貿易障礙，使其在歷年排名中呈上升趨勢。

　　此外，近年來印度崛起速度倍受矚目，早在2004年，印度商工部次長Jairam Ramesh便提出「CHINDIA」（由中國〔China〕與印度〔India〕組合而成）一詞指出：「中國大陸與印度兩國人口超過24億，占全球人口近四成、對媒炭、鋼鐵等天然資源消費占全球50%以上，未來兩個大國手牽手將主導全球經濟走向」，印度資訊產業發達、服務業每年以8%速度成長，加上中產階級人口增加，造就龐大內需消費市場，使得貿易業者紛紛看好其未來發展潛力。然就美國而言，歷經金融海嘯與歐債危機雙重衝擊下，使得美國陷入財政懸崖危機，貿易、貨幣自由度惡化與貿易保護主義升溫，使得美國排名呈下降趨勢。

表21-9　2013 IEAT調查報告「綜合貿易競爭力推薦等級」

推薦等級	總數	貿易地區
❶ 極力推薦	13	新加坡、加拿大、香港、澳洲、德國、美國、英國、台灣、紐西蘭、法國、沙烏地阿拉伯、阿聯大公國、日本
❷ 值得推薦	29	韓國、卡達、以色列、阿曼、荷蘭、南非、馬來西亞、巴西、土耳其、俄羅斯、墨西哥、捷克、中國大陸、約旦、波蘭、印度、西班牙、泰國、斯洛伐克、印尼、越南、智利、菲律賓、義大利、匈牙利、哥倫比亞、秘魯、奈及利亞、科威特
❸ 勉予推薦	5	安哥拉、巴林、阿根廷、埃及、緬甸
❹ 暫不推薦	3	孟加拉、柬埔寨、巴基斯坦

資料來源：本研究整理

表21-10　2009-2013 IEAT調查「綜合貿易競爭力」評價變化分析

2013 排名	貿 易 地 區	2013 綜合貿易競爭力	推薦等級	2012 綜合貿易競爭力	推薦等級	2011 綜合貿易競爭力	推薦等級	2010 綜合貿易競爭力	推薦等級	2009 綜合貿易競爭力	推薦等級	五年趨勢變化
1	新　加　坡	97.884	A01	97.843	A01	98.098	A01	98.480	A01	97.301	A02	⬆
2	加　拿　大	95.781	A02	95.471	A02	92.364	A03	89.945	A05	89.180	A03	
3	香　　　港	91.946	A03	91.151	A04	96.287	A02	95.300	A02	98.122	A01	
4	澳　　　洲	91.884	A04	92.033	A03	90.841	A04	86.528	A07	85.018	A06	
5	德　　　國	90.090	A05	85.603	A07	85.185	A08	84.251	A09	81.643	A08	
6	美　　　國	88.697	A06	87.489	A06	88.573	A06	90.184	A04	87.889	A04	⬇
7	英　　　國	88.168	A07	90.094	A05	89.994	A05	91.012	A03	85.915	A05	
8	台　　　灣	87.244	A08	85.166	A08	83.181	A09	-	-	-	-	
9	紐　西　蘭	83.761	A09	81.183	A12	-	-	-	-	-	-	
10	法　　　國	83.560	A10	84.384	A09	81.917	A10	83.668	A10	78.325	B01	
11	沙烏地阿拉伯	82.545	A11	80.458	A13	80.038	A13	73.756	B09	68.591	B11	⬆
12	阿聯大公國	82.057	A12	83.109	A11	80.802	A11	75.820	B03	71.728	B04	
13	日　　　本	82.048	A13	84.076	A10	87.844	A07	87.069	A06	83.959	A07	
14	韓　　　國	78.761	B01	72.636	B10	72.958	B09	75.105	B05	71.659	B05	
15	卡　　　達	78.562	B02	77.964	B03	80.608	A12	80.046	A13	-	-	
16	以　色　列	77.844	B03	77.421	B04	77.827	B02	80.984	A12	-	-	
17	阿　　　曼	77.107	B04	76.902	B05	78.731	B01	79.530	B01	-	-	
18	荷　　　蘭	76.800	B05	79.863	B01	76.302	B05	84.603	A08	74.317	B02	
19	南　　　非	75.988	B06	78.345	B02	74.088	B07	74.909	B06	69.545	B09	
20	馬　來　西　亞	75.863	B07	76.276	B06	74.754	B06	76.188	B02	69.404	B10	
21	巴　　　西	73.877	B08	72.363	B11	67.070	B20	68.455	B16	68.409	B12	
22	土　耳　其	73.042	B09	73.367	B08	71.547	B12	71.893	B11	69.965	B07	
23	俄　羅　斯	72.768	B10	71.121	B14	72.601	B10	74.119	B07	71.578	B06	
24	墨　西　哥	72.733	B11	72.194	B12	66.940	B21	69.139	B14	65.930	B16	
25	捷　　　克	72.708	B12	-	-	-	-	-	-	-	-	
26	中　國　大　陸	72.397	B13	72.838	B09	76.407	B04	75.434	B04	69.690	B08	
27	約　　　旦	72.296	B14	74.721	B07	-	-	-	-	-	-	
28	波　　　蘭	72.206	B15	70.690	B18	72.318	B11	72.418	B10	66.924	B13	
29	印　　　度	71.751	B16	70.951	B16	69.492	B16	66.692	B19	63.483	C04	⬆
30	西　班　牙	71.330	B17	71.131	B13	76.660	B03	81.175	A11	72.414	B03	
31	泰　　　國	71.231	B18	68.396	B22	69.746	B14	68.320	B17	64.449	C02	

表21-10　2009-2013 IEAT調查「綜合貿易競爭力」評價變化分析（續）

2013 排名	貿易地區	2013 綜合貿易競爭力	2013 推薦等級	2012 綜合貿易競爭力	2012 推薦等級	2011 綜合貿易競爭力	2011 推薦等級	2010 綜合貿易競爭力	2010 推薦等級	2009 綜合貿易競爭力	2009 推薦等級	五年趨勢變化
32	斯 洛 伐 克	70.962	B19	-	-	-	-	-	-	-	-	
33	印　　尼	70.644	B20	71.054	B15	67.584	B17	62.548	C03	62.001	C05	
34	越　　南	69.462	B21	69.944	B20	67.398	B18	63.604	C01	61.322	C06	
35	智　　利	69.384	B22	70.372	B19	71.351	B13	70.312	B13	64.936	C01	
36	菲 律 賓	68.409	B23	63.935	C02	55.230	D03	55.476	D01	53.138	D02	
37	義 大 利	68.096	B24	70.828	B17	72.985	B08	73.984	B08	66.439	B14	
38	匈 牙 利	67.937	B25	68.786	B21	69.581	B15	70.603	B12	65.618	B17	
39	哥 倫 比 亞	67.719	B26	-	-	-	-	-	-	-	-	
40	秘　　魯	67.489	B27	-	-	-	-	-	-	-	-	
41	奈 及 利 亞	66.341	B28	66.940	B25	66.239	B22	66.899	B18	-	-	
42	科 威 特	66.163	B29	67.292	B24	67.219	B19	68.900	B15	66.303	B15	⬇
43	安 哥 拉	64.494	C01	67.941	B23	-	-	-	-	-	-	
44	巴　　林	63.304	C02	63.416	C03	64.601	C01	-	-	-	-	
45	阿 根 廷	63.134	C03	64.270	C01	63.788	C03	61.836	C04	60.992	C07	
46	埃　　及	62.083	C04	62.520	C04	64.120	C02	63.398	C02	63.576	C03	
47	緬　　甸	60.941	C05	-	-	-	-	-	-	-	-	
48	孟 加 拉	59.309	D01	60.406	C06	59.060	D01	-	-	-	-	
49	柬 埔 寨	56.158	D02	60.761	C05	52.358	D04	51.690	D02	56.095	D01	
50	巴 基 斯 坦	55.684	D03	55.794	D01	-	-	-	-	-	-	

註：【1】卡達、以色列、阿曼、奈及利亞2010年始列入評比；台灣、巴林、孟加拉、伊朗2011年始列入
　　　評比；紐西蘭、約旦、安哥拉、巴基斯坦2012年始列入評比；秘魯、緬甸、哥倫比亞、捷克、
　　　斯洛伐克2013年始列入評比。
　　【2】列入評估之貿易地區數：2009年為34個；2010年為38個；2011年42個；2012年46個；2013年
　　　為50個。
　　【3】⬆ 表示連續五年排名上升（含排名持平），⬇ 表示連續五年排名下降。

結論九：「貿易依賴度」與「綜合貿易競爭力」分析

　　2013《IEAT調查報告》為了解「綜合貿易競爭力」與「貿易依賴度」間之關
係，分別依：(1)49個貿易地區（不含台灣）；(2)十個經濟組織別，描繪出貿易依

賴度與綜合貿易競爭力矩陣圖，四個象限的畫分標準，乃是依上述兩個構面的平均值為依據，圖21-1所示的【A】區為第一象限，列入該象限則屬貿易依賴度高且綜合貿易競爭力高的貿易地區；【B】區為第二象限，則屬於貿易依賴度低而綜合貿易競爭力高的貿易地區；【C】區為第三象限，則為貿易依賴度低且綜合貿易競爭力低的貿易地區；【D】區為第四象限，該區之貿易依賴度高而綜合貿易競爭力低。

圖21-1顯示，2012年台灣對這49個貿易地區之貿易依賴度平均值為1.92％（2011年列入調查的45個貿易地區之貿易依賴度為2.10％），而49個貿易地區的綜合貿易競爭力平均值為74.151分（2011年列入調查的45個貿易地區的綜合貿易競爭力平均值74.404分），2013《IEAT調查報告》列入【A】區有九個貿易地區，分別為新加坡、香港、德國、澳洲、美國、日本、沙烏地阿拉伯、馬來西亞、韓國，這些貿易地區與台灣經貿活動頻繁，且具較高的綜合貿易競爭力，台灣仍應維持與該貿易地區之經貿交流活動，以求穩定成長，值得特別注意的是，韓國因綜合貿易競爭力大幅提升，使其由去年的【D】區進入今年的【A】區；【B】區有十個貿易地區，分別是加拿大、英國、紐西蘭、法國、阿聯大公國、卡達、以色列、阿曼、荷蘭、南非，這些貿易地區雖具較高綜合貿易競爭力，但與台灣貿易依賴度較【A】區低，是台灣未來可思索多加拓銷的貿易地區；【C】區計有28個貿易地區；【D】區則有二個，分別為中國大陸及印尼，印尼是因貿易依賴度提升，使其由去年的【C】進入今年的【D】區。

圖21-2為2013《IEAT 調查報告》從經濟組織角度剖析貿易依賴度與綜合貿易競爭力之矩陣圖，2012年台灣對這20個經濟組織的貿易依賴度平均值為27.19％，較2011年的26.08％高，而綜合貿易競爭力平均值則為74.39分，較去年的73.78分高。列入【A】區有四個，即七大工業國、2011年台灣主要貿易夥伴、新七大經濟體及台灣重點拓銷市場；【B】區有亞洲四小龍與新星四力，與去年相同；【C】區則有新金磚六國、新興三地、金磚四國、ABC集團、東協十國、靈貓六國、展望五國、新鑽11國與新興市場七國等九個經濟組織，其中，新金磚六國與新興市場七國由去年的【D】區變為今年的【C】區，而金賺14國、中印印韓四國、新興經濟體11國、成長市場八國、飛鷹國家則與去年相同，屬於【D】區。

圖21-1 2013 IEAT 50個貿易地區「貿易依賴度」與「綜合貿易競爭力」矩陣圖

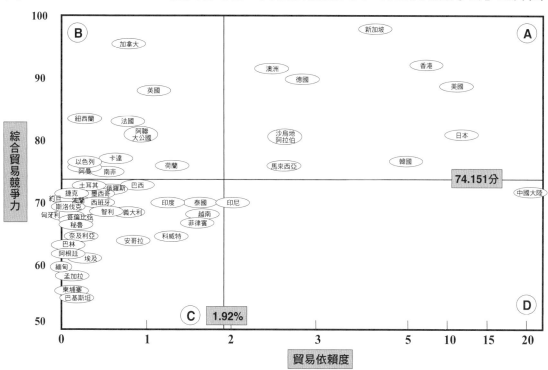

貿易地區	綜合貿易競爭力	貿易依賴度	貿易地區	綜合貿易競爭力	貿易依賴度	貿易地區	綜合貿易競爭力	貿易依賴度
新 加 坡	97.884	4.93	南 非	75.988	0.39	菲 律 賓	68.409	1.92
加 拿 大	95.781	0.72	馬 來 西 亞	75.863	2.52	義 大 利	68.096	0.67
香 港	91.946	7.10	巴 西	73.877	0.88	匈 牙 利	67.937	0.15
澳 洲	91.884	2.26	土 耳 其	73.042	0.31	哥 倫 比 亞	67.719	0.08
德 國	90.090	2.34	俄 羅 斯	72.768	0.81	秘 魯	67.489	0.10
美 國	88.697	9.89	墨 西 哥	72.733	0.42	奈 及 利 亞	66.341	0.28
英 國	88.168	1.20	捷 克	72.708	0.12	科 威 特	66.163	1.53
紐 西 蘭	83.761	0.21	中 國 大 陸	72.397	21.27	安 哥 拉	64.494	0.92
法 國	83.560	0.79	約 旦	72.296	0.05	巴 林	63.304	0.06
沙烏地阿拉伯	82.545	2.91	波 蘭	72.206	0.14	阿 根 廷	63.134	0.12
阿 聯 大 公 國	82.057	1.09	印 度	71.751	1.05	埃 及	62.083	0.17
日 本	82.048	11.61	西 班 牙	71.330	0.26	緬 甸	60.941	0.03
韓 國	78.761	4.70	泰 國	71.231	1.79	孟 加 拉	59.309	0.19
卡 達	78.562	0.98	斯 洛 伐 克	70.962	0.05	柬 埔 寨	56.158	0.12
以 色 列	77.844	0.25	印 尼	70.644	2.19	巴 基 斯 坦	55.684	0.11
阿 曼	77.107	0.76	越 南	69.462	1.87			
荷 蘭	76.800	1.40	智 利	69.384	0.41			

圖21-2 2013 IEAT經濟體「貿易依賴度」與「綜合貿易競爭力」矩陣圖

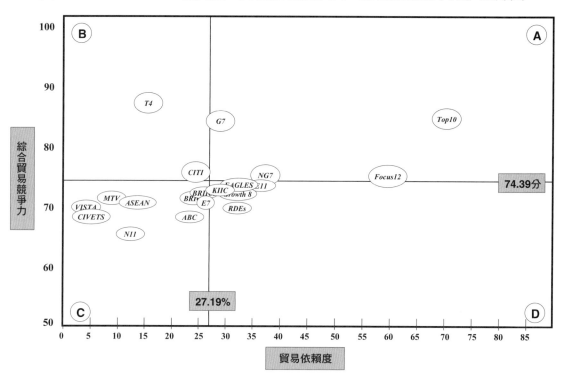

	經濟組織	綜合貿易競爭力	貿易依賴度		經濟組織	綜合貿易競爭力	貿易依賴度
1	亞洲四小龍T4	88.959	16.73%	11	新金磚六國BRIICS	72.904	26.59%
2	十大貿易夥伴Top10	85.211	69.57%	12	金磚四國BRICs	72.698	24.01%
3	七大工業國G7	85.206	27.26%	13	新興三地MTV	72.551	9.93%
4	新星四力CITI	75.509	24.51%	14	新興市場7國E7	72.459	26.93%
5	重點拓銷市場Focus12	74.884	60.34%	15	東協十國ASEAN	71.324	15.39%
6	新七大經濟體NG7	74.695	36.52%	16	金賺14國RDEs	70.646	32.26%
7	飛鷹國家EAGLES	73.530	31.81%	17	展望五國VISTA	70.454	4.89%
8	新興經濟體11國E11	73.422	35.05%	18	靈貓六國CIVETS	69.823	5.04%
9	中印印韓四國KIIC	73.388	29.21%	19	ABC集團ABC	69.167	23.94%
10	成長市場八國Growth8	73.247	31.63%	20	新鑽11國N11	67.647	12.02%

2013 IEAT調查報告
對台灣貿易業者建議

　　《論語》：「日知其所亡，月無忘其所能」，強調台灣貿易業者掌握己力、獲取新知的重要，且在劇變的環境下環顧情勢、權衡己力，尋求同業策略聯盟、提升產業附加價值、掌握市場先進優勢、厚植企業內部核心競爭優勢，才能使台灣貿易商轉型升級，並將市場布局效益發揮極致。2013《IEAT調查報告》針對列入調查評估的50個貿易地區，經由「國家競爭力」、「貿易自由度」、「貿易便捷度」、「貿易難易度」與「貿易風險度」之「一力四度」構面進行貿易環境與風險評估。希冀本研究能透過將貿易業者問卷反饋之資訊，經由系統性的統計分析法反映各國經貿環境之評估結果，最終依據問卷分析結果，針對台灣貿易產業價值鏈升級之需求，歸納出五項建議，以供台灣貿易業者參考。

🔘 建議一：預應去中間化衝擊，加速企業價值整合

　　在過往資訊不發達的時代，企業對國際市場概念較為欠缺，對繁雜的國際貿易流程通常倚賴貿易商服務為主，但隨著資訊科技的進步，公開透明的交易資訊，逐漸帶動產業結構變遷，廠商對於貿易商的職能轉持保留態度，漸漸減少對其依賴，越過中間商與下游接洽訂單，這種「去中間化」的發展趨勢衝擊貿易業者在全球供應鏈上的生存空間。六和化工董事長李世文（2012）表示：「去中間化的現象不可否認正在發生，對貿易業者帶來的衝擊確實很大」，顯示出台灣貿易商在面對全球化的競爭壓力下，若不及早做出因應對策，利潤空間自然會受到極大的壓縮。

　　根據2013《IEAT調查報告》，貿易業者認爲「經營遇到困擾問題」調查顯示，其中「主要客戶流失」雖然僅佔17.54%，但自2009年至2013年都有逐年上升的跡象，表示台灣貿易業者在經營時，因「去中間化」衝擊而流失客戶的問題日漸加劇，已緩慢侵蝕企業成長空間。故衆多規模不大的台灣貿易業者，不應再將資源專注在原有單一貿易服務上，而應將觸角延伸至價值鏈的每一環節，整合價值鏈上的夥伴，進而追求更節省成本、更有效率的經營目標。宏碁創辦人施振榮（2012）表示：「全球化讓世界變平，沒有單一企業能具備價值鏈上所有競爭力，贏家必須創立分工整合生態，與相關利益共創多贏」，顯示出價值鏈成功整合者將能帶領夥伴走向多贏，台灣貿易業者若能培養整合價值鏈的能力，將能創造全新舞台。

建議二：預應同業競爭加劇，加快產業研發創新

　　隨貿易自由化程度的攀升，「同業競爭」已成貿易開放下的產物。根據2013《IEAT調查報告》，貿易業者認爲「經營遇到困擾問題」中，「同業競爭加劇」排名第1，位居15項經營困擾因素之首。而《貿易雜誌》2012年7月號封面故事便以〈衆志成城，迎戰全球白熱化競爭〉爲標題指出，伴隨著國際經濟態勢走向國際化、貿易自由化，企業面臨之機會與挑戰也隨之攀升，台灣企業應強化己身競爭力，積極整合多方資源，以因應日趨激烈的全球化競爭。

　　隨著國際化與科技的推陳出新，帶動各項產業衍生出日新月異的新型態競爭模式，產業研發創新之重要性大大提升，根據吳敦義副總統2012年於第一屆中區中、小企業產學合作創新研發論壇暨成果發表會上表示：「中、小企業是台灣經濟發展的主要動能，對國家具高度貢獻，期勉相關業者應以創新研發帶動國家之經濟發展」。而通用電氣（General Electric Company；GE）中國大陸研發中心總裁陳向力（2012）表示：「GE每年在全球研發的投入高達60億美元，其中10%用於研究，另外90%用於產品設計和開發，且定期改善現有的產品和技術較爲薄弱之環節」。皆顯示，在同業競爭攀升的壓力下，產品創新之重要性。

建議三：預應新興市場紅利，研擬最適布局策略

　　新興市場後勢成長力道優於歐美，使得新興市場成為全球關注焦點，根據2013《IEAT調查報告》針對「最適貿易地區評價」中，在「最具發展潛力」、「最具資源及原物料競爭優勢」及「最具勞動力及製造成本優勢」貿易地區問項中，排名前10名以新興市場為主，此外，在「最具內銷內貿優勢」貿易地區中，前10大亦有4名為新興市場，由此可見，新興市場擁有人口紅利、資源紅利以及內需紅利。根據資訊服務巨擘IBM智慧城市副總裁Meenagi Venkat（2012）表示：「未來四年，全球GDP成長的60%以上將來自於新興市場」，顯示新興市場在未來全球經濟成長中將成為舉足輕重的角色，加上新興市場所擁有的紅利，促使新興市場成為全球企業前往角逐的戰場。

　　根據前經濟部長施顏祥（2012）表示：「雖然全球整體貿易情勢緊張，加上歐美市場訂單呈現停滯，但新興市場的成長力道令人期盼」，由此可知，面臨貿易業者訂單不足的情況下，拓銷新興市場，將能幫助貿易業者渡過歐債風暴所帶來的打擊。此外，日本趨勢預言家大前研一（2012）表示：「成功布局新興市場需留意三點，第一，掌握企業需求及基礎建設需求，由於國情不同，貿易業者不能直接將在已開發國家使用的產品完全移植，需透過產品整合後再出口；再者，抓住中產階級的需求，推出具價值競爭力的商品；最後，因新興國家中低所得人口眾多，應抓緊低所得市場」。由於，各國爭先恐後欲分食新興市場這塊大餅，貿易業者須深入瞭解新興市場國情及優勢，並透過妥善運用新興市場優勢，研擬最適布局策略，以提高本身的競爭優勢。

建議四：預應邊境市場（Frontier Market）崛起，掌握先占卡位優勢

　　根據2013《IEAT調查報告》綜合貿易競爭力排名顯示，前10名皆屬於IEAT歸納之「重要市場」，然而，隨著歐債危機衝擊，諸多歐美地區均成為重災區，相較

於已開發國家，邊境市場未來成長潛力更是不容小覷（編按：邊境市場專指市場規模不大、外商資金挹注少，較少受到投資人矚目，但也較不受大環境衝擊）。根據富蘭克林新興市場研究團隊總裁Mark Mobius（2012）指出：「邊境市場猶如新興市場裡的新興市場，在過去十年內，全球總計約有十個快速崛起的國家，就有九個來自邊境市場」。而ING投信（2012）亦表示：「近年來邊境市場崛起，發展潛力逐漸受到關注，諸如具油源優勢的中東地區、豐富原物料的非洲國家，已成爲不少企業積極布局的下一個金磚」。然從2013《IEAT調查報告》可發現，雖然邊境市場排名皆落後重要、新興市場，但邊境市場蘊藏龐大內需市場商機、豐富石油資源，使得邊境市場逐漸成爲吸引貿易業者前往布局的新亮點。

縱觀歐債危機以來，許多仰賴歐盟貿易的新興市場紛紛受到衝擊，而邊境市場各擁有其獨特資源優勢備受矚目，加上與全球市場連動性較低，因此貿易業者可透過「首動利益」（亦即先進入市場的企業比後進者享有競爭優勢），先占卡位以掌握未來成長商機。此外，台灣貿易業者在進行全球布局之際，除考慮市場占有率之外，更應環顧情勢與風險，有效「謀定而後動」而非「急躁而盲動」。根據摩根新興經理人白祐夫（2012）表示：「未來邊境市場成長的爆發力將有目共睹，但仍存在資訊不透明的風險」。有鑑於此，期望貿易業者針對邊境市場進行縝密的風險評估，找出各國的優勢與利基，並且加以掌握及運用，勢必能掌握市場優勢，擴大貿易新局。

🎯 建議五：預應信用風險提升，建立內部信評機制

根據2013《IEAT調查報告》在「經營遇到困擾問題」分析顯示，「客戶付款能力」位居第四，顯示客戶付款能力已成爲貿易業者在進行全球商貿活動時的一大隱憂。此外，根據全球出口信用保險公司科法斯集團（Coface Global Solutions）（2012）表示：「因歐美債務風暴背景下，2011整年全球客戶貨款未償付事件急增19%，其中，來自歐元區公司的貨款未償付事件更是大增28%」，此外，2013年更表示歐債危機結束仍言之過早，問題尚未徹底解決。顯示爲數不少的歐美企業仍面

臨資金短缺的處境，並直接影響到貨款的支付能力，付款能力下滑，導致企業破產呈上升態勢，國際貿易信用違約風險仍將持續攀升。

　　美商達信（Marsh）（2012）《亞洲高管叢刊》報告指出：「隨著經濟衰退持續壟罩全球經濟，亞洲地區廠商對其國際貿易夥伴信譽狀況優劣的擔憂日益提高」，而Marsh亞洲貿易信用和政治風險服務部負責人Richard Green（2012）亦表示：「亞洲已有超過20%的公司開始尋求貿易信用保險以抵禦交易夥伴違約風險」，顯見歐美商付款能力下降已造成亞洲貿易業者不小的恐慌。是故，貿易業者與歐美廠商進行貿易活動時，除須尋求恰當的貿易信用保險外，仍須於公司內部建立信用評等機制，並設立信用額度，以評估交易對象之付款能力，降低於國際貿易中遭遇信用違約的風險。

第 23 章

2013 IEAT調查報告對政府貿易政策建言

全球貿易經營環境受歐美債務危機影響，經濟發展馬車逐漸朝向新興市場、邊境市場等國家。根據《中央社》（2012）報導指出：「金磚四國在過去十年大放異彩，帶領全球景氣復甦，然而在勞動力日漸高齡化，進而拖慢成長步伐，昔日光彩逐漸喪失，取而代之的則是具爆發潛力的新經濟體—『邊境市場』」。由此可知，以往高速成長的金磚國家成長趨緩，而邊境市場國家擁有年輕勞工及低生產成本等優勢，使得經濟熱流開始轉向邊境市場。另一方面，區域經濟整合也成為經濟發展馬車駛向的重點方向，根據前經濟部長施顏祥（2012）表示：「區域經濟整合逐漸成形，台灣必須提升競爭力，且力拚加入『跨太平洋夥伴協議』（TPP）」。由此道出，區域經濟在自由貿易協定之下，有助於提升貿易活動績效，亦是當今台灣努力的重點。綜上所述，面對全球貿易經營環境的丕變，建議政府應注意大環境之變化，並調整策略及構建經貿利器，如加速簽署FTA、拓銷邊境市場、關注成長新興九國商機資訊、搭建產業合作平台及培育國際經貿專才等，以促進經貿發展。茲分述如下：

🔘 建言一：建請搭建產業合作平台，發揮貿易整合優勢

在2013《IEAT調查報告》「期望政府優先協助項目」分析中，「整合聯盟夥伴」及「整合同業平台」分占第3位及第4位，顯見貿易業者迫切希望政府能盡速構建一產業平台，以供業者進行合作；此外，在2013《IEAT調查報告》「經營遇到困擾問題」分析中，「同業競爭加劇」為現階段在經營上所面臨的最大困擾。根據上

述2013《IEAT調查報告》結果分析可知，貿易業者不僅希望政府建構產業平台以供合作、交流，更希望能藉由政府的力量整合各方廠商，降低同業間彼此的競爭，以聯盟的形式相互整合，發揮貿易優勢。

根據經濟部中小企業處出版的《2012年中小企業白皮書》指出：「2011年台灣中、小企業共計有127萬9,784家，占總企業家數的97.63%」，長久以來，中、小企業扮演著台灣經濟發展的重要骨幹，但近年來隨著全球產業快速轉型，中、小企業卻因受限於公司營運規模較小，難以籌措充足資源投入市場營運及技術研發，以致技術商品化困難而與市場機會失之交臂。是故，建請政府積極搭建產業合作平台，並輔導各產業廠商成立產業聯盟，朝向如台明將及喬山S-Team的模式發展，如此不僅將可規避同業競爭的風險，同時又可發揮貿易整合的優勢，以發揮「1+1>2」的整合綜效。

建言二：建請積極育才留才引才，解決廠商缺才困境

明成祖朱棣曾言：「致治之要，以育才爲先」，說明培育專業人才的立即性、重要性，然而根據2013《IEAT調查報告》顯示，在樣本企業認爲「市場優勢關鍵能力」中，「具專業人才」比重僅占18.90%，位居第14名，且從2010年27.03%便逐年遞減；而在「經營遇到困擾問題」中，「缺乏貿易專才」此項比重則高達44.27%，高居第2位。馬英九總統（2012）表示：「台灣經貿談判高階人才十分短缺，而人才培養必須能精確掌握國際態勢變動，才能發揮最大的功能」。由上可知，孕育專業人才益趨重要，政府應加緊規劃人才培養計畫，以降低企業經營風險。

根據美國企業管理顧問公司萬寶華（Manpower Group）（2012）公布《2012人才短缺調查全球結果》，台灣在全球排名第8位，有47%企業面臨徵才困難問題。而104資訊科技集團（2012）公布「人才斷層調查」亦指出：「68%的企業面臨人才斷層問題，找不到關鍵人才更是最大危機」，回顧2009-2013年《IEAT調查報告》，可發現人才缺乏一直困擾的台灣貿易業者，雖然外貿協會開辦「國際企業經營班」培育許多經貿專才以解決貿易業者缺才困境，但近年來因經貿人才外流頻

傳，美國商會（ACCT）與歐洲商會（ECCT）（2013）前後點出台灣薪酬偏低，人才將持續外流等現象，若未加緊改善情況將持續惡性循環，希冀政府提出有效方案加速專業人才培育，針對「育才、留人、引才」議題加以著墨，以提升台灣貿易業者在全球經貿舞台的競爭力。

🖋️ 建言三：建請關注「成長新興九國」，提供即時商貿訊息

古語有云：「失之東隅，收之桑榆」，在世界各重要市場景氣一片低迷下，全球企業紛紛搜尋新樂土。根據2012《IEAT調查報告》所提出的「成長新興九國」（GE9），包括中國大陸、印度、巴西、俄羅斯、南非、印尼、墨西哥、土耳其及越南，在新興市場中表現更加亮眼，吸引全球投資者目光，紛紛前往卡位搶攻先占者優勢，另根據2013《IEAT調查報告》企業認為「最具發展潛力」貿易地區，最具潛力前8名的國家中，成長新興九國就包辦七個席次，未來市場前景備受貿易業者重視；另在「最具資源及原物料競爭優勢」貿易地區，前10名的國家中，成長新興九國亦包辦八個席次，再次證明台灣貿易業者對其市場的密切關注與重視，前往成長新興九國布局行為已形同「箭在弦上，不得不發」。

然而，成長新興九國除語言、文化、宗教與氣候有所不同，也皆屬市場環境變動快速的國家，貿易業者若想前往布局投資，法規、檢驗檢疫、通關、通路等各類市場資訊即時提供也就顯得更加重要。根據2012年10月24日，行政院發言人鄭麗文表示：「行政院正積極前往新興市場之商業大城增設據點，並強化新興市場海外尖兵之培育」，看出政府對新興市場的開發力度已日漸加深，以幫助貿易業者取得當地的即時訊息。此外，前行政院長陳冲（2012）也表示：「為持續積極協助業者爭取新興市場商機，將『擴大新興市場出口』列為現階段施政重點方向」，其中即包括由駐外單位主動蒐集回報駐地市場經貿發展政策及產業發展趨勢等即時資訊，顯示若由政府帶領業者開拓成長新興九國，打造即時商機訊息交流平台，方能撥雲覓市降低風險，讓台灣貿易業者成為進軍成長新興九國的生力軍。

建言四：建請加強「邊境八國」拓銷，協助廠商搶占先機

根據2013《IEAT調查報告》報告顯示，「邊境八國」包含阿根廷、巴林、斯洛伐克、約旦、科威特、阿曼、緬甸與奈及利亞，經濟皆處於發展初期階段，在歐債危機影響全球經貿之際，邊境市場國家經濟成長率依舊成長，加上人口優勢及豐沛的天然資源，勢必不能錯過邊境八國未來發展的潛能。美國市場研究機構FactSet Research（2012）數據亦顯示：「雖然邊境市場人口及土地約占全球15%，但整體經濟成長率僅為6%」，可發現邊境市場蘊涵著強勁的成長空間。另外，2013《IEAT調查報告》在「最具資源及原物料競爭優勢」貿易地區中，第4名及第5名依序為邊境八國的緬甸及約旦，由此可知，貿易業者若透過拓銷邊境八國，或可降低國際原料價格上漲所帶來的成本及風險。

然而，邊境八國為發展初期國家，基礎建設尚不健全，各國對於邊境八國的投資資訊亦不完整，且台灣貿易業者較少前往投資，故對各國國情、經商環境與風險等資訊皆不熟悉，進而降低貿易業者前往布局的意願。但其豐富的人口、資源紅利，台灣貿易業者勢必不能錯過，在全球經貿動盪的環境下，倘若能掌握邊境八國所帶來的商機，將有助於台灣經濟成長。因此，建請政府積極推動邊境八國拓銷，並提供相關經商資訊，以協助貿易業者掌握先機。另外，經濟部於2012年8月30日與外貿協會成立「貿易尖兵」特攻隊，期許政府將實地考察的心得，迅速提供給業者作為日後參考，並致力撮合台灣貿易業者與當地合作，以謀商機。

建言五：建請鬆綁經貿配套法規，加速落實FTA簽署

為提升貿易自由化程度，世界各國多透過多邊或區域間的貿易協定來達成，然而，根據中華經濟研究院台灣WTO中心分析師林長慶（2012）指出：「多邊WTO的杜哈談判牽涉複雜，參與的會員數多，不易達成共識，至今仍未完成談判，使各國朝向區域貿易協定（RTA）之趨勢，更為明顯」。由此可知，區域貿易協定成為各國追求的主要目標。依據經濟部投資業務處發布〈因應區域經濟整合及新興經濟體崛起，

經濟部積極協助廠商對外布局〉一文（2012）指出：「東協國家之菲律賓、印尼、越南、緬甸，及南亞之印度、南美之巴西等新興經濟體，都有快速的經濟成長、低生產成本、內需與區域市場龐大等優勢，潛力不容忽視」。由此觀之，新興經濟體及區域經濟整合之下，其市場潛力龐大不容小覷，建請政府應加速落實FTA之簽署。

世界各國一股腦朝向區域經濟整合之際，除了加速區域內的貿易活動，另一方面也對體制外的國家產生排擠效果。在2012年5月15日，財團法人國家政策研究基金會之國策評論指出：「中日韓同意在2012年重啓FTA談判，一旦談判完成且生效，將全面衝擊台灣」。由此道出，如果中日韓的FTA，順利談判完成且生效，將嚴重衝擊台灣對外貿易。前行政院長陳冲（2012）強調：「台灣如不加快融入FTA的國際經貿關係，將與北韓成爲全球唯二，遭國際經貿體系排除的兩個經濟體」。由此顯示，台灣在簽署FTA的進度上，嚴重落後且處於危機。建請政府在推動FTA之際，應鬆綁經貿配套法規，以改善當前情況，加速FTA簽署與落實。

第**6**篇

貿易地區新資訊
2013 IEAT 50個貿易地區資訊揭露

Opportunities
from Value Chain Integration

第24章

2013 IEAT調查報告 綜合貿易競爭力彙總表

■綜合貿易競爭力計算說明

綜合貿易競爭力＝【國家競爭力×20％】＋【四度貿易實力×80％】

四度貿易實力＝【貿易自由度×30％】＋【貿易便捷度×20％】＋

【貿易難易度×15％】＋【貿易風險度×35％】

貿易地區		1 新 加 坡		綜合貿易競爭力		97.884
國家競爭力	項目	基本條件	機構評比	加權平均	綜合排名	A01/50
	分數	66.916	99.000	82.958		極力推薦
貿易自由度	項目	❶數量限制	❷價格限制	❸法規限制	❹政府限制	加權平均
	分數	4.035	3.977	3.638	3.647	3.768
	排名	1	1	2	1	1
貿易便捷度	項目	❶市場便捷	❷邊境便捷	❸基建便捷	❹流程便捷	加權平均
	分數	4.101	3.903	3.616	3.884	3.910
	排名	1	1	2	1	1
貿易難易度	項目	❶許可成本	❷資訊成本	❸投資成本	❹經商成本	加權平均
	分數	3.916	4.083	3.936	3.801	3.914
	排名	1	1	1	1	1
貿易風險度	項目	❶政治風險	❷經濟風險	❸政策風險	❹支付風險	加權平均
	分數	3.744	3.564	3.756	3.240	3.627
	排名	2	2	2	8	2

貿易地區		2 加 拿 大		綜合貿易競爭力		95.781
國家競爭力	項目	基本條件	機構評比	加權平均	綜合排名	A02/50
	分數	71.981	92.191	82.086		極力推薦
貿易自由度	項目	❶數量限制	❷價格限制	❸法規限制	❹政府限制	加權平均
	分數	3.875	3.840	3.646	3.520	3.682
	排名	2	2	1	2	2
貿易便捷度	項目	❶市場便捷	❷邊境便捷	❸基建便捷	❹流程便捷	加權平均
	分數	3.850	3.643	3.517	3.638	3.689
	排名	3	4	4	4	4
貿易難易度	項目	❶許可成本	❷資訊成本	❸投資成本	❹經商成本	加權平均
	分數	3.567	3.813	3.715	3.482	3.638
	排名	2	2	2	2	2
貿易風險度	項目	❶政治風險	❷經濟風險	❸政策風險	❹支付風險	加權平均
	分數	3.771	3.630	3.875	3.443	3.712
	排名	1	1	1	1	1

貿易地區		③ 香　　港		綜合貿易競爭力		91.946
國家競爭力	項目	基本條件	機構評比	加權平均	綜合排名	A03/50
	分數	68.220	96.288	82.254		極力推薦
貿易自由度	項目	❶數量限制	❷價格限制	❸法規限制	❹政府限制	加權平均
	分數	3.819	3.636	3.314	3.324	3.457
	排名	3	4	8	6	4
貿易便捷度	項目	❶市場便捷	❷邊境便捷	❸基建便捷	❹流程便捷	加權平均
	分數	4.029	3.765	3.538	3.724	3.802
	排名	2	2	3	2	2
貿易難易度	項目	❶許可成本	❷資訊成本	❸投資成本	❹經商成本	加權平均
	分數	3.305	3.491	3.303	3.300	3.331
	排名	7	4	6	5	6
貿易風險度	項目	❶政治風險	❷經濟風險	❸政策風險	❹支付風險	加權平均
	分數	3.632	3.548	3.672	3.325	3.575
	排名	4	3	3	3	3

貿易地區		④ 澳　　洲		綜合貿易競爭力		91.884
國家競爭力	項目	基本條件	機構評比	加權平均	綜合排名	A04/50
	分數	72.250	94.782	83.516		極力推薦
貿易自由度	項目	❶數量限制	❷價格限制	❸法規限制	❹政府限制	加權平均
	分數	3.776	3.705	3.421	3.516	3.560
	排名	4	3	4	3	3
貿易便捷度	項目	❶市場便捷	❷邊境便捷	❸基建便捷	❹流程便捷	加權平均
	分數	3.561	3.378	3.447	3.500	3.487
	排名	6	11	7	5	6
貿易難易度	項目	❶許可成本	❷資訊成本	❸投資成本	❹經商成本	加權平均
	分數	3.471	3.671	3.517	3.357	3.485
	排名	3	3	3	3	3
貿易風險度	項目	❶政治風險	❷經濟風險	❸政策風險	❹支付風險	加權平均
	分數	3.671	3.544	3.640	3.271	3.572
	排名	3	4	5	3	4

貿易地區		⑤ 德　　國		綜合貿易競爭力		90.090
國家競爭力	項目	基本條件	機構評比	加權平均	綜合排名	A05/50
	分數	73.056	90.503	81.780		極力推薦
貿易自由度	項目	❶數量限制	❷價格限制	❸法規限制	❹政府限制	加權平均
	分數	3.488	3.521	3.464	3.326	3.438
	排名	10	7	3	5	6
貿易便捷度	項目	❶市場便捷	❷邊境便捷	❸基建便捷	❹流程便捷	加權平均
	分數	3.752	3.648	3.690	3.692	3.704
	排名	4	3	1	3	3
貿易難易度	項目	❶許可成本	❷資訊成本	❸投資成本	❹經商成本	加權平均
	分數	3.345	3.442	3.353	3.289	3.346
	排名	6	5	5	6	5
貿易風險度	項目	❶政治風險	❷經濟風險	❸政策風險	❹支付風險	加權平均
	分數	3.589	3.423	3.488	3.236	3.469
	排名	6	8	9	9	8

【③香港、④澳洲、⑤德國】

貿易地區		6 美　國		綜合貿易競爭力		88.697
國家競爭力	項目	基本條件	機構評比	加權平均	綜合排名	A06/50
	分數	75.058	92.914	83.986		極力推薦
貿易自由度	項目	❶數量限制	❷價格限制	❸法規限制	❹政府限制	加權平均
	分數	3.344	3.276	3.183	3.207	3.233
	排名	16	15	15	9	14
貿易便捷度	項目	❶市場便捷	❷邊境便捷	❸基建便捷	❹流程便捷	加權平均
	分數	3.517	3.429	3.455	3.486	3.479
	排名	9	7	6	7	7
貿易難易度	項目	❶許可成本	❷資訊成本	❸投資成本	❹經商成本	加權平均
	分數	3.373	3.406	3.467	3.338	3.405
	排名	4	6	4	4	4
貿易風險度	項目	❶政治風險	❷經濟風險	❸政策風險	❹支付風險	加權平均
	分數	3.606	3.527	3.652	3.301	3.552
	排名	5	5	4	4	5

貿易地區		7 英　國		綜合貿易競爭力		88.168
國家競爭力	項目	基本條件	機構評比	加權平均	綜合排名	A07/50
	分數	72.022	88.214	80.118		極力推薦
貿易自由度	項目	❶數量限制	❷價格限制	❸法規限制	❹政府限制	加權平均
	分數	3.767	3.544	3.405	3.242	3.438
	排名	5	6	5	8	5
貿易便捷度	項目	❶市場便捷	❷邊境便捷	❸基建便捷	❹流程便捷	加權平均
	分數	3.550	3.405	3.364	3.477	3.466
	排名	8	9	10	8	9
貿易難易度	項目	❶許可成本	❷資訊成本	❸投資成本	❹經商成本	加權平均
	分數	3.213	3.035	3.286	3.103	3.183
	排名	10	14	7	10	10
貿易風險度	項目	❶政治風險	❷經濟風險	❸政策風險	❹支付風險	加權平均
	分數	3.543	3.479	3.550	3.276	3.489
	排名	8	6	6	5	7

貿易地區		8 台　灣		綜合貿易競爭力		87.244
國家競爭力	項目	基本條件	機構評比	加權平均	綜合排名	A08/50
	分數	60.239	91.046	75.642		極力推薦
貿易自由度	項目	❶數量限制	❷價格限制	❸法規限制	❹政府限制	加權平均
	分數	3.523	3.414	3.380	3.343	3.398
	排名	6	11	6	4	7
貿易便捷度	項目	❶市場便捷	❷邊境便捷	❸基建便捷	❹流程便捷	加權平均
	分數	3.555	3.431	3.394	3.447	3.471
	排名	7	6	9	9	8
貿易難易度	項目	❶許可成本	❷資訊成本	❸投資成本	❹經商成本	加權平均
	分數	3.214	3.219	3.239	3.159	3.208
	排名	9	9	8	9	8
貿易風險度	項目	❶政治風險	❷經濟風險	❸政策風險	❹支付風險	加權平均
	分數	3.571	3.449	3.547	3.327	3.498
	排名	7	7	7	2	6

貿易地區		9　紐　西　蘭		綜合貿易競爭力		83.761
國家競爭力	項目	基本條件	機構評比	加權平均	綜合排名	A09/50
	分數	52.648	93.878	73.263		極力推薦
貿易自由度	項目	❶數量限制	❷價格限制	❸法規限制	❹政府限制	加權平均
	分數	3.514	3.560	3.253	3.200	3.338
	排名	8	5	11	10	8
貿易便捷度	項目	❶市場便捷	❷邊境便捷	❸基建便捷	❹流程便捷	加權平均
	分數	3.486	3.392	3.338	3.400	3.416
	排名	10	10	12	11	11
貿易難易度	項目	❶許可成本	❷資訊成本	❸投資成本	❹經商成本	加權平均
	分數	3.176	3.271	3.206	3.029	3.158
	排名	12	7	9	12	11
貿易風險度	項目	❶政治風險	❷經濟風險	❸政策風險	❹支付風險	加權平均
	分數	3.376	3.314	3.257	3.208	3.306
	排名	11	9	12	10	10

貿易地區		10　法　國		綜合貿易競爭力		83.560
國家競爭力	項目	基本條件	機構評比	加權平均	綜合排名	A10/50
	分數	73.110	81.585	77.348		極力推薦
貿易自由度	項目	❶數量限制	❷價格限制	❸法規限制	❹政府限制	加權平均
	分數	3.515	3.500	3.189	3.082	3.268
	排名	7	8	14	16	13
貿易便捷度	項目	❶市場便捷	❷邊境便捷	❸基建便捷	❹流程便捷	加權平均
	分數	3.265	3.279	3.309	3.331	3.293
	排名	20	14	13	12	14
貿易難易度	項目	❶許可成本	❷資訊成本	❸投資成本	❹經商成本	加權平均
	分數	3.110	2.986	2.975	2.992	3.002
	排名	19	16	18	21	17
貿易風險度	項目	❶政治風險	❷經濟風險	❸政策風險	❹支付風險	加權平均
	分數	3.515	3.194	3.529	3.155	3.384
	排名	9	13	8	13	9

貿易地區		11　沙烏地阿拉伯		綜合貿易競爭力		82.545
國家競爭力	項目	基本條件	機構評比	加權平均	綜合排名	A11/50
	分數	58.116	77.367	67.742		極力推薦
貿易自由度	項目	❶數量限制	❷價格限制	❸法規限制	❹政府限制	加權平均
	分數	3.439	3.317	3.202	3.059	3.217
	排名	12	14	13	19	15
貿易便捷度	項目	❶市場便捷	❷邊境便捷	❸基建便捷	❹流程便捷	加權平均
	分數	3.667	3.533	3.496	3.494	3.563
	排名	5	5	5	6	5
貿易難易度	項目	❶許可成本	❷資訊成本	❸投資成本	❹經商成本	加權平均
	分數	3.346	3.256	3.195	3.251	3.244
	排名	5	8	10	7	7
貿易風險度	項目	❶政治風險	❷經濟風險	❸政策風險	❹支付風險	加權平均
	分數	3.382	3.190	3.244	3.240	3.278
	排名	10	14	13	7	11

〔9紐西蘭、10法國、11沙烏地阿拉伯〕

貿易地區		12 阿聯大公國		綜合貿易競爭力		82.057
國家競爭力	項目	基本條件	機構評比	加權平均	綜合排名	A12/50
	分數	61.300	87.008	74.154		極力推薦
貿易自由度	項目	❶數量限制	❷價格限制	❸法規限制	❹政府限制	加權平均
	分數	3.485	3.318	3.303	3.200	3.302
	排名	11	13	9	10	11
貿易便捷度	項目	❶市場便捷	❷邊境便捷	❸基建便捷	❹流程便捷	加權平均
	分數	3.392	3.290	3.348	3.301	3.340
	排名	13	13	11	13	12
貿易難易度	項目	❶許可成本	❷資訊成本	❸投資成本	❹經商成本	加權平均
	分數	3.142	2.926	3.088	3.101	3.076
	排名	16	20	14	11	13
貿易風險度	項目	❶政治風險	❷經濟風險	❸政策風險	❹支付風險	加權平均
	分數	3.270	3.229	3.225	3.113	3.225
	排名	15	11	14	15	15

貿易地區		13 日　本		綜合貿易競爭力		82.048
國家競爭力	項目	基本條件	機構評比	加權平均	綜合排名	A13/50
	分數	75.582	89.359	82.470		極力推薦
貿易自由度	項目	❶數量限制	❷價格限制	❸法規限制	❹政府限制	加權平均
	分數	3.349	3.204	3.116	3.135	3.174
	排名	15	17	19	13	16
貿易便捷度	項目	❶市場便捷	❷邊境便捷	❸基建便捷	❹流程便捷	加權平均
	分數	3.274	3.206	3.139	3.206	3.216
	排名	18	18	19	19	18
貿易難易度	項目	❶許可成本	❷資訊成本	❸投資成本	❹經商成本	加權平均
	分數	3.116	3.057	3.073	3.028	3.064
	排名	18	11	15	13	14
貿易風險度	項目	❶政治風險	❷經濟風險	❸政策風險	❹支付風險	加權平均
	分數	3.286	3.204	3.378	3.019	3.249
	排名	13	12	10	20	13

貿易地區		14 韓　國		綜合貿易競爭力		78.761
國家競爭力	項目	基本條件	機構評比	加權平均	綜合排名	B01/50
	分數	71.941	84.598	78.270		值得推薦
貿易自由度	項目	❶數量限制	❷價格限制	❸法規限制	❹政府限制	加權平均
	分數	3.038	2.937	3.073	2.882	2.983
	排名	26	26	23	37	25
貿易便捷度	項目	❶市場便捷	❷邊境便捷	❸基建便捷	❹流程便捷	加權平均
	分數	3.427	3.418	3.419	3.417	3.421
	排名	11	8	8	10	10
貿易難易度	項目	❶許可成本	❷資訊成本	❸投資成本	❹經商成本	加權平均
	分數	3.039	2.632	2.895	2.912	2.882
	排名	23	40	27	26	28
貿易風險度	項目	❶政治風險	❷經濟風險	❸政策風險	❹支付風險	加權平均
	分數	3.188	3.077	3.068	3.139	3.123
	排名	16	18	17	14	16

貿易地區		15 卡　達		綜合貿易競爭力		78.562
國家競爭力	項目	基本條件	機構評比	加權平均	綜合排名	B02/50
	分數	56.961	73.691	65.326		值得推薦
貿易自由度	項目	❶數量限制	❷價格限制	❸法規限制	❹政府限制	加權平均
	分數	3.364	3.448	3.343	3.195	3.323
	排名	14	9	7	11	9
貿易便捷度	項目	❶市場便捷	❷邊境便捷	❸基建便捷	❹流程便捷	加權平均
	分數	3.424	3.294	3.303	3.273	3.336
	排名	12	12	14	15	13
貿易難易度	項目	❶許可成本	❷資訊成本	❸投資成本	❹經商成本	加權平均
	分數	3.172	2.924	3.097	3.000	3.053
	排名	13	21	17	17	15
貿易風險度	項目	❶政治風險	❷經濟風險	❸政策風險	❹支付風險	加權平均
	分數	3.106	3.048	3.010	2.939	3.043
	排名	19	19	21	23	20

【15 卡達、16 以色列、17 阿曼】

貿易地區		16 以　色　列		綜合貿易競爭力		77.844
國家競爭力	項目	基本條件	機構評比	加權平均	綜合排名	B03/50
	分數	49.934	70.919	60.427		值得推薦
貿易自由度	項目	❶數量限制	❷價格限制	❸法規限制	❹政府限制	加權平均
	分數	3.309	3.218	3.146	3.088	3.167
	排名	17	16	17	15	17
貿易便捷度	項目	❶市場便捷	❷邊境便捷	❸基建便捷	❹流程便捷	加權平均
	分數	3.314	3.214	3.069	3.125	3.198
	排名	16	17	23	23	22
貿易難易度	項目	❶許可成本	❷資訊成本	❸投資成本	❹經商成本	加權平均
	分數	3.108	2.971	2.906	2.996	2.973
	排名	20	18	26	18	19
貿易風險度	項目	❶政治風險	❷經濟風險	❸政策風險	❹支付風險	加權平均
	分數	3.324	3.247	3.284	3.168	3.271
	排名	12	10	11	12	12

貿易地區		17 阿　曼		綜合貿易競爭力		77.107
國家競爭力	項目	基本條件	機構評比	加權平均	綜合排名	B04/50
	分數	44.990	72.064	58.527		值得推薦
貿易自由度	項目	❶數量限制	❷價格限制	❸法規限制	❹政府限制	加權平均
	分數	3.400	3.417	3.239	3.141	3.270
	排名	13	10	12	12	12
貿易便捷度	項目	❶市場便捷	❷邊境便捷	❸基建便捷	❹流程便捷	加權平均
	分數	3.171	3.167	3.186	3.286	3.202
	排名	24	20	15	14	19
貿易難易度	項目	❶許可成本	❷資訊成本	❸投資成本	❹經商成本	加權平均
	分數	3.300	3.157	3.160	3.200	3.193
	排名	8	10	12	8	9
貿易風險度	項目	❶政治風險	❷經濟風險	❸政策風險	❹支付風險	加權平均
	分數	3.124	2.977	3.200	2.959	3.081
	排名	17	22	16	22	17

【18 荷蘭、19 南非、20 馬來西亞】

貿易地區		18 荷　　蘭		綜合貿易競爭力		76.800
國家競爭力	項目	基本條件	機構評比	加權平均	綜合排名	B05/50
	分數	67.776	81.163	74.470		值得推薦
貿易自由度	項目	❶數量限制	❷價格限制	❸法規限制	❹政府限制	加權平均
	分數	3.235	3.159	3.076	2.976	3.087
	排名	18	18	22	23	19
貿易便捷度	項目	❶市場便捷	❷邊境便捷	❸基建便捷	❹流程便捷	加權平均
	分數	3.382	3.206	3.172	3.184	3.255
	排名	14	19	17	21	15
貿易難易度	項目	❶許可成本	❷資訊成本	❸投資成本	❹經商成本	加權平均
	分數	3.029	2.882	2.953	2.971	2.959
	排名	25	24	20	22	22
貿易風險度	項目	❶政治風險	❷經濟風險	❸政策風險	❹支付風險	加權平均
	分數	3.025	2.912	3.029	2.912	2.981
	排名	24	24	20	27	22

貿易地區		19 南　　非		綜合貿易競爭力		75.988
國家競爭力	項目	基本條件	機構評比	加權平均	綜合排名	B06/50
	分數	55.402	65.797	60.600		值得推薦
貿易自由度	項目	❶數量限制	❷價格限制	❸法規限制	❹政府限制	加權平均
	分數	3.108	3.065	3.093	3.065	3.081
	排名	20	20	20	18	20
貿易便捷度	項目	❶市場便捷	❷邊境便捷	❸基建便捷	❹流程便捷	加權平均
	分數	3.153	3.042	3.000	3.061	3.077
	排名	26	31	29	26	26
貿易難易度	項目	❶許可成本	❷資訊成本	❸投資成本	❹經商成本	加權平均
	分數	3.189	2.770	2.914	2.992	2.957
	排名	11	29	25	20	23
貿易風險度	項目	❶政治風險	❷經濟風險	❸政策風險	❹支付風險	加權平均
	分數	3.279	3.189	3.216	3.189	3.227
	排名	14	15	15	11	14

貿易地區		20 馬來西亞		綜合貿易競爭力		75.863
國家競爭力	項目	基本條件	機構評比	加權平均	綜合排名	B07/50
	分數	56.356	79.295	67.826		值得推薦
貿易自由度	項目	❶數量限制	❷價格限制	❸法規限制	❹政府限制	加權平均
	分數	3.500	3.379	3.262	3.260	3.320
	排名	9	12	10	7	10
貿易便捷度	項目	❶市場便捷	❷邊境便捷	❸基建便捷	❹流程便捷	加權平均
	分數	2.925	3.086	2.996	2.944	2.976
	排名	37	27	30	34	33
貿易難易度	項目	❶許可成本	❷資訊成本	❸投資成本	❹經商成本	加權平均
	分數	3.129	3.038	3.170	2.994	3.091
	排名	17	13	11	19	12
貿易風險度	項目	❶政治風險	❷經濟風險	❸政策風險	❹支付風險	加權平均
	分數	3.046	2.710	2.942	2.918	2.917
	排名	22	40	25	24	26

貿易地區		21 巴　　西		綜合貿易競爭力		73.877
國家競爭力	項目	基本條件	機構評比	加權平均	綜合排名	B08/50
	分數	70.047	56.939	63.493		值得推薦
貿易自由度	項目	❶數量限制	❷價格限制	❸法規限制	❹政府限制	加權平均
	分數	3.090	2.979	3.154	2.974	3.056
	排名	23	23	16	24	22
貿易便捷度	項目	❶市場便捷	❷邊境便捷	❸基建便捷	❹流程便捷	加權平均
	分數	2.889	3.067	3.026	3.038	2.989
	排名	39	29	26	28	32
貿易難易度	項目	❶許可成本	❷資訊成本	❸投資成本	❹經商成本	加權平均
	分數	3.068	2.590	2.800	2.960	2.857
	排名	22	42	35	24	32
貿易風險度	項目	❶政治風險	❷經濟風險	❸政策風險	❹支付風險	加權平均
	分數	3.107	3.092	3.060	3.033	3.080
	排名	18	17	18	19	18

貿易地區		22 土　耳　其		綜合貿易競爭力		73.042
國家競爭力	項目	基本條件	機構評比	加權平均	綜合排名	B09/50
	分數	59.540	64.773	62.156		值得推薦
貿易自由度	項目	❶數量限制	❷價格限制	❸法規限制	❹政府限制	加權平均
	分數	2.957	2.891	2.883	2.983	2.925
	排名	31	31	39	22	32
貿易便捷度	項目	❶市場便捷	❷邊境便捷	❸基建便捷	❹流程便捷	加權平均
	分數	3.290	3.252	3.120	3.235	3.234
	排名	17	15	20	17	16
貿易難易度	項目	❶許可成本	❷資訊成本	❸投資成本	❹經商成本	加權平均
	分數	3.076	2.848	2.917	3.022	2.962
	排名	21	26	24	15	21
貿易風險度	項目	❶政治風險	❷經濟風險	❸政策風險	❹支付風險	加權平均
	分數	3.065	2.900	2.862	3.056	2.972
	排名	20	25	27	17	24

貿易地區		23 俄　羅　斯		綜合貿易競爭力		72.768
國家競爭力	項目	基本條件	機構評比	加權平均	綜合排名	B10/50
	分數	70.947	49.648	60.297		值得推薦
貿易自由度	項目	❶數量限制	❷價格限制	❸法規限制	❹政府限制	加權平均
	分數	2.869	2.752	2.918	2.962	2.891
	排名	38	37	35	26	35
貿易便捷度	項目	❶市場便捷	❷邊境便捷	❸基建便捷	❹流程便捷	加權平均
	分數	3.214	3.145	3.179	3.244	3.201
	排名	22	22	16	16	21
貿易難易度	項目	❶許可成本	❷資訊成本	❸投資成本	❹經商成本	加權平均
	分數	2.889	2.726	2.810	2.891	2.833
	排名	37	32	34	28	34
貿易風險度	項目	❶政治風險	❷經濟風險	❸政策風險	❹支付風險	加權平均
	分數	3.048	3.143	3.008	3.056	3.063
	排名	21	16	22	16	19

【21 巴西、22 土耳其、23 俄羅斯】

貿易地區		**24 墨 西 哥**		綜合貿易競爭力		**72.733**
國家競爭力	項目	基本條件	機構評比	加權平均	綜合排名	**B11/50**
	分數	69.859	67.846	68.852		值得推薦
貿易自由度	項目	❶數量限制	❷價格限制	❸法規限制	❹政府限制	加權平均
	分數	2.969	2.994	3.085	3.125	3.061
	排名	29	22	21	14	21
貿易便捷度	項目	❶市場便捷	❷邊境便捷	❸基建便捷	❹流程便捷	加權平均
	分數	2.875	3.049	2.953	2.859	2.922
	排名	40	30	32	40	36
貿易難易度	項目	❶許可成本	❷資訊成本	❸投資成本	❹經商成本	加權平均
	分數	2.958	2.891	2.856	2.942	2.902
	排名	29	23	31	25	26
貿易風險度	項目	❶政治風險	❷經濟風險	❸政策風險	❹支付風險	加權平均
	分數	2.911	2.781	2.958	2.969	2.899
	排名	31	33	24	21	28

貿易地區		**25 捷 克**		綜合貿易競爭力		**72.708**
國家競爭力	項目	基本條件	機構評比	加權平均	綜合排名	**B12/50**
	分數	61.515	72.365	66.940		值得推薦
貿易自由度	項目	❶數量限制	❷價格限制	❸法規限制	❹政府限制	加權平均
	分數	3.100	2.918	2.980	2.940	2.974
	排名	21	28	30	30	28
貿易便捷度	項目	❶市場便捷	❷邊境便捷	❸基建便捷	❹流程便捷	加權平均
	分數	3.211	3.238	3.061	3.135	3.167
	排名	23	16	24	22	23
貿易難易度	項目	❶許可成本	❷資訊成本	❸投資成本	❹經商成本	加權平均
	分數	2.989	2.867	2.987	2.895	2.942
	排名	26	25	17	27	25
貿易風險度	項目	❶政治風險	❷經濟風險	❸政策風險	❹支付風險	加權平均
	分數	2.989	2.773	2.822	2.790	2.864
	排名	28	35	28	39	31

貿易地區		**26 中國大陸**		綜合貿易競爭力		**72.397**
國家競爭力	項目	基本條件	機構評比	加權平均	綜合排名	**B13/50**
	分數	76.146	60.133	68.140		值得推薦
貿易自由度	項目	❶數量限制	❷價格限制	❸法規限制	❹政府限制	加權平均
	分數	3.092	2.970	2.972	2.934	2.978
	排名	22	24	31	31	26
貿易便捷度	項目	❶市場便捷	❷邊境便捷	❸基建便捷	❹流程便捷	加權平均
	分數	3.126	3.099	3.004	3.033	3.073
	排名	28	26	28	29	27
貿易難易度	項目	❶許可成本	❷資訊成本	❸投資成本	❹經商成本	加權平均
	分數	2.900	2.808	2.866	2.864	2.862
	排名	35	28	29	30	30
貿易風險度	項目	❶政治風險	❷經濟風險	❸政策風險	❹支付風險	加權平均
	分數	2.942	2.917	2.811	2.816	2.884
	排名	30	23	30	37	30

貿易地區		27　約　　旦		綜合貿易競爭力		72.296
國家競爭力	項目	基本條件	機構評比	加權平均	綜合排名	B14/50
	分數	50.404	67.906	59.155		值得推薦
貿易自由度	項目	❶數量限制	❷價格限制	❸法規限制	❹政府限制	加權平均
	分數	3.078	3.056	2.902	2.900	2.959
	排名	25	21	36	34	30
貿易便捷度	項目	❶市場便捷	❷邊境便捷	❸基建便捷	❹流程便捷	加權平均
	分數	3.240	3.004	2.964	3.070	3.095
	排名	21	34	31	25	25
貿易難易度	項目	❶許可成本	❷資訊成本	❸投資成本	❹經商成本	加權平均
	分數	3.167	2.969	3.006	3.022	3.030
	排名	14	19	16	14	16
貿易風險度	項目	❶政治風險	❷經濟風險	❸政策風險	❹支付風險	加權平均
	分數	3.000	3.031	2.958	2.835	2.973
	排名	26	20	24	34	23

貿易地區		28　波　　蘭		綜合貿易競爭力		72.206
國家競爭力	項目	基本條件	機構評比	加權平均	綜合排名	B15/50
	分數	62.496	74.474	68.485		值得推薦
貿易自由度	項目	❶數量限制	❷價格限制	❸法規限制	❹政府限制	加權平均
	分數	2.938	2.744	2.884	2.763	2.828
	排名	33	38	38	44	40
貿易便捷度	項目	❶市場便捷	❷邊境便捷	❸基建便捷	❹流程便捷	加權平均
	分數	3.063	2.987	3.036	2.992	3.025
	排名	30	35	25	32	30
貿易難易度	項目	❶許可成本	❷資訊成本	❸投資成本	❹經商成本	加權平均
	分數	2.958	2.813	2.854	2.777	2.840
	排名	29	27	32	40	33
貿易風險度	項目	❶政治風險	❷經濟風險	❸政策風險	❹支付風險	加權平均
	分數	3.031	3.000	2.958	3.045	3.007
	排名	23	21	24	18	21

貿易地區		29　印　　度		綜合貿易競爭力		71.751
國家競爭力	項目	基本條件	機構評比	加權平均	綜合排名	B16/50
	分數	65.895	47.840	56.868		值得推薦
貿易自由度	項目	❶數量限制	❷價格限制	❸法規限制	❹政府限制	加權平均
	分數	3.110	2.902	3.038	2.966	3.000
	排名	19	30	24	25	24
貿易便捷度	項目	❶市場便捷	❷邊境便捷	❸基建便捷	❹流程便捷	加權平均
	分數	3.358	3.111	3.073	3.220	3.217
	排名	15	25	21	18	17
貿易難易度	項目	❶許可成本	❷資訊成本	❸投資成本	❹經商成本	加權平均
	分數	3.037	3.049	2.932	2.962	2.974
	排名	24	12	21	23	18
貿易風險度	項目	❶政治風險	❷經濟風險	❸政策風險	❹支付風險	加權平均
	分數	2.967	2.707	2.967	2.868	2.887
	排名	29	42	23	31	29

【27 約旦、28 波蘭、29 印度】

貿易地區		**30 西 班 牙**		綜合貿易競爭力		**71.330**
國家競爭力	項目	基本條件	機構評比	加權平均	綜合排名	B17/50
	分數	68.193	82.489	75.341		值得推薦
貿易自由度	項目	❶數量限制	❷價格限制	❸法規限制	❹政府限制	加權平均
	分數	2.968	2.903	2.848	2.845	2.876
	排名	30	29	41	39	37
貿易便捷度	項目	❶市場便捷	❷邊境便捷	❸基建便捷	❹流程便捷	加權平均
	分數	3.101	2.954	2.909	3.028	3.015
	排名	29	38	35	30	31
貿易難易度	項目	❶許可成本	❷資訊成本	❸投資成本	❹經商成本	加權平均
	分數	2.925	2.758	2.923	2.866	2.881
	排名	31	31	22	29	29
貿易風險度	項目	❶政治風險	❷經濟風險	❸政策風險	❹支付風險	加權平均
	分數	2.823	2.710	2.753	2.751	2.766
	排名	38	41	35	44	40

貿易地區		**31 泰 國**		綜合貿易競爭力		**71.231**
國家競爭力	項目	基本條件	機構評比	加權平均	綜合排名	B18/50
	分數	64.726	70.919	67.823		值得推薦
貿易自由度	項目	❶數量限制	❷價格限制	❸法規限制	❹政府限制	加權平均
	分數	2.900	2.920	3.037	2.943	2.965
	排名	36	27	25	28	29
貿易便捷度	項目	❶市場便捷	❷邊境便捷	❸基建便捷	❹流程便捷	加權平均
	分數	3.010	3.148	2.929	3.057	3.033
	排名	32	21	34	27	29
貿易難易度	項目	❶許可成本	❷資訊成本	❸投資成本	❹經商成本	加權平均
	分數	2.914	2.882	2.859	2.827	2.861
	排名	33	24	30	35	31
貿易風險度	項目	❶政治風險	❷經濟風險	❸政策風險	❹支付風險	加權平均
	分數	2.819	2.783	2.771	2.909	2.812
	排名	39	32	34	28	36

貿易地區		**32 斯洛伐克**		綜合貿易競爭力		**70.962**
國家競爭力	項目	基本條件	機構評比	加權平均	綜合排名	B19/50
	分數	52.191	75.860	64.026		值得推薦
貿易自由度	項目	❶數量限制	❷價格限制	❸法規限制	❹政府限制	加權平均
	分數	2.887	2.858	2.981	2.987	2.944
	排名	37	32	29	21	31
貿易便捷度	項目	❶市場便捷	❷邊境便捷	❸基建便捷	❹流程便捷	加權平均
	分數	3.269	3.124	3.161	3.202	3.202
	排名	19	24	18	20	20
貿易難易度	項目	❶許可成本	❷資訊成本	❸投資成本	❹經商成本	加權平均
	分數	2.914	2.758	2.817	2.788	2.814
	排名	32	31	33	39	36
貿易風險度	項目	❶政治風險	❷經濟風險	❸政策風險	❹支付風險	加權平均
	分數	2.866	2.819	2.720	2.741	2.799
	排名	33	28	37	45	37

貿易地區		33 印 尼		綜合貿易競爭力		70.644
國家競爭力	項目	基本條件	機構評比	加權平均	綜合排名	B20/50
	分數	64.941	56.698	60.820		值得推薦
貿易自由度	項目	❶數量限制	❷價格限制	❸法規限制	❹政府限制	加權平均
	分數	3.081	3.123	3.143	3.077	3.110
	排名	24	19	18	17	18
貿易便捷度	項目	❶市場便捷	❷邊境便捷	❸基建便捷	❹流程便捷	加權平均
	分數	3.161	3.129	3.016	3.073	3.104
	排名	25	23	27	24	24
貿易難易度	項目	❶許可成本	❷資訊成本	❸投資成本	❹經商成本	加權平均
	分數	2.769	2.726	2.774	2.737	2.755
	排名	43	33	38	41	40
貿易風險度	項目	❶政治風險	❷經濟風險	❸政策風險	❹支付風險	加權平均
	分數	2.731	2.781	2.710	2.894	2.763
	排名	43	34	39	29	42

貿易地區		34 越 南		綜合貿易競爭力		69.462
國家競爭力	項目	基本條件	機構評比	加權平均	綜合排名	B21/50
	分數	60.561	52.841	56.701		值得推薦
貿易自由度	項目	❶數量限制	❷價格限制	❸法規限制	❹政府限制	加權平均
	分數	2.953	3.056	2.991	3.013	3.005
	排名	32	21	27	20	23
貿易便捷度	項目	❶市場便捷	❷邊境便捷	❸基建便捷	❹流程便捷	加權平均
	分數	2.896	3.013	2.938	2.891	2.926
	排名	38	33	33	38	34
貿易難易度	項目	❶許可成本	❷資訊成本	❸投資成本	❹經商成本	加權平均
	分數	2.969	3.000	2.975	2.857	2.942
	排名	27	15	19	33	24
貿易風險度	項目	❶政治風險	❷經濟風險	❸政策風險	❹支付風險	加權平均
	分數	2.844	2.831	2.781	2.857	2.827
	排名	35	27	32	32	32

貿易地區		35 智 利		綜合貿易競爭力		69.384
國家競爭力	項目	基本條件	機構評比	加權平均	綜合排名	B22/50
	分數	56.746	80.741	68.744		值得推薦
貿易自由度	項目	❶數量限制	❷價格限制	❸法規限制	❹政府限制	加權平均
	分數	2.788	2.727	2.779	2.885	2.802
	排名	41	39	45	36	43
貿易便捷度	項目	❶市場便捷	❷邊境便捷	❸基建便捷	❹流程便捷	加權平均
	分數	2.949	3.030	2.773	2.902	2.918
	排名	34	32	41	37	37
貿易難易度	項目	❶許可成本	❷資訊成本	❸投資成本	❹經商成本	加權平均
	分數	2.949	2.697	2.788	2.861	2.821
	排名	30	34	37	32	35
貿易風險度	項目	❶政治風險	❷經濟風險	❸政策風險	❹支付風險	加權平均
	分數	2.869	2.752	2.818	2.827	2.820
	排名	32	39	29	36	33

【33 印尼、34 越南、35 智利】

275

【36 菲律賓、37 義大利、38 匈牙利】

貿易地區		36 菲 律 賓		綜合貿易競爭力		68.409
國家競爭力	項目	基本條件	機構評比	加權平均	綜合排名	B23/50
	分數	52.245	58.325	55.285		值得推薦
貿易自由度	項目	❶數量限制	❷價格限制	❸法規限制	❹政府限制	加權平均
	分數	2.806	2.813	3.014	2.858	2.896
	排名	39	35	26	38	34
貿易便捷度	項目	❶市場便捷	❷邊境便捷	❸基建便捷	❹流程便捷	加權平均
	分數	3.140	3.078	3.016	3.008	3.070
	排名	27	28	27	31	28
貿易難易度	項目	❶許可成本	❷資訊成本	❸投資成本	❹經商成本	加權平均
	分數	2.909	2.694	2.794	2.825	2.805
	排名	34	35	36	36	37
貿易風險度	項目	❶政治風險	❷經濟風險	❸政策風險	❹支付風險	加權平均
	分數	2.855	2.787	2.720	2.912	2.813
	排名	34	31	37	26	35

貿易地區		37 義 大 利		綜合貿易競爭力		68.096
國家競爭力	項目	基本條件	機構評比	加權平均	綜合排名	B24/50
	分數	69.953	67.364	68.658		值得推薦
貿易自由度	項目	❶數量限制	❷價格限制	❸法規限制	❹政府限制	加權平均
	分數	3.000	2.835	2.924	2.906	2.912
	排名	28	33	34	33	33
貿易便捷度	項目	❶市場便捷	❷邊境便捷	❸基建便捷	❹流程便捷	加權平均
	分數	2.990	2.920	2.844	2.852	2.912
	排名	33	40	38	42	39
貿易難易度	項目	❶許可成本	❷資訊成本	❸投資成本	❹經商成本	加權平均
	分數	2.828	2.766	2.681	2.701	2.722
	排名	39	30	41	44	42
貿易風險度	項目	❶政治風險	❷經濟風險	❸政策風險	❹支付風險	加權平均
	分數	2.620	2.644	2.667	2.728	2.654
	排名	48	46	42	47	46

貿易地區		38 匈 牙 利		綜合貿易競爭力		67.937
國家競爭力	項目	基本條件	機構評比	加權平均	綜合排名	B25/50
	分數	52.769	74.233	63.501		值得推薦
貿易自由度	項目	❶數量限制	❷價格限制	❸法規限制	❹政府限制	加權平均
	分數	2.735	2.612	2.895	2.900	2.816
	排名	45	42	37	34	41
貿易便捷度	項目	❶市場便捷	❷邊境便捷	❸基建便捷	❹流程便捷	加權平均
	分數	2.941	2.920	2.721	2.904	2.884
	排名	35	39	44	36	41
貿易難易度	項目	❶許可成本	❷資訊成本	❸投資成本	❹經商成本	加權平均
	分數	2.966	2.691	2.741	2.819	2.791
	排名	28	36	40	37	38
貿易風險度	項目	❶政治風險	❷經濟風險	❸政策風險	❹支付風險	加權平均
	分數	2.843	2.763	2.686	2.882	2.790
	排名	36	38	41	30	38

貿易地區		39　哥倫比亞		綜合貿易競爭力		67.719
國家競爭力	項目	基本條件	機構評比	加權平均	綜合排名	B26/50
	分數	55.913	61.278	58.595		值得推薦
貿易自由度	項目	❶數量限制	❷價格限制	❸法規限制	❹政府限制	加權平均
	分數	2.800	2.767	2.938	2.893	2.870
	排名	40	36	32	35	38
貿易便捷度	項目	❶市場便捷	❷邊境便捷	❸基建便捷	❹流程便捷	加權平均
	分數	2.767	2.981	3.072	2.950	2.916
	排名	43	36	22	33	38
貿易難易度	項目	❶許可成本	❷資訊成本	❸投資成本	❹經商成本	加權平均
	分數	2.894	2.583	2.627	2.862	2.731
	排名	36	43	44	31	41
貿易風險度	項目	❶政治風險	❷經濟風險	❸政策風險	❹支付風險	加權平均
	分數	2.839	2.800	2.811	2.781	2.814
	排名	37	30	31	41	34

貿易地區		40　秘　　魯		綜合貿易競爭力		67.489
國家競爭力	項目	基本條件	機構評比	加權平均	綜合排名	B27/50
	分數	52.030	73.149	62.589		值得推薦
貿易自由度	項目	❶數量限制	❷價格限制	❸法規限制	❹政府限制	加權平均
	分數	2.767	2.727	2.933	2.907	2.859
	排名	44	40	33	32	39
貿易便捷度	項目	❶市場便捷	❷邊境便捷	❸基建便捷	❹流程便捷	加權平均
	分數	2.744	2.981	2.878	2.808	2.834
	排名	45	36	36	44	42
貿易難易度	項目	❶許可成本	❷資訊成本	❸投資成本	❹經商成本	加權平均
	分數	2.800	2.600	2.767	2.800	2.757
	排名	40	41	39	38	39
貿易風險度	項目	❶政治風險	❷經濟風險	❸政策風險	❹支付風險	加權平均
	分數	2.761	2.767	2.733	2.829	2.766
	排名	42	36	36	35	41

貿易地區		41　奈及利亞		綜合貿易競爭力		66.341
國家競爭力	項目	基本條件	機構評比	加權平均	綜合排名	B28/50
	分數	43.525	32.353	37.939		值得推薦
貿易自由度	項目	❶數量限制	❷價格限制	❸法規限制	❹政府限制	加權平均
	分數	3.015	2.964	2.989	2.948	2.976
	排名	27	25	28	27	27
貿易便捷度	項目	❶市場便捷	❷邊境便捷	❸基建便捷	❹流程便捷	加權平均
	分數	2.808	2.805	2.697	2.750	2.771
	排名	41	43	45	46	44
貿易難易度	項目	❶許可成本	❷資訊成本	❸投資成本	❹經商成本	加權平均
	分數	2.889	2.985	2.921	2.840	2.901
	排名	37	17	23	34	27
貿易風險度	項目	❶政治風險	❷經濟風險	❸政策風險	❹支付風險	加權平均
	分數	3.015	2.848	3.030	2.914	2.962
	排名	25	26	19	25	25

【39哥倫比亞、40秘魯、41奈及利亞】

【42 科威特、43 安哥拉、44 巴林】

貿易地區		42 科 威 特		綜合貿易競爭力		66.163
國家競爭力	項目	基本條件	機構評比	加權平均	綜合排名	B29/50
	分數	48.980	68.750	58.865		值得推薦
貿易自由度	項目	❶數量限制	❷價格限制	❸法規限制	❹政府限制	加權平均
	分數	2.921	2.705	2.820	2.800	2.806
	排名	34	41	42	43	42
貿易便捷度	項目	❶市場便捷	❷邊境便捷	❸基建便捷	❹流程便捷	加權平均
	分數	3.035	2.913	2.754	2.921	2.926
	排名	31	41	42	35	35
貿易難易度	項目	❶許可成本	❷資訊成本	❸投資成本	❹經商成本	加權平均
	分數	2.846	2.526	2.647	2.684	2.670
	排名	38	44	42	46	44
貿易風險度	項目	❶政治風險	❷經濟風險	❸政策風險	❹支付風險	加權平均
	分數	2.798	2.689	2.632	2.803	2.730
	排名	41	43	44	38	43

貿易地區		43 安 哥 拉		綜合貿易競爭力		64.494
國家競爭力	項目	基本條件	機構評比	加權平均	綜合排名	C01/50
	分數	39.011	20.000	29.506		勉予推薦
貿易自由度	項目	❶數量限制	❷價格限制	❸法規限制	❹政府限制	加權平均
	分數	2.903	2.832	2.866	2.942	2.888
	排名	35	34	40	29	36
貿易便捷度	項目	❶市場便捷	❷邊境便捷	❸基建便捷	❹流程便捷	加權平均
	分數	2.935	2.977	2.855	2.855	2.907
	排名	36	37	37	41	40
貿易難易度	項目	❶許可成本	❷資訊成本	❸投資成本	❹經商成本	加權平均
	分數	3.151	2.919	2.884	3.005	2.965
	排名	15	22	28	16	20
貿易風險度	項目	❶政治風險	❷經濟風險	❸政策風險	❹支付風險	加權平均
	分數	2.995	2.813	2.935	2.843	2.912
	排名	27	29	26	33	27

貿易地區		44 巴 林		綜合貿易競爭力		64.304
國家競爭力	項目	基本條件	機構評比	加權平均	綜合排名	C02/50
	分數	45.299	79.898	62.598		勉予推薦
貿易自由度	項目	❶數量限制	❷價格限制	❸法規限制	❹政府限制	加權平均
	分數	2.734	2.575	2.754	2.750	2.714
	排名	46	45	47	45	46
貿易便捷度	項目	❶市場便捷	❷邊境便捷	❸基建便捷	❹流程便捷	加權平均
	分數	2.698	2.768	2.724	2.773	2.736
	排名	46	46	43	45	46
貿易難易度	項目	❶許可成本	❷資訊成本	❸投資成本	❹經商成本	加權平均
	分數	2.547	2.359	2.569	2.554	2.530
	排名	46	47	46	48	48
貿易風險度	項目	❶政治風險	❷經濟風險	❸政策風險	❹支付風險	加權平均
	分數	2.651	2.481	2.594	2.781	2.614
	排名	47	48	45	40	48

貿易地區		45 阿　根　廷		綜合貿易競爭力		63.134
國家競爭力	項目	基本條件	機構評比	加權平均	綜合排名	C03/50
	分數	57.673	50.913	54.293		勉予推薦
貿易自由度	項目	❶數量限制	❷價格限制	❸法規限制	❹政府限制	加權平均
	分數	2.603	2.506	2.777	2.824	2.711
	排名	47	46	46	41	47
貿易便捷度	項目	❶市場便捷	❷邊境便捷	❸基建便捷	❹流程便捷	加權平均
	分數	2.765	2.794	2.789	2.860	2.799
	排名	44	44	39	39	43
貿易難易度	項目	❶許可成本	❷資訊成本	❸投資成本	❹經商成本	加權平均
	分數	2.740	2.515	2.559	2.731	2.631
	排名	44	45	47	42	46
貿易風險度	項目	❶政治風險	❷經濟風險	❸政策風險	❹支付風險	加權平均
	分數	2.672	2.647	2.696	2.689	2.674
	排名	45	44	40	48	45

貿易地區		46 埃　　及		綜合貿易競爭力		62.083
國家競爭力	項目	基本條件	機構評比	加權平均	綜合排名	C04/50
	分數	48.362	48.623	48.493		勉予推薦
貿易自由度	項目	❶數量限制	❷價格限制	❸法規限制	❹政府限制	加權平均
	分數	2.471	2.412	2.731	2.735	2.629
	排名	49	47	48	47	49
貿易便捷度	項目	❶市場便捷	❷邊境便捷	❸基建便捷	❹流程便捷	加權平均
	分數	2.696	2.681	2.667	2.610	2.666
	排名	47	47	47	48	48
貿易難易度	項目	❶許可成本	❷資訊成本	❸投資成本	❹經商成本	加權平均
	分數	2.784	2.676	2.629	2.710	2.684
	排名	41	38	43	43	43
貿易風險度	項目	❶政治風險	❷經濟風險	❸政策風險	❹支付風險	加權平均
	分數	2.814	2.765	2.775	2.761	2.784
	排名	40	37	33	43	39

貿易地區		47 緬　　甸		綜合貿易競爭力		60.941
國家競爭力	項目	基本條件	機構評比	加權平均	綜合排名	C05/50
	分數	41.792	33.137	37.464		勉予推薦
貿易自由度	項目	❶數量限制	❷價格限制	❸法規限制	❹政府限制	加權平均
	分數	2.783	2.767	2.795	2.833	2.799
	排名	42	36	44	40	44
貿易便捷度	項目	❶市場便捷	❷邊境便捷	❸基建便捷	❹流程便捷	加權平均
	分數	2.644	2.829	2.783	2.817	2.752
	排名	48	42	40	43	45
貿易難易度	項目	❶許可成本	❷資訊成本	❸投資成本	❹經商成本	加權平均
	分數	2.778	2.683	2.573	2.700	2.659
	排名	42	37	45	45	45
貿易風險度	項目	❶政治風險	❷經濟風險	❸政策風險	❹支付風險	加權平均
	分數	2.689	2.647	2.711	2.776	2.697
	排名	44	45	38	42	44

【45 阿根廷、46 埃及、47 緬甸】

貿易地區		48 孟 加 拉		綜合貿易競爭力		**59.309**
國家競爭力	項目	基本條件	機構評比	加權平均	綜合排名	D01/50
	分數	49.746	44.526	47.136		暫不推薦
貿易自由度	項目	❶數量限制	❷價格限制	❸法規限制	❹政府限制	加權平均
	分數	2.781	2.588	2.576	2.744	2.659
	排名	43	44	49	46	48
貿易便捷度	項目	❶市場便捷	❷邊境便捷	❸基建便捷	❹流程便捷	加權平均
	分數	2.531	2.571	2.490	2.602	2.549
	排名	49	48	48	49	49
貿易難易度	項目	❶許可成本	❷資訊成本	❸投資成本	❹經商成本	加權平均
	分數	2.615	2.641	2.525	2.580	2.572
	排名	45	39	48	47	47
貿易風險度	項目	❶政治風險	❷經濟風險	❸政策風險	❹支付風險	加權平均
	分數	2.661	2.556	2.563	2.732	2.621
	排名	46	47	46	46	47

貿易地區		49 柬 埔 寨		綜合貿易競爭力		**56.158**
國家競爭力	項目	基本條件	機構評比	加權平均	綜合排名	D02/50
	分數	39.387	44.646	42.017		暫不推薦
貿易自由度	項目	❶數量限制	❷價格限制	❸法規限制	❹政府限制	加權平均
	分數	2.600	2.593	2.819	2.820	2.741
	排名	48	43	43	42	45
貿易便捷度	項目	❶市場便捷	❷邊境便捷	❸基建便捷	❹流程便捷	加權平均
	分數	2.278	2.552	2.467	2.483	2.422
	排名	50	49	49	50	50
貿易難易度	項目	❶許可成本	❷資訊成本	❸投資成本	❹經商成本	加權平均
	分數	2.544	2.433	2.467	2.462	2.472
	排名	47	46	49	49	49
貿易風險度	項目	❶政治風險	❷經濟風險	❸政策風險	❹支付風險	加權平均
	分數	2.433	2.480	2.367	2.557	2.447
	排名	50	49	47	50	50

貿易地區		50 巴基斯坦		綜合貿易競爭力		**55.684**
國家競爭力	項目	基本條件	機構評比	加權平均	綜合排名	D03/50
	分數	45.218	45.188	45.203		暫不推薦
貿易自由度	項目	❶數量限制	❷價格限制	❸法規限制	❹政府限制	加權平均
	分數	2.129	2.355	2.419	2.406	2.359
	排名	50	48	50	48	50
貿易便捷度	項目	❶市場便捷	❷邊境便捷	❸基建便捷	❹流程便捷	加權平均
	分數	2.785	2.783	2.683	2.645	2.729
	排名	42	45	46	47	47
貿易難易度	項目	❶許可成本	❷資訊成本	❸投資成本	❹經商成本	加權平均
	分數	2.403	2.226	2.174	2.359	2.272
	排名	48	48	50	50	50
貿易風險度	項目	❶政治風險	❷經濟風險	❸政策風險	❹支付風險	加權平均
	分數	2.608	2.426	2.634	2.558	2.561
	排名	49	50	43	49	49

第25章

2013 IEAT調查報告參考文獻

■中文研究報告

1. 104資訊科技集團（2012），人才斷層調查報告。

2. 中華人民共和國商務部（2012），中國對外貿易形勢報告。

3. 中華民國全國工業總會（2010），2010年國內企業出口市場貿易障礙報告。

4. 中華民國全國工業總會（2011），2011全國工業總會白皮書。

5. 中華民國全國工業總會（2011），2011年國內企業出口市場貿易障礙報告。

6. 中華民國全國工業總會（2012），2012全國工業總會白皮書。

7. 台北市進出口商業同業公會（2009），2009全球重要暨新興市場貿易環境及風險調查報告：貿易領航展商機，商業周刊出版社。

8. 台北市進出口商業同業公會（2010），2010全球重要暨新興市場貿易環境及風險調查報告：全球新興市場覓商機，商業周刊出版社。

9. 台北市進出口商業同業公會（2011），2011全球重要暨新興市場貿易環境及風險調查報告：後ECFA經貿躍商機，商業周刊出版社。

10. 台北市進出口商業同業公會（2012），2012全球重要暨新興市場貿易環境及風險調查報告：黃金十年經貿興商機，商業周刊出版社。

11. 台北市歐洲商務協會（2011），2011-2012年度建議書：台灣就位、力求成長。

12. 台北市歐洲商務協會（2012），2013年度建議書：釋放台灣虎：經濟興盛之道。

13. 台北美國商會（2011），2011年台灣白皮書：把握當下，成就未來。

14. 台北美國商會（2012），2012年台灣白皮書：強化台灣國際競爭力。

15. 台灣區電機電子工業同業公會（2011），2011東南亞暨印度投資環境與風險調

　　查：東協印度覓新機。

16. 萬寶華（2012），**2012人才短缺調查全球結果**。

17. 經濟部投資業務處（2011），**大陸地區投資環境簡介**。

18. 經濟部投資業務處（2011），**巴西投資環境簡介**。

19. 經濟部投資業務處（2011），**以色列投資環境簡介**。

20. 經濟部投資業務處（2011），**印尼投資環境簡介**。

21. 經濟部投資業務處（2011），**印度投資環境簡介**。

22. 經濟部投資業務處（2011），**沙烏地阿拉伯資環境簡介**。

23. 經濟部投資業務處（2011），**阿聯大公國投資環境簡介**。

24. 經濟部投資業務處（2011），**俄羅斯投資環境簡介**。

25. 經濟部投資業務處（2011），**南非投資環境簡介**。

26. 經濟部投資業務處（2011），**科威特投資環境簡介**。

27. 經濟部投資業務處（2011），**哥倫比亞投資環境簡介**。

28. 經濟部投資業務處（2011），**泰國投資環境簡介**。

29. 經濟部投資業務處（2011），**秘魯投資環境簡介**。

30. 經濟部投資業務處（2011），**馬來西亞投資環境簡介**。

31. 經濟部投資業務處（2011），**菲律賓投資環境簡介**。

32. 經濟部投資業務處（2011），**越南投資環境簡介**。

■中文書籍、期刊、文章

1. 《天下雜誌》（2009），**破解金磚密碼：力用巴西**，第425期，7月號。

2. 《天下雜誌》（2012），**工藝精神是元兇？日本企業失落20年**，第508期，8月號。

3. 《交流雜誌》（2012），**東亞區域經濟整合趨勢下的台灣**，第124期，8月號。

4. 《天下雜誌》（2012），**韓國15年甩開台灣**，第508期，8月號。

5. 《天下雜誌》（2010），**印尼、越南：亞洲經濟新亮點**，第458期，10月號。

6. 《商業周刊》（2011），揭開全球大債真相，第1236期，8月號。

7. 《貿易雜誌》（2010），台商南進佈局東協，第233期，11月號。

8. 《貿易雜誌》（2010），伊斯蘭：新版圖・大商機，第231期，9月號。

9. 《遠見雜誌》（2011），勇闖巴西，第304期，10月號。

10. 彭漣漪（2011），台灣可望與東南亞國家展開FTA對話，第295期，2011年1月號，遠見雜誌。

■中譯專書、文章

1. Agtmael v. A.（2007），*The Emerging Markets Century: How a New Breed of World Class Companies is Overtaking the World*，蔣永軍譯，《世界是新的：新興市場崛起與爭鋒的世紀》，東方出版社。

2. Dickens C.（2007），*The Tale of Two Cities*，《雙城記》，商周出版。

3. Kotler P.（2007），*Think ASEAN*，溫瑞芯譯，《科特勒帶你發現新亞洲：九大策略，行銷到東協》，聯經出版公司。

4. Norris G.（2001），*E-Business and ERP*，劉世平譯，《ERP與電子化》，台北：商業週刊。

5. Olson M.（2009），*Stall Point*，粟志敏譯，《為什麼雪球滾不大》，中國人民大學出版社。

6. Porter M.（2010），*Competitive Advantage—Creating and Sustaining Superior Performance*，李明軒、邱如美譯，《競爭優勢》，天下文化。

7. Sharma R.（2012），*Breakout Nation: In Pursuit of the Next Economic Miracles*，吳國卿譯，《誰來拯救全球經濟》，商周出版。

8. Taleb N.（2008），*The Black Swan*，林茂昌譯，《黑天鵝效應》，大塊文化。

9. Toffler A.（1994），*Future Shock*，蔡伸章譯，《未來的衝擊》，時報出版。

10. Vijay M.（2010），*Africa Rising: How 900 Million African Consumers Offer More Than You Think*，陳碧芬譯，非洲崛起：超乎你想像的9億人口商機，高寶出版。

11. 大前研一（2009），*So long America...until you come back to youself*，陳光棻譯，

《美國，再見？後金融危機的全球趨勢》，天下文化。

■英文研究報告

1. Asian Development Bank（2012），*Myanmar in Transition: Opportunities and Challenges*。

2. Boston Consulting Group（2012），*Made in America Again*。

3. Business Environment Risk Intelligence（2012），*Business Environment Risk Intelligence*。

4. Business Environment Risk Intelligence（2012），*Historical Ratings Research Package 2012*。

5. CATO Institute（2012），*Economic Freedom of the World: 2012 Annual Report*。

6. Citi Bank（2011），*Global Economic Outlook and Strategy*。

7. Citibank（2012），*Global Economic Outlook and Strategy*。

8. Chatham House（2012），*Resources Futures*。

9. Coface（2012），*Coface Country Risk Conference 2012*。

10. Deutsche Bank（2012），*World Outlook 2013/14*。

11. Deloitte（2012），*The third quarter edition of Deloitte Research's Global Economic Outlook*。

12. Economist Intelligence Unit（2012），*Global outlook*。

13. Ernst & Young（2012），*Beyond Asia: New Patterns of Trade*。

14. Ernst & Young（2012），*2012 European attractiveness survey*。

15. European Commission（2012），*European Economy Forecast*。

16. Fitch Ratings（2012），*Global Economic Outlook*。

17. Fraser Institute（2012），*Economic Freedom of the World: 2012 Annual Report*。

18. Global Insight（2012），*World Overview*。

19. Heritage Foundation（2012），*2012 Index of Economic Freedom*。

20. HSBC（2012），*Global Connections*。

21. International Institute for Management Development（2012），*2012 World Competitiveness Yearbook*。

22. International Monetary Fund（2012），*World Economic Outlook*。

23. Knight Frank（2012），*2012 Wealth Report*。

24. KPMG（2012），*Asia-Pacific Distressed Debt & Special Opportunities Outlook 2012*。

25. Legatum Institute（2012），*The 2012 Legatum Prosperity Index*。

26. McKinsey Global Institute（2012），*The Archipelago Economy: Unleashing Indonesia's potential*。

27. Mercer Management Consulting（2012），*China and India: Comparative HR Advantages*。

28. Nielsen（2012），*Q2 2012 Global Consumer Confidence Report - Nielsen*。

29. Peterson Institute for International Economics（2012），*Can India's Power Problems Be Solved?*

30. Scotiabank（2012），*Global Forecast Update*。

31. The Heritage Foundation（2012），*2012 Index of Economic Freedom*。

32. The International Union for Conservation of Nature（2011），*Red List of Threatened Species*。

33. The Organization for Economic Cooperation and Development（2012），*Global Economic Outlook*。

34. The Word Bank（2012），*2012 Global Economic Prospects*。

35. The Word Bank（2013），*2013 Global Economic Prospects*。

36. The World Bank（2012），*Africa's Pulse*。

37. The World Bank（2012），*Doing Business 2013*。

38. The World Bank（2012），*Knowledge Economy index*。

39. The World Bank（2012），*Logistics Performance Index*。

40. The Economist Intelligence Unit（2012），*Global Outlook 2013*。

41. The European Central Bank（2012），*Economic Outlook for the Euro Area*。

42. The United Nations（2011），*The global social crisis - Division for Social Policy and Development*。

43. The United Nations（2012），*World Economic Situation and Prospects 2013*。

44. UBS（2011），*UBS Investment Research-Global Economic Comment*。

45. World Economic Forum（2012），*The Global Competitiveness Report 2012–2013*。

46. World Economic Forum（2012），*Global Enabling Trade Report 2012*。

47. World Economic Forum（2013），*Global Enabling Trade Report 2013*。

48. World Luxury Association（2011），*World Luxury Association Global Reported Summit*。

49. World Trade Organization（2012），*Report on G20 Trade and Investment Measures*。

50. World Trade Organization（2012），*World Trade Report*。

國家圖書館出版品預行編目資料

價值鏈整合贏商機 / 台北市進出口商業同業公會原
著. --初版. -- 台北市：北市進出口公會出版：商周編
輯顧問發行, 民 102.04
　　面；　公分. --（IEAT Country Report系列；5）

ISBN　978-986-89120-2-1（平裝）

1. 國際經濟　2. 國際貿易　3. 國際市場

552.1　　　　　　　　　　　　　　102005059

IEAT Country Report 系列 5

價值鏈整合贏商機
Opportunities from Value Chain Integration

作　　　者◎台北市進出口商業同業公會
出　　　版◎台北市進出口商業同業公會
發 行 人◎黃呈琮
總 策 劃◎黃俊國
策　　　劃◎關小華
編　　　輯◎許玉鳳、吳燕惠
地　　　址◎104台北市松江路350號5樓
電　　　話◎（02）2581-3521～7
傳　　　真◎（02）2536-3328
公會網址◎http://www.ieatpe.org.tw/
公會書廊網址◎http://www.ieatpe.org.tw/bookstore
劃撥帳號◎0113726-6
戶　　　名◎台北市進出口商業同業公會

發　　　行◎商周編輯顧問股份有限公司
總 經 理◎王學呈
業務經理◎王順正
資深編輯◎徐雪瓊
地　　　址◎台北市民生東路二段141號6樓
電　　　話◎（02）2505-6789
傳　　　真◎（02）2507-6773
網　　　址◎http://bwc.businessweekly.com.tw/
劃撥帳號◎18963067
戶　　　名◎商周編輯顧問股份有限公司

ISBN　978-986-89120-2-1
出版日期：102年4月初版一刷
定價：600元